Medienberufe und Steuern

Rüdiger Schaar · Reinhard Knauft ·
Marie Skrotzki

Medienberufe und Steuern

Leitfaden für die Kultur- und
Kreativbranche

2. Auflage

Rüdiger Schaar
Düsseldorf, Deutschland

Reinhard Knauft
Berlin, Deutschland

Marie Skrotzki
Berlin, Deutschland

ISBN 978-3-658-25307-3   ISBN 978-3-658-25308-0   (eBook)
https://doi.org/10.1007/978-3-658-25308-0

Die Deutsche Nationalbibliothek verzeichnet diese Publikation in der Deutschen Nationalbibliografie; detaillierte bibliografische Daten sind im Internet über http://dnb.d-nb.de abrufbar.

Springer Gabler
© Springer Fachmedien Wiesbaden GmbH, ein Teil von Springer Nature 2012, 2019

Springer Gabler ist ein Imprint der eingetragenen Gesellschaft Springer Fachmedien Wiesbaden GmbH und ist ein Teil von Springer Nature
Die Anschrift der Gesellschaft ist: Abraham-Lincoln-Str. 46, 65189 Wiesbaden, Germany

Inhaltsverzeichnis

Einkommensteuer

1

1.1 Allgemeines

Bei der Beratung von Medienberufen kommt es häufig zu Abgrenzungsschwierigkeiten. Insbesondere liegen die Probleme in der Feststellung, um welche Einkunftsart es sich handeln könnte. So stellt sich häufig die Frage, ob Einkünfte aus selbstständiger bzw. nichtselbstständiger Arbeit oder aber gewerbliche Einkünfte vorliegen.

Nachfolgend wird vorerst eine Unterscheidung vorgenommen, ob die Tätigkeit als selbstständig oder nichtselbstständig einzustufen ist. Dies ist insbesondere auch im Hinblick auf die Auswirkungen im Sozialversicherungsrecht von Bedeutung.

Im weiteren Verlauf soll untersucht werden, ob selbstständige oder gewerbliche Einkünfte vorliegen. Dies ist für die Frage, ob beispielsweise Gewerbesteuer anfällt, entscheidend.

Hintergrund der Abgrenzungsschwierigkeit ist häufig Unwissenheit der beteiligten Personen sowie Einzelfallregelungen von Unternehmen mit der Deutschen Rentenversicherung (häufig bei Filmproduktionsgesellschaften).

1.1.1 Abgrenzung selbstständige/nichtselbstständige Arbeit

Für die Medienberufe ist zunächst eine Abgrenzung zwischen der selbstständig ausgeübten und der nichtselbstständig ausgeübten Tätigkeit vorzunehmen. Der Abgrenzung kommt steuerrechtlich eine besondere Bedeutung zu. Der Arbeitnehmer unterliegt dem Steuerabzug durch Lohnsteuer vom Arbeitslohn, während der Unternehmer mit seinen Leistungen neben den Ertragsteuern auch u. a. der Umsatzsteuer unterliegt.

Nichtselbstständig beschäftigt sind Künstler, die unter der Leitung eines Arbeitgebers in einem **Dienstverhältnis** stehen oder in den geschäftlichen Organismus des Arbeitgebers eingegliedert sind und dessen Weisungen zu befolgen haben.

© Springer Fachmedien Wiesbaden GmbH, ein Teil von Springer Nature 2019
R. Schaar et al., *Medienberufe und Steuern*,
https://doi.org/10.1007/978-3-658-25308-0_1

Eine Definition des Begriffs Arbeitnehmer und Dienstverhältnis ist in der Lohn-steuer-Durchführungsverordnung (LStDV) verankert.

§ 1 LStDV Arbeitnehmer, Arbeitgeber

Arbeitnehmer sind Personen, die in öffentlichem oder privatem Dienst angestellt oder beschäftigt sind oder waren und die aus diesem Dienstverhältnis oder einem früheren Dienstverhältnis Arbeitslohn beziehen. Arbeitnehmer sind auch die Rechtsnachfolger dieser Person, soweit sie Arbeitslohn aus dem früheren Dienstverhältnis ihres Rechts-vorgängers beziehen.

Ein Dienstverhältnis liegt vor, wenn der Angestellte (Beschäftigte) dem Arbeit-geber (öffentliche Körperschaft, Unternehmer, Haushaltsvorstand) seine Arbeitskraft schuldet. Dies ist der Fall, wenn die tätige Person in der Betätigung ihres geschäft-lichen Willens unter der Leitung des Arbeitgebers steht oder im geschäftlichen Organismus des Arbeitgebers dessen Weisungen zu folgen verpflichtet ist.

Arbeitnehmer ist nicht, wer Lieferungen oder sonstige Leistungen innerhalb der von ihm selbstständig ausgeübten gewerblichen oder beruflichen Tätigkeit im Inland gegen Entgelt ausführt, soweit es sich um die Entgelte für diese Lieferungen und sonstigen Leistungen handelt.

Die Frage, wer Arbeitnehmer ist, ist unter Beachtung der vorgenannten Bestimmungen nach dem Gesamtbild der Verhältnisse zu beurteilen.[1]

Eine Würdigung nach dem Gesamtbild bedeutet, dass die für und gegen ein Dienst-verhältnis sprechenden Merkmale gegeneinander abgewogen werden.

Bei der Beurteilung, ob eine Qualifikation als Arbeitnehmer geboten ist, erlangen dabei u. a. die folgenden Merkmale Bedeutung:[2]

- persönliche Abhängigkeit
- Weisungsgebundenheit hinsichtlich Ort, Zeit und Inhalt der Tätigkeit
- feste Arbeitszeiten
- Ausübung der Tätigkeit gleichbleibend an einem bestimmten Ort
- feste Bezüge
- Urlaubsanspruch
- Anspruch auf sonstige Sozialleistungen
- Fortzahlung der Bezüge im Krankheitsfall
- Überstundenvergütung
- zeitlicher Umfang der Dienstleistungen
- Unselbstständigkeit in Organisation und Durchführung der Tätigkeit
- kein Unternehmerrisiko

---

[1]Vgl. Blümich/Geserich EStG § 19 Rn. 73.
[2]BFH v. 14.06.1985 – I R 150-152/82, BStBl. II 1985, S. 661; vgl. auch Blümich/Geserich EStG § 19 Rn. 55-64.

- keine Unternehmerinitiative
- kein Kapitaleinsatz
- keine Pflicht zur Beschaffung von Arbeitsmitteln
- Notwendigkeit der engen ständigen Zusammenarbeit mit anderen Mitarbeitern
- Eingliederung in den Betrieb
- Schulden der Arbeitskraft und nicht eines Arbeitserfolges
- Ausführung von einfachen Tätigkeiten, bei denen eine Weisungsabhängigkeit die Regel ist

Die Gewichtung der vorgenannten Punkte haben sich am entsprechenden Einzelfall zu orientieren. In diese Würdigung ist auch mit einzubeziehen, wie das der Beschäftigung zugrunde liegende Vertragsverhältnis ausgestaltet worden ist, sofern die Vereinbarungen ernsthaft gewollt und tatsächlich durchgeführt worden sind.[3]

§ 19 EStG Einkünfte aus nichtselbstständiger Arbeit

(1) Zu den Einkünften aus nichtselbstständiger Arbeit gehören

1. Gehälter, Löhne, Gratifikationen, Tantiemen und andere Bezüge und Vorteile für eine Beschäftigung im öffentlichen oder privaten Dienst.

Arbeitnehmereigenschaft im steuerrechtlichen Sinn ist dann zu bejahen, wenn der Beschäftigte kein eigenes Unternehmerrisiko trägt und er in den geschäftlichen Organismus des Arbeitgebers eingegliedert ist.[4] Ein **Unternehmerrisiko** trägt, wer sich auf eigene Rechnung und Gefahr betätigt.[5] Hinsichtlich der Eingliederung in den **geschäftlichen Organismus** des Arbeitgebers kommt es darauf an, ob der zu den Leistungen Verpflichtete nach den Verhältnissen seines Berufes durch den Vertrag im Wesentlichen über seine Arbeitskraft verfügt habe oder nicht. Auch wenn es sich nur um eine Tätigkeit innerhalb gewisser Stunden handelt, liegt nach Ansicht des BFH eine wesentliche Verfügung über die Arbeitskraft dann vor, wenn es gerade um diejenigen Stunden geht, in denen die Arbeitskraft im Allgemeinen ausgenützt werde.[6]

Demgegenüber kennzeichnen eine **selbstständige Tätigkeit** unter anderem das eigene Unternehmerrisiko, die Verfügungsfreiheit über die eigene Arbeitskraft sowie die im Wesentlichen frei gestaltete Tätigkeit und Arbeitszeit. Im Übrigen kommt es bei der Abgrenzung zwischen selbstständiger Tätigkeit und nichtselbstständiger Arbeit nicht so sehr auf die formelle vertragliche Gestaltung, z. B. auf die Bezeichnung als freier Mitarbeiter, sondern vielmehr auf die Durchführung der getroffenen Vereinbarungen an.[7]

---

[3]BFH v. 09.09.2003 – VI B 53/03, BFH/NV 2004, S. 42; BFH v. 20.12.2004 – VI B 137/03, BFH/NV 2005, S. 552.

[4]BFH v. 29.11.1978 – I-R-159/76, BStBl. II 1979, S. 182; Blümich/Geserich EStG § 19 Rn. 68-72.

[5]U. a. BFH v. 23.01.1974 – I R 206/69, BStBl. II 1974, S. 480.

[6]BFH v. 17.02.1955 – IV 77/53, BStBl. III 1955, S. 100.

[7]BMF Schreiben v. 05.10.1990 – IV B 6 – S – 2332 – 73/90, BStBl. I 1990, S. 638; BSG v. 30.10.2013 – B 12 KR 17/11 R; Blümich/Hutter § 18 EStG Rn. 21-25.

Der sozial- und arbeitsrechtlichen Einordnung kommt für die Beurteilung der Tätigkeit als selbstständig oder unselbstständig nur indizielle Bedeutung zu. Eine Bindung hieran besteht indes nicht.[8]

Der nachfolgende Abgrenzungskatalog ist Bestandteil des

- Gemeinsamen Rundschreibens der Spitzenorganisationen der Sozialversicherung vom 16.01.1996 zur Durchführung der Künstlersozialversicherung ab 01.01.1996
- Gemeinsames Rundschreiben der Spitzenorganisationen der Sozialversicherung vom 13.04.2010 über die „Statusfeststellung von Erwerbstätigen".

1.1.1.1 Tätigkeit bei Theaterunternehmen oder Orchesterträgern

Vorerst wird eine Unterscheidung in spielzeit- und gastspielzeitverpflichtete Künstler vorgenommen.[9]

Die **spielzeitverpflichteten** Künstler, die auf Spielzeit- oder Teilspielzeitvertrag angestellt sind, sind dabei in den Theaterbetrieb eingegliedert und damit abhängig beschäftigt.

Die **gastspielzeitverpflichteten** Künstler sind grundsätzlich ebenfalls in den Theaterbetrieb eingegliedert und daher abhängig beschäftigt. So wurde unter anderem durch das Landessozialgericht Berlin[10] entschieden, dass ein Schauspieler, der über einen Gastvertrag an einer Bühne arbeitet, zu der Bühne in einem abhängigen Beschäftigungsverhältnis steht, wenn zwar die Probenzeiten frei einteilbar ist, aber die Aufführungszeit ihn an die Bühne bindet.

Dies gilt insbesondere, wenn er für die Proben- und Aufführungsphasen andere Engagements nur nach Genehmigung der Bühne annehmen darf und auch verpflichtet ist, allen Weisungen der Bühne nachzukommen und an allen Proben teilzunehmen.[11]

Es kann sich jedoch ausnahmsweise um eine selbstständige Tätigkeit handeln, soweit ein **Schauspieler, Sänger, Tänzer** oder **Instrumentalsolist** aufgrund seiner hervorragenden künstlerischen Stellung maßgeblich zum künstlerischen Erfolg einer Aufführung beiträgt.

▶   **Hintergrundinformation**

Diese Abgrenzung ist vor dem Hintergrund, dass ein derartiger Schauspieler sich gerade nicht, auch nicht zeitweise, in einen Theaterbetrieb eingliedert, nachvollziehbar. Als Beispiel lässt sich der Gastauftritt eines Schauspielers bei einem Musical anführen. Es ist bei der Beurteilung darzulegen, dass es sich um einen Künstler mit überregionaler künstlerischer Wertschätzung und wirtschaftlicher Unabhängigkeit handelt, der seine Bedingungen gegenüber dem Musicaltheater durchsetzen kann.

---

[8]BFH v. 02.12.1998- X R 83/96, BStBl. II 1999, S. 534.

[9]Vgl. Abgrenzungskatalog für im Bereich Theater, Orchester, Rundfunk- und Fernsehanbieter, Film- und Fernsehproduktionen tätige Personen.

[10]LSG Berlin- Brandenburg v. 22.07.2008 – L – 2 – U – 211/07.

[11]Ebenda.

Zu beachten ist, dass bei Vorliegen einer regelmäßigen Probeverpflichtung jedoch wieder eine abhängige Beschäftigung angenommen werden wird.

Insoweit kommt hier nur der bekannte Schauspieler infrage, der nicht wie die anderen Musicaldarsteller in die Proben eingebunden ist, sondern lediglich im Rahmen der Vorführung zum künstlerischen Erfolg der Aufführung beiträgt.

Weiter kann von einer selbstständigen Tätigkeit ausgegangen werden bei:

- **Dirigenten**, die die Einstudierung nur eines bestimmten Stücks oder Konzerts übernehmen und/oder nach dem jeweiligen Gastspielvertrag voraussehbar nicht mehr als fünf Vorstellungen oder Konzerte dirigieren
- **Regisseuren**, die die Inszenierung nur eines bestimmten Stücks übernehmen
- **Choreografen**, die die Gestaltung nur eines bestimmten Stückes oder eines abendfüllenden Programms übernehmen
- **Bühnen- oder Kostümbildner**, die das Bühnenbild oder die Kostüme nur für ein bestimmtes Stück entwerfen

Orchesteraushilfen sind ausnahmsweise selbstständig tätig, wenn sie ohne regelmäßige Probeverpflichtung bestimmte musikalische Aufgaben übernehmen und sich dadurch von den fest angestellten Mitgliedern unterscheiden.

Das Finanzgericht Köln entschied in einem Fall, dass ein Aushilfsmusiker eine selbstständige Tätigkeit ausüben kann, sofern er nicht von vornherein und generell zum jeweiligen Einspringen vertraglich verpflichtet ist, sondern jede Aushilfe von einer neuerlichen Vereinbarung abhängt, für deren Zustandekommen jeweils vor allem maßgeblich ist, ob der Musiker neben seiner Haupttätigkeit zur Aushilfe in der Lage und Willens ist.[12]

Hingegen sollen Schauspieler, (Chor-) Sänger und Tänzer, die als Aushilfen tätig werden, grundsätzlich als abhängig Beschäftigte anzusehen sein.

▷   **Hintergrundinformation**
Diese Ansicht der Spitzenorganisation sehen wir stark zweifelhaft an – kommt es bei ihnen im Ergebnis ebenfalls darauf an, ob die Aushilfen in den allgemeinen Dienst eingegliedert sind.

Wir raten in diesem Punkt dringend dazu, Widerspruch gegen die Feststellung einzulegen, soweit bei den Aushilfen keine regelmäßige Probeverpflichtung besteht.

Als Urheber sind Komponisten, Arrangeure (Musikbearbeiter), Librettisten und Textdichter grundsätzlich selbstständig tätig, daneben auch unter eigener Firma auftretende Fotografen, PR-Fachleute und Grafik-Designer, die im Bereich der Werbung für ein Theater- oder einen Orchesterträger tätig sind.

---

[12]FG Köln v. 21.07.1981 – II (XIV) 405/79, EFG 1982, S. 345.

1.1.1.2 Hörfunk, Fernsehen und Film

Es ist eine Unterteilung in **programmgestaltende** Mitarbeiter und **sonstige Mitarbeiter** vorzunehmen, die im Allgemeinen als „freie Mitarbeiter" bezeichnet werden.[13]

Programmgestaltende Mitarbeiter

Programmgestaltende Mitarbeiter bringen nach Ansicht der Spitzenorganisationen grundsätzlich ihre eigene Auffassung zu politischen, wirtschaftlichen und künstlerischen Sachfragen in die Sendung ein, wodurch der Inhalt der Sendung durch den Mitarbeiter bestimmt wird. Soweit diese Tätigkeit überwiegend durch einen journalistisch-schöpferischen Eigenanteil bestimmt ist, ist von einer selbstständigen Tätigkeit auszugehen.

Diese Selbstständigkeit wird dabei nicht durch Abhängigkeit von einem technischen Apparat des Senders oder Einbindung in ein Produktionsteam ausgeschlossen.

Hingegen liegt eine abhängige Beschäftigung vor, wenn der Sender innerhalb eines bestimmten zeitlichen Rahmens über die Arbeitsleistung verfügen kann. Nach Ansicht der Spitzenorganisation ist dies anzunehmen, wenn **ständige Dienstbereitschaft** erwartet wird und der Mitarbeiter in **nicht unerheblichem Umfang** ohne Abschluss entsprechender Vereinbarungen **zur Arbeit herangezogen** werden kann.

Exemplarisch sei die Tätigkeit von programmgestaltenden Mitarbeitern von Rundfunkanstalten anzuführen.

Bei ihnen kann ein Arbeitsverhältnis vorliegen, wenn der Mitarbeiter zwar an dem Programm gestalterisch mitwirkt, dabei jedoch weitgehenden inhaltlichen Weisungen unterliegt. Ihm verbleibt insoweit nur ein geringes Maß an Gestaltungsfreiheit, Eigeninitiative und Selbstständigkeit. Ein Arbeitsverhältnis ist auch dann zu bejahen, wenn der Sender innerhalb eines bestimmten zeitlichen Rahmens über die Arbeitsleistung verfügt.[14]

In einem Urteil des Hessischen Finanzgerichts konnte ein Kläger darlegen, dass eine selbstständige Tätigkeit vorliegt, obgleich der Bestandsschutzvertrag einige Elemente der Arbeitnehmereigenschaft enthielt (z. B. Probezeit, Beschäftigungsanspruch, Ausfallhonorar, Beendigung des Dauerrechtsverhältnisses).[15]

So konnte er beweisen, dass er verschiedenen Rundfunk- und Fernsehanstalten Beiträge anbietet, die er auf eigene Kosten hergestellt hatte und das Risiko trug, dass diese gesendet werden. Hinsichtlich des Bestandsschutzes führte er aus, dass dieser an Bedeutung verliert, wenn er mit seinen Darbietungen bei Missfallen nicht mehr berücksichtigt wird oder seine Beiträge seltener gesendet werden, sodass jeweils auf den Leistungen des Vorjahres bestehender Bestandsschutz sich von Jahr zu Jahr verringert.

---

[13]Vgl. Abgrenzungskatalog für im Bereich Theater, Orchester, Rundfunk- und Fernsehanbieter, Film- und Fernsehproduktionen tätige Personen.

[14]BVerfG v. 18.02.1999 AP GG Art. 5 Abs. 1 Rundfunkfreiheit Nr. 9.

[15]FG Hessen v. 08.12.1989 – 1 K 1799/88.

Sonstige Mitarbeiter Des Weiteren sind nachfolgende Mitarbeiter selbstständig tätig, vorausgesetzt sie sind für eine Produktion einzelvertraglich beschäftigt:[16]

• Architekten[a]	• Journalisten
• Arrangeure	• Kabarettisten[c]
• Artisten[b]	• Komiker[c]
• Autoren	• Komponisten
• Berichterstatter	• Korrespondenten
• Bildgestalter[c]	• Kostümbildner/Kostümberater
• Bildhauer, Bildregisseur[c]	• Kunstmaler
• Bühnenbildner	• Lektoren
• Choreografen	• Lichtgestalter/Lichtdesigner
• Chorleiter[d]	• Moderatoren/Präsentatoren[c]
• Darsteller [a,e]	• Musikalische Leiter
• Dirigenten[d]	• Onlinegrafiker
• Diskussionsleiter [a]	• Präsentatoren[c]
• Dolmetscher [a]	• Producer[c]
• Editoren[c]	• Quizmaster/Showmaster
• Entertainer[c]	• Realisatoren[c]
• Facharbeiter (Fachberater Musik) [a]	• Regisseure[c]
• Film- und Fernseharchitekten	• Schriftsteller
• Filmautoren	• Solisten (Gesang, Tanz, Musik)[b]
• Filmkomponisten	• Tonmeister mit eigenem Equipment
• Fotografen	• Trailereditoren[c]
• Gesprächsteilnehmer [a,e]	• Übersetzer[c]
• Grafiker/Videografiker	• Videografiker/Videodesigner
• Interviewpartner	

[a]Im Regelfall keine Künstler/Publizist im Sinne des KSVG
[b]Die als Gast außerhalb des Ensembles oder einer Gruppe eine Sololeistung erbringen
[c]Wenn der eigenschöpferische Teil der Leistung überwiegt
[d]Soweit sie als Gast mitwirken oder Träger des Chores/Klangkörpers oder Arbeitgeber der Mitglieder des Chores/Klangkörpers sind
[e]Die als Gast in einer Sendung im Live-Charakter mitwirken

Gehört ein freier Mitarbeiter nicht zu einer der im Katalog genannten Berufsgruppen, so kann er aufgrund besonderer Verhältnisse des Einzelfalls gleichwohl selbstständig sein. Das Wohnsitzfinanzamt erteilt ihm nach eingehender Prüfung eine diesbezügliche Bescheinigung. Allerdings soll die Ausstellung einer entsprechenden Bescheinigung nur in ganz besonders gelagerten Ausnahmefällen erfolgen. Das Bundesministerium weist

---

[16]Entnommen aus: Abgrenzungskatalog für im Bereich Theater, Orchester, Rundfunk- und Fernsehanbieter, Film- und Fernsehproduktionen tätige Personen.

in einer Verwaltungsanweisung darauf hin, dass die Bescheinigung nur dann ausnahmsweise auszustellen ist, wenn:[17]

- Künstlerische Tätigkeit bei Hörfunk und/oder Fernsehen
- Der Künstler nicht unter den Negativkatalog des Künstlererlasses fällt
- Der Künstler aufgrund besonderer Verhältnisse selbstständig tätig wird
- Das Betriebsstättenfinanzamt des Auftraggebers zu stimmt

Zu beachten ist allerdings, dass eine von vorneherein auf Dauer angelegte Tätigkeit eines freien Mitarbeiters nichtselbstständig ist, wenn für sie mehrere Honorarverträge geschlossen werden.

Beispiel

Ein Journalist reist nach Spanien, um in mehreren Beiträgen über kulturelle Ereignisse zu berichten. Eine Rundfunkanstalt verpflichtet sich vor Reiseantritt, diese Beiträge abzunehmen.

Die Tätigkeit ist nichtselbstständig, weil sie von vornherein auf Dauer anlegt ist und die Berichte aufgrund einer vorher eingegangenen Gesamtverpflichtung geliefert werden. Dies gilt auch, wenn diese Beiträge einzeln abgerechnet werden.

Ein Journalist wird von einer Rundfunkanstalt für kulturpolitische Sendungen um Beiträge gebeten. Die Beiträge liefert er aufgrund von jeweils einzeln abgeschlossenen Vereinbarungen.

Die Tätigkeit ist selbstständig, wenn sie nicht von vornherein auf Dauer angelegt ist

1.1.1.3 Synchronsprecher

Die Spitzenorganisation der Sozialversicherung hat mit Datum vom 30.09.2005 eine gemeinsame Verlautbarung zur versicherungsrechtlichen Beurteilung von Synchronsprechern herausgegeben.[18] Demnach war in einer vorausschauenden Betrachtungsweise von einer abhängigen Beschäftigung auszugehen, wenn ein Synchronsprecher innerhalb eines Jahres von einem Synchronunternehmen zu **mehr als 50 Synchroneinsatztagen** verpflichtet wird.

Durch die Beschlüsse des BSG vom 27.04.2016 – B 12 KR 16/14 R und B 12 KR 17/14 R hält die Spitzenorganisation daran nun nicht mehr fest. Die Spitzenorganisation schließt sich der Ansicht des BSG an, dass jeweils auf die Verhältnisse abzustellen ist, die nach Annahme eines einzelnen Einsatzortes bestehen. Aus der kurzen Zeit der Tätigkeiten könne für die Statusbeurteilung nichts hergeleitet werden. In den Streitfällen hatte das BSG eine Eingliederung der Synchronsprecher in den jeweiligen Betrieben festgestellt. Die Synchronsprecher unterlagen den Weisungen der von den Unternehmen

---

[17]BMF- Schreiben v. 05.10.1990, a. a. O.
[18]30.09.2005 GR-SpVSozVersTr.

gestellten Regisseuren, Cuttern oder Tonmeister, indem ihnen die Termine und die zeit-
liche Abfolge für die Aufgaben, die Räumlichkeiten sowie die Dialog- bzw. Synchron-
bücher vorgegeben wurden. Weiterhin führte das BSG aus:

- Weder die künstlerische Freiheit der Sprecher bei der Gestaltung der Synchronisation
  noch ein möglicher Schutz der Tätigkeit der Synchronisation von Filmen nach Art.
  5 GG stehen den allgemeinen Grundsätzen für die Statuseinstufung als Beschäftigte
  entgegen
- Die Tätigkeit wird nicht aufgrund von Werkverträgen ausgeübt. Hierfür komme es nach
  den vom Bundesarbeitsgericht (BAG) zur Abgrenzung von Werk- und Arbeitsverträgen
  entwickelten Grundsätzen, denen sich das BSG für die versicherungsrechtliche
  Beurteilung anschloss, entscheidend darauf an, ob Weisungsrechte des Werkbestellers
  ausschließlich auf die Ausführung des vereinbarten Werks beziehen, oder ob auch
  Weisungsrechte bezüglich des Arbeitsvorganges und der Zeiteinteilung bestehen.

Die Spitzenorganisation der Sozialversicherung folgt den Beschlüssen des BSG. Sie
gehen dabei davon aus, dass die Tätigkeitsbeschreibungen und Abhängigkeiten der
in den Streitfällen betroffenen Synchronsprecher dem typischen Tätigkeitsbild von
Synchronsprechern in Synchronstudios entspricht, sodass sich die abgeleiteten Schlüsse
in grundsätzlicher Hinsicht auf die Tätigkeit von Synchronsprechern im Allgemeinen
übertragen lassen. Unter dieser Maßgabe sind Synchronsprecher statusrechtlich als
abhängig Beschäftigte und nicht als selbstständig Tätige zu betrachten. Die erläuterten
Grundsätze sind auch auf die Werbesprecher anzuwenden.

Zu beachten ist allerdings, dass Synchronsprecher steuerrechtlich grundsätzlich
selbstständig sind.[19]

1.1.2   Parallele nichtselbstständige/selbstständige Tätigkeit für einen Arbeitgeber

Eine Person übt eine bestimmte Tätigkeit entweder nichtselbstständig oder selbstständig
aus. Gegenüber seinem Auftraggeber ist eine parallele selbstständige und unselbstständige Tätigkeit jedoch möglich.

Dies kommt nach Ansicht des BFH bei einem hauptberuflich nichtselbstständig Tätigen in Betracht, der eine Nebentätigkeit für seinen Arbeitgeber übernimmt, die er zusätzlich, freiwillig, außerhalb seiner Dienstobliegenheiten, außerhalb des Dienstes und ohne
Weisungsbefugnis des Dienstherren übernimmt.[20]

---

[19]BFH v. 12.10.1978 – IV R 1/77, BStBl. II 1981, S. 706.
[20]BFH v. 06.03.1995 – VI R 63/94, BStBl. II 1995, S. 471; siehe aber auch BFH v. 20.12.2000 –
XI R 32/00, BStBl. II 2001, S. 496.

Beispiel

Ein Angestellter eines Labels nimmt außerhalb seines Dienstes und seines Dienstverhältnisses einen Tonträger auf und lässt diesen gegen Erfolgshonorar bei seinem
Arbeitgeber vertreiben.

Beide Tätigkeiten sind zu trennen. Es liegt eine nichtselbstständige Tätigkeit als
Arbeitnehmer und daneben eine Unternehmertätigkeit als selbstständiger Musiker vor.

1.1.3   Nebenberuflich tätiger Dozent

Immer wieder kommt es vor, dass Medientreibende nebenberuflich als Dozenten tätig
sind. Soweit aus dieser Tätigkeit im Jahr weniger als EUR 2400,00 bezogen werden,
ist diese Aufwandsentschädigung steuerfrei (soweit sie im Auftrage einer **inländischen
juristischen Person des öffentlichen Rechts** oder eines **gemeinnützigen Vereins**
erfolgte). Erzielt ein Steuerpflichtiger steuerfreie Einnahmen unterhalb des sog. Übungs-
leiterfreibetrages, kann er die damit zusammenhängenden Aufwendungen insoweit
abziehen, als sie die Einnahmen übersteigen.[21]

Die Frage, zu welcher Einkunftsart die Einkünfte zu rechnen sind, soweit der Freibetrag überschritten wird, ist dabei grundsätzlich unabhängig von der Art der Haupt-
einkünfte zu beurteilen.[22] Die entscheidende Frage, ob die Nebeneinkünfte einer
selbstständigen oder einer nichtselbstständigen Tätigkeit zuzurechnen sind, ist ebenfalls
nach dem **Gesamtbild** unter Abwägung aller Umstände zu beurteilen.

Nebenberuflich tätige Lehrkräfte werden in der Rechtsprechung des BFH in der Regel
als selbstständig Tätige angesehen.[23] Etwas anderes wurde lediglich dann angenommen,
wenn die der Lehrtätigkeit zugrunde liegenden Vertragsbestimmungen als Arbeitsvertrag
zu werten waren.[24]

Weiterhin sind Dozenten an Universitäten, Hoch- und Fachhochschulen, Fachschulen,
Volkshochschulen, Musikschulen sowie an sonstigen – auch privaten – Bildungsein-
richtungen u. a. nach den Entscheidungen des Bundessozialgerichts[25] nicht in einem
abhängigen Beschäftigungsverhältnis zu diesen Schulungseinrichtungen, wenn sie mit
einer von vornherein zeitlich und sachlich beschränkten Lehrverpflichtung betraut sind,
weitere Pflichten nicht zu übernehmen haben und sich dadurch von den fest angestellten
Lehrkräften erheblich unterscheiden.

---

[21]BFH v. 20.12.2017 – III R 23/15, NJW 2018, S. 1630.
[22]BFH v. 04.12.1975 – IV R 162/72, BStBl. II 1976, S. 291.
[23]BFH v. 24.05.1959 – VI 29/59; BFH v. 17.07.1958 IV 191/56 U.
[24]BFH v. 28.04.1972 – V I R 71/69, BStBl. II 1972, S. 617.
[25]BSG v. 01.02.1979 – 12 RK 7/77; BSG v. 19.12.1979 – 12 RK 52/78, BB 1980, S. 1051; BSG v.
25.09.1981 – 12 RK 5/80, BB 1982, 806.

Demgegenüber stehen Lehrer, die insbesondere durch Übernahme **weiterer Neben-
pflichten** in den Schulbetrieb eingegliedert werden und nicht nur stundenweise Unterricht erteilen, in einem abhängigen Beschäftigungsverhältnis.[26]

Soweit Dozenten/Lehrbeauftragte selbstständig tätig sind, unterliegen sie der Rentenversicherungspflicht nach § 2 Satz 1 Nr. 1 SGB VI, sofern sie im Zusammenhang mit ihrer
selbstständigen Tätigkeit keinen versicherungspflichtigen Arbeitnehmer beschäftigen.

1.1.4   Lohnsteuerabzug

Bei Vorliegen einer nichtselbstständigen Tätigkeit wird beim Lohnsteuerabzug davon
ausgegangen, dass die für die einzelnen Beschäftigungsverhältnisse gezahlten Honorare
ohne Unterbrechung für das ganze Jahr in gleicher Höhe erzielt wurden. Künstler sind
jedoch häufig nur für wenige Tage bei einem Arbeitgeber tätig und es kommt insoweit zu
einer zu hohen Festsetzung von Lohnsteuer.

Diese zu viel gezahlte Lohnsteuer wird im Rahmen des Veranlagungsverfahrens zur
Einkommensteuer erstattet. Um die Besonderheiten von Künstlern zu beachten und die
Steuerbelastung bereits während des laufenden Jahres zu senken, wurde jedoch noch
eine Sonderregelung eingeführt.[27] In der Praxis wird diese Möglichkeit jedoch meist aus
Vereinfachungs- und Nachweisgründen nicht genutzt.

Demnach können für den Lohnzahlungszeitraum neben der Zeit der tatsächlichen
Tätigkeit auch Zeiten ohne Beschäftigung eingerechnet werden. Dabei muss aber sichergestellt werden, dass beschäftigungslose Zeiten nicht doppelt erfasst werden.

In der Vergangenheit konnte dies der Arbeitgeber anhand der Lohnsteuerkarte erkennen,
da der vom vorhergehenden Arbeitgeber zugrunde gelegte Lohnzahlungszeitraum auf
der Lohnsteuerkarte einzutragen war. Nunmehr wurden die Lohnzahlungszeiträume dem
Finanzamt übermittelt. Die Arbeitnehmer erhalten nach Beendigung des Arbeitsverhältnisses eine Lohnsteuerbescheinigung, auf der der Lohnzahlungszeitraum zu entnehmen
ist. Es empfiehlt sich daher, die vom letzten Arbeitgeber vor der Beschäftigungspause
erstellte Lohnsteuerbescheinigung dem späteren Arbeitgeber vorzulegen, damit dieser von
der Erleichterungsregelung Gebrauch machen kann. Der Arbeitgeber hat auf der anderen
Seite auf die Einreichung zu bestehen, anderenfalls darf die Kürzung nicht vorgenommen
werden. Aufgrund des Steuerbürokratieabbaugesetzes wurde ab dem Jahr 2011 die Hand-
habung aufgrund der elektronischen Lohnsteuerkarte vereinfacht.

Bei dem erweiterten Lohnzahlungszeitraum wird der Lohnzahlungszeitraum für Zwecke
des Lohnsteuerabzugs auf die vor der tatsächlichen Beschäftigung liegende Zeit ausgedehnt.

Voraussetzung hierfür ist, dass dieser Zeitraum nicht in einem früheren Beschäftigungsverhältnis bereits verwendet wurde und die Nichtbelegung dem Arbeitgeber bekannt ist.

---

[26]Vgl. hierzu u. a. Urteile des BAG v. 24.06.1992 – 5 AZR 384/91, USK 9295; BAG v. 19.11.1997 –
5 AZR 21/97, USK 9728.

[27]S. BMF-Schreiben v. 05.10.1990, a. a. O.

Für je zwei Tage der tatsächlichen Beschäftigung kann dann eine Woche, höchstens jedoch insgesamt ein Monat angesetzt werden.

Beispiel[28]

Für die 6-tägige Beschäftigung vom 26. bis 31. März erhält ein Schauspieler (ELStAM mit Steuerklasse I) EUR 2.400,00. Für die Tagesgage von EUR 400,00 würde der Lohnsteuerabzug nach der Tagestabelle EUR 130,84 betragen, für die sechs Drehtage also insgesamt **EUR 785,04**.

Wurden die ELStAM mit Steuerklasse I zuletzt bis zum 05. März verwendet, so kann für die 6-tägige Beschäftigung der Lohnzahlungszeitraum auf den 11. bis 31. März ($=$drei volle Wochen) erweitert werden. Für den Wochenlohn von EUR 800,00 (EUR 2.400,00: drei Wochen) beträgt der Lohnsteuerabzug nach der Wochentabelle EUR 125,18, für die sechs Drehtage damit insgesamt also **EUR 375,54**.

Wurde hingegen die ELStAM mit Steuerklasse I zuletzt bis zum 17. März verwendet, ist in diesem Fall eine Erweiterung des Lohnzahlungszeitraums auf drei volle Wochen (11. bis 31. März) nicht zulässig, weil dieser Zeitraum zum Teil schon belegt ist. Es kommt hier nur eine Erweiterung des Lohnzahlungszeitraums vom 18. März bis 31. März ($=$zwei volle Wochen) in Betracht. Für den Wochenlohn von EUR 1.200,00 (EUR 2.400,00: 2 Wochen) beträgt der Lohnsteuerabzug nach der Wochentabelle EUR 253,34 für die sechs Drehtage damit insgesamt also **EUR 506,68**.

Der Lohnzahlungszeitraum kann auf einen Monat verlängert werden. Hierbei vereinbaren Arbeitgeber und Arbeitnehmer, dass für Zwecke des Lohnsteuerabzugs der Monat als Lohnzahlungszeitraum angesehen wird und die Zahlungen zunächst als Abschlagszahlungen behandelt werden.

Voraussetzung für dieses Verfahren ist ebenfalls, dass dieselben ELStAM für den betreffenden Monat noch nicht verwendet worden sind und mindestens für den Monat dem Arbeitgeber zur Verfügung stehen.

Bei der **permanenten Monatsabrechnung** wird die Lohnsteuerberechnung für die während eines Monats anfallenden Lohnzahlungen in der Weise vorgenommen, dass die früheren Lohnzahlungen desselben Monats mit in die Steuerberechnung einbezogen werden.

Beispiel[29]

Ein Schauspieler ist drei Drehtage beim selben Arbeitgeber beschäftigt. Für den Drehtag am 08. August erhält er EUR 500,00 für den Drehtag am 13. August EUR 600,00 und für den Drehtag am 27. August EUR 400,00. Die ELStAM mit der Steuerklasse I müssen dem Arbeitgeber für diesen Zeitraum zur Verfügung stehen. Die permanente Monatsabrechnung ergibt folgenden Lohnsteuerabzug

---

[28]Angelehnt an: Steuertipps für Künstler, Bayrisches Staatsministerium der Finanzen, 5. Auflage 2016 – hier: Rechtslage 2018
[29]Angelehnt an: Steuertipps für Künstler a. a. O. – hier Rechtsstand: 2018.

Erste Lohnzahlung am 08. August von EUR 500,00	
Lohnsteuer für EUR 500,00	0,00 EUR
Einzubehalten am 08. August	0,00 EUR
Zweite Lohnzahlung am 13. August EUR 600,00	
Lohnsteuer für EUR 1.100 (EUR 500,00 + EUR 600,00)	8,50 EUR
Bereits gezahlt für EUR 500,00	0,00 EUR
Einzubehalten am 13. August	8,50 EUR
Dritte Lohnzahlung am 27. August von EUR 400,00	
Lohnsteuer für EUR 1.500,00 (EUR 1.100,00 + EUR 400,00)	76,25 EUR
Bereits gezahlt für EUR 1.100,00	8,50 EUR
Einzubehalten am 27. August	67,75 EUR

1.2 Selbstständige Tätigkeit

1.2.1 Begriffsbestimmung

Soweit es sich nicht um eine nichtselbstständige Tätigkeit handelt, ist zu unterscheiden, ob die Tätigkeit als selbstständige Arbeit gem. § 18 EStG (Freiberufler) oder gewerbliche Einkünfte gem. § 15 EStG einzustufen ist.

Eine Begriffsbestimmung oder abschließende Aufzählung der freien Berufe enthält das Einkommensteuergesetz nicht. In § 18 Abs. 1 Satz 2 EStG sind lediglich Tätigkeiten aufgeführt, die als selbstständige Tätigkeit zu deklarieren sind.

§ 18 EStG Einkünfte aus selbstständiger Arbeit

Einkünfte aus selbstständiger Arbeit sind

Einkünfte aus freiberuflicher Arbeit. Zu der freiberuflichen Tätigkeit gehören die selbstständig ausgeübte wissenschaftliche, künstlerische, schriftstellerische, unterrichtende und erzieherische Tätigkeit, die selbstständige Berufstätigkeit der Ärzte, Zahnärzte, Tierärzte, Rechtsanwälte, Notare, Patentanwälte, Vermessungsingenieure, Ingenieure, Architekten, Handelschemiker, Wirtschaftsprüfer, Steuerberater, beratenden Volks- und Betriebswirte, vereidigten Buchprüfer, Steuerbevollmächtigten, Heilpraktiker, Dentisten, Krankengymnasten, Journalisten, Bildberichterstatter, Dolmetscher, Übersetzer, Lotsen und ähnlicher Berufe. Ein Angehöriger eines freien Berufs im Sinne der Sätze 1 und 2 ist auch dann freiberuflich tätig, wenn er sich der Mithilfe fachlich vorgebildeter Arbeitskräfte bedient; Voraussetzung ist, dass er aufgrund eigener Fachkenntnisse leitend und eigenverantwortlich tätig wird. Eine Vertretung im Fall vorübergehender Verhinderung steht der Annahme einer leitenden und eigenverantwortlichen Tätigkeit nicht entgegen.

Die Entscheidung, ob eine künstlerische Tätigkeit vorliegt, liegt auf dem Gebiet der tatsächlichen Würdigung. Einen allgemein verbindlichen Kunstbegriff gibt es nicht.[30] Nachfolgend erfolgt eine Zusammenstellung der Begriffsdefinitionen, wann eine künstlerische Tätigkeit vorliegt.

1.2.1.1 Künstlerische Tätigkeit

Das Bundesverfassungsgericht sieht das Wesentliche der künstlerischen Betätigung in der „freien schöpferischen Gestaltung, in der Eindrücke, Erfahrungen, Erlebnisse des Künstlers durch das Medium einer bestimmten Formensprache zu unmittelbarer Anschauung gebracht werden".[31]

Nach ständiger Rechtsprechung des BFH übt ein Steuerpflichtiger eine künstlerische Tätigkeit aus, wenn er „eine eigenschöpferische Leistung erbringt, in der seine individuelle Anschauungsweise und Gestaltungskraft zum Ausdruck kommt, und die über eine hinreichende Beherrschung der Technik hinaus grundsätzlich eine gewisse künstlerische Gestaltungshöhe erreicht".[32]

Künstlerische Tätigkeit

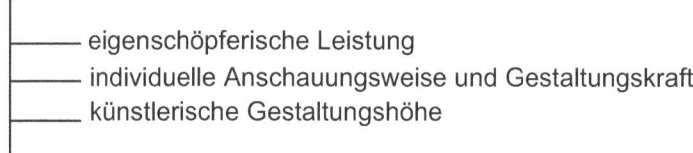

Sind diese Voraussetzungen erfüllt, so schließt auch ein gewerblicher Verwendungszweck der Arbeiten deren künstlerischen Inhalt nicht aus.[33]

Beispiel

Die Tätigkeit eines Werbegrafikers und Werbedesigners, der den Kunden die Erstellung von Konzepten und deren Verwirklichung in Form von Werbeplakaten, Postern, Zeitungsanzeigen, Werbemappen und Verpackungen diverser Produkte des täglichen Bedarfs anbietet und hierbei als Paket neben der Konzepterstellung, den Text, das Layout, Reinzeichnungen und Lithografie sowie die Vervielfältigung und Auslieferung der fertigen Produkte mit einer Auflage zwischen 100 und weit über

---

[30]BFH v. 19.08.1982 – IV R 64/79, BStBl. II 1983, S. 7; Schmidt/Wacker EStG § 18 Rn. 66.

[31]BVerfG v. 24.02.1971 – 1 BvR 435/68, BVerfGE 30, S. 173.

[32]BFH v. 23.09.1998 – XI R 71/97, BFH/NV 1999, S. 40–462.

[33]BFH v. 11.07.1991 – IV R 33/90, BStBl. II 1992, S. 353.

100.000 Stück übernimmt, die von Druckereien durchgeführt werden, kann eine freiberufliche künstlerische Tätigkeit i.S. des § 18 Abs. 1 Nr. 1 EStG sein.[34]

Soweit der Lieferumfang des Produkts gegenüber der künstlerischen Tätigkeit wertmäßig erheblich überwiegt bzw. es zu einer Nachlieferung der Produkte durch den Grafiker kommt, ist es nach unserer Ansicht zweifelhaft, ob noch eine Tätigkeit nach § 18 EStG vorliegt.

Maßgebend bleibt, ob die Arbeiten ohne Rücksicht auf ihre Verwendung künstlerischen Charakter aufweisen, also nicht nur das Produkt handwerksmäßig erlernter bzw. erlernbarer Tätigkeiten sind, sondern eben darüber hinaus eine eigenschöpferische, künstlerische Gestaltungshöhe aufweisen.[35]

Soweit den Werken nach der allgemeinen Verkehrsauffassung nicht das Prädikat des Künstlerischen abgesprochen werden kann, kann auf die Feststellung einer ausreichenden künstlerischen Gestaltungshöhe verzichtet werden.

Die Bestätigung als Kunst nach der allgemeinen Verkehrsauffassung kann auch daraus abgeleitet werden, dass die Arbeitsergebnisse bei einem nicht nur kleinen Käuferkreis Anklang gefunden haben.[36]

Da eine künstlerische Tätigkeit in besonderem Maße persönlichkeitsbezogen ist, kann sie als solche nur anerkannt werden, wenn der Künstler auf sämtliche zur Herstellung eines Kunstwerkes erforderlichen Tätigkeiten den entscheidenden gestaltenden Einfluss ausübt.[37]

Beispiel

Die Tätigkeit eines Restaurators ist dann künstlerisch, wenn sie ein Kunstwerk betrifft, dessen Beschädigung ein solches Ausmaß aufweist, dass seine Wiederherstellung eine eigenschöpferische Leistung des Restaurators erfordert.[38] Der Restaurator muss insoweit eine Lücke durch seine eigenschöpferische Leistung schließen.

Bei der Beurteilung, ob eine künstlerische Tätigkeit vorliegt, wird zwischen der Gebrauchskunst und der zweckfreien Kunst unterschieden.[39]

Unter zweckfreier Kunst ist die Tätigkeit von Künstlern zu verstehen, die zunächst ohne Auftrag und Weisung nach eigenen Vorstellungen eine zweckfreie Schöpfung schaffen und diese Unikate anschließend in Ausstellungen präsentieren bzw. veräußern.[40]

---

[34]FG Köln Urteil v. 15.02.2006 – 14 K 7867/98, DStR 2007, VIII, Heft 31.

[35]BFH v. 14.12.1976 – VIII R 76/75, BStBl. II 1977, S. 474.

[36]BFH v. 14.08.1980 – IV R 9/77, BStBl. II 1981, S. 21.

[37]OFD Frankfurt am Main v. 29.11.2007 – S-2246 A – 1 – St 217.

[38]BFH v. 04.11.2004 – IV R 63/02, BStBl. II 2015, S. 362.

[39]BFH v. 14.08.1980 – IV R 9/77, a. a. O., Grossmann, M., Künstler, 1992, S. 35, Mody, D., Künstler, 1994, S. 37; Schmidt/Wacker EStG § 18 EStG Rn. 66.

[40]OFD Frankfurt am Main, a. a. O.

Maler, Musiker, Komponisten.

Bei der Gebrauchskunst, zu der auch die Erzeugnisse aus reproduzierender, auftrags-
und/oder weisungsgebundener Tätigkeit zählen, kann nur aufgrund besonderer Kriterien
nach den Verhältnissen des Einzelfalls entschieden werden, ob die Tätigkeit künstlerisch
ist. Dies ist zum Beispiel der Fall, wenn der künstlerische Aspekt den Gebrauchswert
deutlich übersteigt.[41]

Fotografen, Grafik-, Mode- und Industriedesigner.

So hat es der BGH beispielsweise für möglich gehalten, dass auf dem Gebiet der Mode
Zeichnungen, Entwürfe und Schnittmuster sowie nach diesen Vorlagen angefertigte
Modelle unter Kunstschutz stehen.[42] Auch bei nicht alltäglichen Möbeln hat der BGH
urheberrechtlichen Werkschutz bejaht.[43]

Infolge des notwendig einzuhaltenden Gebrauchszwecks und der dadurch bedingten
Formgestaltung erreichen Gebrauchsgegenstände jedoch häufig nur einen begrenzten
eigenschöpferischen Anteil.

So hat der BFH in einem Urteil darauf hingewiesen, dass beispielsweise die Erzeugnisse eines **Gebrauchsgrafikers** dann nicht Ausdruck seiner individuellen Anschauungsweise und Gestaltungskraft sind, wenn sie nur einer neuen Moderichtung, einem neuen
Stilgefühl folgen oder wenn die Formgebung aus dem allgemeinen Formenschatz entnommen wird oder auf bekannte Vorbilder zurückgeht.[44] So können hierzu z. B. die
Arbeiten von Luigi Colani gezählt werden.

Das gilt auch dann, wenn die Erzeugnisse zwar eigenartig oder technisch vollendet
sind und gutes oder sogar bestes handwerkliches Können zeigen, solange sie geforderte
künstlerische Gestaltungshöhe vermissen lassen.[45]

Bei der Beurteilung, ob musikalische Darbietungen künstlerischen Charakter haben,
lassen sich nicht gewisse Arten von Musik von vornherein ausschließen. Ebenso wie die
musikalische Betätigung im Bereich der Jazz-, Pop- und Rockmusik kann insoweit auch
die Darbietung von Tanz- und Unterhaltungsmusik eine künstlerische Tätigkeit sein. In
allen Bereichen spielt der Anteil der erlernten Fähigkeiten eine große Rolle.

Geht es um die Beurteilung der Leistung eines Ensembles im Ganzen, so kommt es
neben den musikalisch-instrumentalen Fähigkeiten der einzelnen Musiker weiter darauf

---

[41]BFH v. 26.09.1968 – IV 43/64, BStBl. II 1969, S. 70, Schmidt/Wacker EStG § 18 Rn. 67.
[42]BGH v. 14.12.1954 – I ZR 65/53 „Mantelmodell", DB 1955, S. 914.
[43]BGH v. 10.12.1986- I ZR 15/85 „Le-Corbusier-Möbeln", NJW 1987, S. 2678–2679.
[44]BFH v. 11.07.1960 – V 96/59 S, BStBl. III, S. 453.
[45]Ebenda.

an, wie der Vortrag und das Niveau der Darbietung insgesamt zu bewerten sind. Dabei spielt die Prägnanz bei der Darbietung improvisierter Teile eine Rolle. Einen erheblichen Einfluss auf diese Bewertung hat es auch, ob und wie die Musik in eigenen Arrangements dargeboten wird.[46]

1.2.1.2 Schriftstellerische Tätigkeit

Zu den Einkünften aus der freiberuflichen Tätigkeit nach § 18 Abs. 1 Nr. 1 Satz 2 EStG gehört die selbstständig ausgeübte schriftstellerische Tätigkeit. Bei der schriftstellerischen Tätigkeit werden eigene Gedanken mit den Mitteln der Sprache für die Öffentlichkeit niedergelegt.[47] Werden Schriftstücke für einen geschlossenen Kreis veröffentlicht, und nicht für die Öffentlichkeit, liegt keine schriftstellerische Tätigkeit vor.[48] Ein Schriftstück ist in der Regel dann für die Öffentlichkeit bestimmt, wenn es aus Sicht des Schriftstellers zahlenmäßig für einen nicht bestimmbaren Personenkreis verfügbar gemacht werden soll.[49] Unerheblich ist es, ob der Personenkreis nur auf ein begrenztes, fachliches Publikum beschränkt ist.[50] Ebenso wie bei der künstlerischen Tätigkeit spielt die eigenschöpferische Leistung (durch eigene Gedanken) eine große Rolle, an die allerdings keine besonderen Anforderungen gestellt werden.[51] Das Geschriebene braucht daher weder wissenschaftlichen noch künstlerischen Inhalt aufweisen.[52]

Schriftsteller ist beispielsweise derjenige, der PC-Lernprogramme oder Bedienungsanleitungen für technische Geräte erstellt.[53] Daneben ist Schriftsteller, wer Vorträge oder Reden, für z. B. Schauspieler oder Sprecher im Fernsehen oder Rundfunk, schreibt.[54] Keine schriftstellerische Tätigkeit ist die Erstellung eines Gutachtens.[55]

Unter Umständen können Auftragsarbeiten für einen anderen Schriftsteller als eigene schriftstellerische Tätigkeit bewertet werden. Erforderlich ist, dass der Auftragsschriftsteller ein eigenes Manuskript verfasst und dass seine Gedanken in den veröffentlichten Text ausreichend eingegangen sind.[56] Somit gehört das Sammeln von Material, Lesen und Korrekturen nicht dazu.

---

[46]BFH v. 19.08.1982 – IV R 64/79, a. a. O.

[47]BFH v. 30.10.1975 – IV R 142/72, BStBl. II 1976, S. 192.

[48]BFH v. 04.11.2004 – IV R 63/02, a. a. O.; BFH v. 14.05.2014 – VIII R 18/11, BStBl. II 2015, S. 128.

[49]BeckOK EStG/Levedag EStG § 18 Rn. 126-134.

[50]BFH v. 19.05.1993 – I R 80/92, BStBl. II 1993, S. 655; Blümich/Hutter EStG § 18 Rn. 100.

[51]Blümich/Hutter EStG § 18 Rn. 99.

[52]BFH v. 14.05.1958 – IV 278/76 U, BStBl. III 1958, S. 316.

[53]BFH v. 10.09.1998 – IV R 16/97, BStBl. II 1999, S. 215; BFH v. 25.04.2002 – IV R 4/01, BStBl. II 2002, S. 475.

[54]Blümich/Hutter EStG § 18 Rn. 100.

[55]Ebenda.

[56]Schmidt/Wacker EStG § 18 Rn. 77.

Der Schriftsteller erzielt regelmäßig Einkünfte aus schriftstellerischer Tätigkeit durch die entgeltliche Überlassung seines Urheberrechts.[57] Verwertet der Schriftsteller allerdings ein ihm übertragenes Urheberrecht durch die entgeltliche Überlassung erzielt er Einkünfte i.S.d. § 21 Abs. 1 Nr. 3 EStG.[58]

Ein Schriftsteller im Selbstverlag erzielt gewerbliche Einkünfte.[59]

Beispiel

Übersetzer H, der wichtige Werke der gegenwärtigen Weltliteratur- insbesondere Lyrik- ins Deutsche übersetzt, übt eine schriftstellerische Tätigkeit aus. Sofern sich seine eigenen Gedanken darauf beschränken, den Eigenarten der Sprache gerecht zu werden, liegt keine schriftstellerische Tätigkeit vor, da der Gesamtcharakter der Tätigkeit im Wesentlichen von der rein technischen Arbeit der Wiedergabe fremdsprachlicher Texte und der Bindung an diesen Text geprägt ist. Etwas Anderes ist anzunehmen, wenn die Elemente der Sprachschöpfung, der Nachschöpfung und des kongenialen Erfassens der inhaltlichen und formalen Gedanken des Schriftstellers bei der Übertragung aus der Fremdsprache in den Vordergrund treten und das Ergebnis der Arbeit des Übersetzers prägen.[60,61]

Beispiel

Ein Influencer veröffentlicht Stories auf Instagram und Snapchat, in denen er verschiedene Proteinpulver samt Shaker testet. Bei dieser Tätigkeit liegt keine schriftstellerische Tätigkeit i.S.d. § 18 Abs. 1 Nr. 1 S. 2 EStG, da die Gedanken des Influencers nicht schriftlich niedergelegt werden. Auch eine Tätigkeit als Bildberichterstatter oder Journalist kommt nicht infrage, da eine kritische Auseinandersetzung zu Ereignissen auf politischen, gesellschaftlichen, wirtschaftlichen oder kulturellen Gebiet nicht vorhanden ist. Der Influencer übt dementsprechend Einkünfte aus Gewerbebetrieb nach § 15 EStG aus.

Der schriftliche Ausdruck eigener Gedanken mit Mitteln der Sprache trifft zu einem Großteil auch auf die Tätigkeit des Journalisten zu.[62] Daneben ist die journalistische Tätigkeit vor allem auf das Sammeln und Verwerten von Informationen des täglichen Geschehens und die Stellungnahme bestimmter Ereignisse des Zeitgeschehens beschränkt.[63] Seit dem Wegfall des § 34 Abs. 4 EStG, der eine Tarifbegünstigung für

---

[57]Blümich/Hutter EStG § 18 Rn. 102.

[58]Ebenda; kritisch: Schmidt/Wacker EStG § 18 Rn. 78.

[59]BFH v. 30.11.1979 – IV R 15/73. BStBl. II 1979, S. 236.

[60]BFH v. 30.10.1975 – IV R 142/72, a. a. O.

[61]BeckOK EStG/Levedag EStG § 18 Rn. 126-134.

[62]BeckOK EStG/Levedag EStG § 18 Rn. 126-134.

[63]BFH v. 22.11.1979 – IV R 88/76, BStBl. II 1980, S. 152; BFH v. 08.12.1983 – IV R 126/82.

schriftstellerische Nebentätigkeiten vorsah, ist die Abgrenzung der schriftstellerischen Tätigkeit zu der Tätigkeit des Journalisten nicht mehr erforderlich, da diese Berufe zu den sog. Katalogberufen gehören.[64]

1.2.2   Verfahren zur Feststellung der Künstlereigenschaft[65]

1.2.2.1 Feststellung durch das Finanzamt

Die Tätigkeit des Steuerpflichtigen ist durch das Finanzamt zu prüfen. Dabei ist auf die tatsächlich ausgeübte Gesamttätigkeit abzustellen.

Die Überprüfung des Merkmals „eigenschöpferische Arbeit" kann durch eine Negativ-abgrenzung erfolgen.

Beispiel

Gegen ein eigenschöpferisches Arbeiten sprechen z. B.

- festes Vertragsverhältnis zum Auftraggeber (Werkvertrag),
- ins Einzelne gehende Vorgaben/Weisungen des Auftraggebers oder
- Vervielfältigung der hervorgebrachten Produkte durch den Steuerpflichtigen

---

Soweit die Tätigkeit als nicht eigenschöpferisch einzustufen ist, kann eine Prüfung der künstlerischen Gestaltungshöhe unterbleiben. Falls der Steuerpflichtige nur teilweise eigenschöpferisch tätig ist, ist zu prüfen, ob eine Trennung der einzelnen Tätigkeiten möglich erscheint.[66]

Die Beurteilung der künstlerischen Gestaltungshöhe erfordert im Bereich der Gebrauchskunst im allgemeinen zwar besondere Sachkunde, kann in eindeutigen Fällen jedoch durch das Finanzamt in eigener Zuständigkeit vorgenommen werden.

Beispiel

Indizien, die Rückschlüsse auf die künstlerische Gestaltungshöhe zulassen, sind z. B.

- die Vorbildung des Steuerpflichtigen (z. B. abgeschlossenes Hochschulstudium der entsprechenden Kunstrichtung),
- Presseveröffentlichungen (Kritiken) und Rezensionen in angesehenen Zeitungen und Kunstzeitschriften über die Tätigkeit des Steuerpflichtigen oder die Beteiligung an Kunstausstellungen,
- Arbeitsproben (z. B. bisher geschaffener Werke),
- Kunstpreise und Auszeichnungen,
- Mitgliedschaft in bestimmten Bünden und Verbänden.

---

[64]Blümich/Hutter EStG § 18 Rn. 101.

[65]OFD Frankfurt am Main, a. a. O.

[66]H 15.6 „Gemischte Tätigkeit" EStH.

Die vorgenannten Indizien rechtfertigen für sich allein jedoch noch keine Anerkennung der Künstlereigenschaft. Wenn das Finanzamt nach eingehender Überprüfung zu dem Entschluss kommt, dass es selbst keine abschließende Entscheidung treffen kann, ist dem Steuerpflichtigen die Möglichkeit zu geben, die künstlerische Tätigkeit anhand eines Sachverständigengutachtens nachzuweisen.

Die Begutachtung durch Sachverständige kommt jedoch nur in Betracht, wenn die Einordnung der Tätigkeit steuerliche Auswirkungen hat. Dies ist regelmäßig nur dann der Fall, wenn der Gewerbeertrag den Gewerbesteuerfreibetrag übersteigt oder dieser Freibetrag in absehbarer Kürze überschritten wird.[67] Da mit einer Aberkennung der künstlerischen Tätigkeit jedoch meist auch weitgehende Nachteile verbunden sind (IHK-Pflicht etc.), ist auch in diesen Fällen nach unserer Ansicht ein Begutachtungsverfahren vorzunehmen.

Zu den Berufen, bei denen häufig ein Verfahren in der Praxis anzutreffen ist, zählen

- (Werbe-) Grafiker,
- Designer,
- Werbefotografen,
- Gold- und Silberschmiede,
- Schmuckgestalter,
- Kunstschmiede,
- Keramiker mit Herstellung von Gebrauchsgegenständen.

Für Zwecke der Begutachtung hat der Steuerpflichtige folgende Unterlagen vorzulegen:

- eine Darstellung des Steuerpflichtigen über seinen künstlerischen Werdegang
- Entwürfe oder geeignete – möglichst farbige – Abbildungen von tatsächlich verwerteten Werken des Steuerpflichtigen, die einen zeitnahen charakteristischen Querschnitt seines Gesamtschaffens darstellen und
- etwaige Kritiken und Rezensionen über seine Arbeiten.[68]

Sofern eine entsprechende Beurteilung beim Finanzgericht anhängig ist, dem Gericht die erforderliche Sachkunde fehlt, es dennoch auf die Einholung eines Sachverständigengutachtens verzichtet,[69] kann nach ständiger Rechtsprechung ein Verstoß gegen die Sachaufklärungspflichten gem. § 76 Abs. 1 Satz 1 FGO und damit ein Verfahrensfehler i.S. von § 115 Abs. 2 Nr. 3 FGO vorliegen.

---

[67]OFD Hannover v. 12.12.2006 – G-1400-85-StO 254.

[68]Ebenda.

[69]BFH v. 16.08.2005 – X B 35/05, BFH/NV 2005, S. 2237 Nr. 12.

Holt das Finanzgericht kein Sachverständigengutachten ein, muss dies für die Verfahrensbeteiligten erkennbar sein. Die besondere Sachkunde muss dann in den Urteilsgründen nachprüfbar dargelegt werden.[70]

Form des Sachverständigengutachtens
Gutachten und Stellungnahmen von Kunstsachverständigen, Lehrstuhlinhabern oder Berufsverbänden können anerkannt werden, wenn sich der Gutachter mit der Tätigkeit des Steuerpflichtigen im Gutachten nachvollziehbar auseinandergesetzt und den von der Rechtsprechung festgelegten Künstlerbegriff seiner Einschätzung erkennbar zugrunde gelegt hat. Beispielsweise lag einer Entscheidung, dass die Tätigkeit in einem Tanz- und Unterhaltungsorchester künstlerisch sein kann, folgender Auszug eines Gutachtens zugrunde:

„... dass es sich beim Anlegen eines angezeigten Maßstabes bei den Darbietungen des Ensembles eindeutig um künstlerische und nicht um gewerbliche Leistungen handelt. Diese Feststellung bezieht sich ebenso auf die überwiegend verwendeten, für das Ensemble angefertigten Arrangements, auf die Art ihres Vortrages und die musikalische Darbietung, aber auch die Gestaltung des Programms der einzelnen Veranstaltungen. Es liegt in der Natur der Sache, dass im Wesentlichen auf Repertoire-Nummern zurückgegriffen wird, die vom Publikum gefragt und verlangt werden und dass die Machart und Ausgestaltung der dargebotenen Musik sich an bestimmter und konkreter Geschmackserwartungen orientiert. Diesem Grundsatz folgt aber auch im Prinzip ein gewichtiger Teil der Produktion der Unterhaltungs- und Tanzmusik im Rundfunk und in der Schallplattenindustrie. Wollte man daraus mangelnde Kreativität oder Originalität ableiten und deswegen die künstlerische Leistung in Frage stellen, so müsste einem beträchtlichen Teil der durch Rundfunk und Schallplatte verbreiteten Musikproduktion ohne Zweifel das Prädikat des Künstlerischen abgesprochen werden."[71]

Das Urteil, dass Arbeiten eines **Film-Editors** eine eigenschöpferische Leistung darstellen können und eine künstlerische Gestaltungshöhe erreichen, wurde durch ein Sachverständigengutachten gestützt, welches unter anderem folgende Aussage enthielt:

„Seine individuelle Kombinatorik in der Montage, seine emotionale Qualität zeugen dabei von phantasievollen und künstlerischen Darstellungsmethoden, zu der ihm die Auftraggeber bewusst Freiheiten einräumen, die es sonst nur im Kunstbetrieb gibt."[72]

---

[70]BFH v. 01.06.2006 – IV B 200/04, BStBl. II 2006, S. 709.
[71]BFH v. 19.08.1992 – IV R 64/79, a. a. O.
[72]FG Hamburg v. 30.11.2007 – 6 K 125/05, NWB direct 2008, S. 6.

Die Feststellungslast für das Vorliegen einer künstlerischen Tätigkeit als eine für ihn günstige Tatsache trägt der Steuerpflichtige, er hat auch die Kosten für das Gutachten zu tragen.[73]

Nach Anhörung der Sachverständigen wird die Steuerfachabteilung des Finanzamtes über das Ergebnis der Begutachtung unterrichtet.

Aufgrund der Abschnittsbesteuerung muss die Künstlereigenschaft theoretisch für jeden Erhebungszeitraum erneut überprüft werden. Aus Vereinfachungsgründen wird jedoch vom Finanzamt akzeptiert, dass ein Begutachtungsverfahren bei gleichbleibenden Verhältnissen nur in einem sechsjährigen Turnus wiederholt werden muss.

1.2.2.2 Bundes- und landesrechtliche Regelungen

Das Bundesministerium der Finanzen[74] und vereinzelte Landesfinanzbehörden haben allgemeine Verwaltungsanweisungen erlassen, auf deren Grundlage vom Finanzamt eine Entscheidung getroffen werden soll, ob es sich um eine künstlerische Tätigkeit handelt. Die einzelnen Verwaltungsanweisungen sind für die Gerichte allerdings nicht bindend.

1.2.3   Einzelfallentscheidungen

Artist

Nach Ansicht des BFH sind die Tätigkeiten von **Fakiren** als gewerbliche Tätigkeit einzustufen, da diese Tätigkeit darauf abzielt, durch „ungewöhnliche körperliche und geistige Fähigkeit zu beeindrucken und damit das Publikum in Erstaunen und Verwunderung zu versetzen."[75]

Ungeachtet der Tatsache, dass die Ergebnisse dieser Leistung bei vielen Zuschauern einen tiefen Eindruck hinterlassen, handelt es sich letztlich um eine Fertigkeit, die nur eine jeweils weitgehend unverändert wiederholte Darbietung ermögliche. Eine freie schöpferische Gestaltung lassen diese Auftritte nach Ansicht des Finanzgerichts kaum zu.[76]

Die Tätigkeit erschöpft sich – vergleichbar mit einem Zauberkünstler – in der Unterhaltung.[77] Von der darstellenden künstlerischen Tätigkeit, z. B. eines Balletttänzers, die auch eine besondere Körperbeherrschung voraussetzt und Unterhaltungswert haben kann, unterscheiden sich die bloßen artistischen Tätigkeiten dadurch, dass sie „keine über die Anschauung der artistisch und optisch ansprechenden Leistungen hinausgehenden geistigen

---

[73]BFH v. 30.03.1994 – I R 54/93, BStBl. II 1994, S. 864.

[74]BMF-Schreiben v. 05.10.1990 a. a. O.

[75]BFH v. 10.03.1993 – I R 96/92, BFH/NV 1993, S. 716.

[76]FG Düsseldorf v. 27.08.1992 – 15 K 455/86, NJW 1993, S. 1496.

[77]BFH v. 02.08.1989 – I R 72/87, NJW 1990, S. 2024.

oder seelischen Eindrücke vermitteln."[78] Die Tätigkeit eines Artisten ist in der Regel als gewerblich einzustufen.[79]

Bei **Zauberern** geht der BFH davon aus, dass dessen Tätigkeit nur aus Spiel, Artistik und angewandte Fertigkeiten besteht, jedoch nicht als Kunst einzustufen sei.[80] Das Finanzgericht Niedersachsen stufte entgegen dieser Ansicht das Zaubern generell als Kunst ein, da die Tätigkeit aufgrund „manuell-technischer Fähigkeiten" der eines Schauspielers vergleichbar sei.[81] In der Revisionsentscheidung hielt der BHF jedoch entgegen, dass sich die Vorführung eines Zauberers in der reinen Unterhaltung erschöpfe und insoweit keine künstlerische Tätigkeit vorliege.

Nach Ansicht des FG Düsseldorf ist die Tätigkeit eines **Hypnotiseurs** nicht Ausdruck einer individuellen schöpferischen Gestaltung und es handelt sich insoweit um eine gewerbliche Tätigkeit.[82]

Aushilfsmusiker

Entgegen des BMF-Schreiben vom 27.06.1975[83] hat das Finanzgericht Köln entschieden, dass Musiker, die nicht zur Stammbesetzung eines Symphonieorchesters gehören, sondern in diesem nur aushilfsweise von Fall zu Fall mitwirken, eine selbstständige Tätigkeit ausüben.[84]

Berufskartenspieler

Ein Berufskartenspieler, der täglich bis zu sechs Stunden mit einem festen Spielerstamm Geschicklichkeitskartenspiele wie Skat betreibt, erfüllt nach Ansicht des Finanzgerichts Berlin sämtliche Merkmale des Gewerbebetriebs.[85]

Bildhauer

Bei Bildhauern wird von einer künstlerischen Tätigkeit ausgegangen, vorausgesetzt die vom Bildhauer entworfenen Modelle verkörpern schöpferische Ideen und die Entwürfe sind als Kunstwerke einzustufen.[86]

---

[78]BFH v. 10.03.1993 – I R 96/92, a. a. O.

[79]BFH v. 17.02.1955 – IV 77/53 S, a. a. O.

[80]BFH v. 02.08.1989 – I R 72/87, BFH/NV 1990, S. 146, BeckOK AO/Erdbrügger AO § 52 Rn. 191.

[81]FG Niedersachsen v. 28.11.1985, EFG 1985, 128.

[82]FG Düsseldorf v. 27.08.1992 – 15 K 455/86, a. a. O. (nicht rechtskräftig), BFH v. 02.02.2000 – XI R 38–98, BFH/NV 2000, S. 839.

[83]BMF- Schreiben v. 27.06.1975 – IV B 6 – S-2365-8/75.

[84]FG Köln v. 21.07.1981 – II-XIV-405/79, a. a. O.

[85]FG Berlin v. 16.10.1990 – VII-597/87 bestätigt durch BFH v. 11.11.1993 – XI R 48/91, BFH/NV 1994, S. 622.

[86]BFH v. 16.08.1956 – V 68/56.

Blogger

Blogger können mit ihren Aktivitäten in sozialen Medien sowohl Einkünfte aus Gewerbebetrieb oder Einkünfte aus selbstständiger Arbeit erzielen. Erzielen Blogger Einnahmen durch das Betreiben eines Webblogs, in denen Texte über Reisen, Rezepte oder Tipps und Tricks rund um das Thema Make-up und Styling veröffentlicht werden, liegt eine schriftstellerische Tätigkeit nach § 18 Abs. 1 Nr. 1 Satz 2 EStG vor. Nicht erforderlich ist es, dass das Geschriebene einen wissenschaftlichen oder künstlerischen Inhalt aufweist. Auch eine journalistische Tätigkeit kann vorliegen, wenn eine kritische Auseinandersetzung zu Ereignissen auf politischen, gesellschaftlichen, wirtschaftlichen oder kulturellen Gebiet vorhanden ist.

Sofern Blogger Ihre Bekanntheit zur Werbung von Produkten, Dienstleistungen oder anderen Personen nutzen, erzielen sie Einkünfte aus Gewerbebetrieb.[87]

Büttenredner

An einer eigenschöpferischen Tätigkeit und somit an einer Annahme einer selbstständigen Tätigkeit fehlt es nach Ansicht des BFH, wenn der Redner mit Schablonen arbeitet und die gleiche Rede, wenn auch mit Variationen, in zahlreichen Fällen immer wieder vorträgt. Des Weiteren fehlt es an dem notwendigen eigenschöpferischen Element, wenn der Redner mit der Verwendung weniger Grundmuster auskommt und nur für besonders gelagerte Ausnahmefälle einen individuellen Redetext entwirft.[88] Sofern der Büttenredner seine Reden im Wesentlichen ohne den Einsatz von Schablonen erstellt, ist eine freiberufliche Tätigkeit anzunehmen.[89]

Wie die neuere Rechtsprechung zum **Kabarettisten** jedoch zeigt, ist ein Wandel bei der Beurteilung der Tätigkeit zu verzeichnen. So wurde entschieden, dass soweit ein Kabarettist eigene oder fremde Texte vorträgt, die in witziger Weise gesellschaftsrechtliche Ereignisse und Zustände kritisieren, es sich um eine künstlerische Tätigkeit handelt. Es ist nicht nachvollziehbar, warum die Tätigkeit des Büttenredners hier anders zu beurteilen sei.

Cutter

Entscheidend zur Beurteilung ist, ob einem Cutter ein ausreichender eigener künstlerischer Gestaltungsraum verbleibt oder ob er letztlich als Teil eines Teams unter der Gesamt- und Endverantwortung des Regisseurs derart in Vorgaben eingebunden ist, dass für eine eigene Gestaltung kein Raum bleibt.

Ein künstlerischer Gestaltungsraum ist u. a. gegeben, wenn eine eigene Formensprache entwickelt und versucht wird, Deutungsräume zu erweitern. Im Bereich des

---

[87]Vgl. Auch BFH v. 11.07.1991 – IV R 102/90, BStBl. II 1992, DStR 1992, S. 286.

[88]BFH v. 26.02.1987 – IV R 105/85, BStBl. II 1987, S. 376.

[89]FG Düsseldorf v, 25.02.2004 – 7 K 7162/01 G, EFG 2004, S. 1628.

Schnitts besteht jedoch nur ausnahmsweise ein Raum für eine neue Formensprache, wie etwa bei der Erfindung des „Jumpcuts", einer bis dahin ungewöhnlichen und geradezu vermiedenen Schnitttechnik.[90]

Designer

Ein **Grafik-Designer** kann eine künstlerische Tätigkeit ausüben, wenn er in der Gestaltung seiner Arbeiten durch die Aufträge, außer durch den von den Auftraggebern verfolgten Werbezweck, nicht gebunden ist.

Außerdem ist Voraussetzung, dass er eigenschöpferische Leistungen erbracht hat, die in seinen Produktionen, die Beherrschung der handwerklichen Fähigkeiten ausweisen, einen Ausdruck gefunden haben, der über die rein sachliche Darstellung hinausgeht und dem Betrachter darüber hinausgehende Informationen vermittelt und bei ihm Assoziationen auslöst.[91]

Soweit hauptsächlich perspektivische Zeichnungen von Maschinen, Maschinenteilen und dergleichen vom Grafik-Designer gefertigt werden, reicht nach Ansicht des Finanzgerichts Nürnberg[92] nicht aus, eine künstlerische Tätigkeit zu bejahen, da die Bindung durch die technischen Vorgaben zu stark ausgeprägt sind und keine schöpferische Gestaltung zulassen.

Hingegen ist bei einem **Illustrator** medizinischer Fachbücher eine künstlerische Tätigkeit anzunehmen, da neben medizinischen Kenntnissen auch Vorstellungskraft und Fantasie benötigt wird, um die Illustrationen fantasievoll und anschaulich zu gestalten.[93]

Nach Ansicht des Finanzgerichts Hamburg entfaltet ein Designer, der mit der Entwicklung des Layouts von Zeitschriften beauftragt wird, eine eigenschöpferische Leistung, da die Redaktion dem Layouter die notwendigen Gestaltungsfreiräume einräumen muss, um seine Fähigkeiten voll nutzen zu können.[94]

Es ist dabei zu beachten, dass nicht nur die Druckvorstufe, sondern auch die Druckphase wesentlicher Bestandteil des künstlerischen Arbeitsprozesses sein kann. [95]

Bei **Mode- und Textil-Designern** wird die Künstlereigenschaft nach ähnlichen Kriterien beurteilt.

Entwirft ein **Industrie-Designer** Gebrauchsgegenstände, so können zur Beantwortung der Frage, ob es sich hierbei um eine künstlerische Tätigkeit handelt, neben den zeichnerischen Entwürfen auch die danach gefertigten Produkte herangezogen werden. So hält es der BGH für möglich, dass auf dem Gebiet der Modezeichnungen,

---

[90]FG Hamburg v. 16.12.2004 – VI 263/02, EFG 2005, S. 697.

[91]FG Bremen v. 15.11.1993 – 91 175 K 1.

[92]FG Nürnberg v. 08.07.1977 – V 7/76.

[93]FG Hamburg v. 12.07.1990 – I 294/86.

[94]FG Hamburg v. 24.09.1992 – I 199/90, EFG 1993, S. 386.

[95]FG Köln v. 15.02.2006 – 14 K 7867/98, a. a. O.

Entwürfe und Schnittmuster sowie nach diesen Vorlagen angefertigte Modelle unter Kunstschutz stehen.[96]

Hieraus kann unserer Meinung nach gefolgert werden, dass bei Konstruktionszeichnungen die künstlerische Gestaltungshöhe nicht nur aus der Zeichnung selbst, sondern auch aus dem nach ihr herzustellenden Gegenstand hervorgehen kann.[97]

Die Erzeugnisse eines **Gebrauchsgrafikers** sind dann nicht Ausdruck seiner individuellen Anschauungsweise und Gestaltungskraft, wenn sie bspw. nur einer neuen Moderichtung, einem neuen Stilgefühl folgen oder wenn die Formgebung aus dem allgemeinen Formenschatz entnommen ist oder auf bekannte Vorbilder zurückgeht.

Das gilt auch dann, wenn die Erzeugnisse zwar eigenartig oder technisch vollendet sind und gutes oder sogar bestes handwerkliches Können zeigen, solange sie geforderte künstlerische Gestaltungshöhe vermissen lassen.[98]

Discjockey
Discjockeys, die vor allem auf Veranstaltungen der Stilrichtung Techno und House verschiedene Werke anderer Interpreten mittels Scratching zu neuen Kompositionen und Klangbildern mischen, erzielen Einkünfte aus selbstständiger Arbeit.

Zu unterscheiden sind hiervon DJs im klassischen Sinne, die nur CDs abspielen und dabei das Publikum durch kreative Musikauswahl zum Tanzen animieren. Bei ihnen liegen Einkünfte aus Gewerbebetrieb vor.

Drehbuch-(Co-) Autor
Gemäß § 18 Abs. 1 Nr. 1 Satz 2 EStG erzielen Schriftsteller Einkünfte aus selbstständiger Tätigkeit. Schriftstellerisch tätig wird dabei derjenige Steuerpflichtige, der eigene Gedanken mit den Mitteln der Sprache schriftlich für die Öffentlichkeit niederlegt.[99]

Anders als bei der Beurteilung einer künstlerischen Tätigkeit kommt es nicht auf eine bestimmte Qualität an. Das Geschriebene braucht weder von wissenschaftlichem noch von künstlerischem Inhalt zu sein. Auch muss das Schriftstück nicht im Buch- oder Zeitschriftenhandel vertrieben werden.[100] Die Tätigkeit des Drehbuchautors erfüllt insoweit diese Grundsätze und ist als Einkünfte aus selbstständiger Tätigkeit einzustufen.

---

[96]BGH v. 14.12.1954 – I ZR 65/53, a. a. O.
[97]BGH v. 29.03.1957 – IZR 236/55, BGHZ 24, S. 55–72.
[98]BFH v. 11.07.1960 – V 96/59 S, a. a. O.
[99]BFH v. 30.10.1975 – IV R 142/72, a. a. O.
[100]BFH v. 10.09.1998 – IV R 16/97, a. a. O.

Fernsehansager

Nach Ansicht des BFH ist das Sprechen von Nachrichten und das einfache Ansagen von Sendungen nicht schon deshalb eine künstlerische Tätigkeit, weil die Mimik des Sprechers sichtbar wird.[101]

Abweichend hiervon vertritt das Finanzgericht Berlin[102] die Auffassung, dass die Fernsehanstalten den Zuschauern durch die Ansagerinnen nicht nur einen netten Anblick gewähren wollen, sondern darüber hinaus bereits vor Beginn der Sendung ihm eine der Sendung entsprechende Stimmung vermitteln wollen. Insoweit müssten die Ansagerinnen sich durch ihr Verhalten, ihren Tonfall, Mimik und Gestik der Sendung anpassen und erbringen insoweit eine künstlerische Leistung.

Filmproduzent

Der künstlerische Tätigkeit eines Filmproduzenten wird anerkannt, wenn er eine eigenschöpferisch Leistung erbringt, die den Stempel seiner Persönlichkeit trägt.[103] Demzufolge schließt die Bindung an genaue Vorgaben bzw. Anweisungen eines Auftraggeber die künstlerische Tätigkeit aus.[104] Die Tätigkeit des Filmproduzenten ist dann als künstlerisch anzusehen, wenn er an allen Tätigkeiten, die für den künstlerischen Wert des einzelnen Films bestimmend sind (z. B. Drehbuch, Regie, Kameraführung, Schnitt, Vertonung), selbst mitwirkt und dabei den entscheidenden Einfluss auf die Gestaltung des Films ausübt.[105]

Bedient sich der Filmproduzent qualifizierter Mitarbeiter, so reicht es nicht aus, dass er selbst in ausreichendem Umfang an der praktischen Arbeit teilnimmt und das mithilfe der Mitarbeiter geschaffene Werk den Stempel seiner Persönlichkeit trägt.[106]

Fotograf

Nach Ansicht des BFH ist entscheidend, ob die Arbeiten ohne Rücksicht auf ihre Verwendung künstlerischen Charakter aufweisen. Dazu ist erforderlich, dass sie nicht das Produkt handwerksmäßig erlernter bzw. erlernbarer Tätigkeit darstellen, sondern darüber hinaus etwas Eigenschöpferisches enthalten und eine künstlerische Gestaltungshöhe aufweisen.[107]

So ist es bei einem Werbefotografen trotz der Beschränkung in der Motivauswahl nicht ausgeschlossen, dass die künstlerische Qualität der Aufnahmen in der eigenschöpferischen Motivgestaltung sowie in der Nutzbarmachung der fotografischen Technik zum Zweck einer eigenschöpferischen Bildaussage liegt.

---

[101]BFH v. 03.02.1977 – IV R 112/72, BStBl. II 1977, S. 459.

[102]FG Berlin v. 05.01.1976 – I 123/63, EFG 1967, S. 432.

[103]Vgl. Maaßen, W., Kunst oder Gewerbe, S. 85. Rz. 303.

[104]FG Bremen v. 18.05.1997 – II 15/71, DStZ/E 1971, S. 328.

[105]BFH v. 02.12.1980 – VIII R 32/75, BStBl. II 1981, S. 170; FG Bremen v. 18.05.1971 – II 65/70, DStZ/E 1971, S. 327; FG Hessen v. 28.10.1983 – I 294/86, EFG 1984, S. 296.

[106]BFH v. 02.12.1980 – VIII R 32/75, a. a. O.

[107]BFH v. 14.12.1976 – VIII R 76/75, a. a. O.

Diese Grundsätze gelten auch unbeachtlich der Urteile vom 19.02.1998[108] und 10.09.1998[109] nach wie vor. So wird die bisherige Rechtsprechung entgegen der Ansichten einiger Finanzämter keineswegs durch die neueren Urteile infrage gestellt.[110]

Bei den neuerlichen Entscheidungen ging es lediglich um die Definition des Bildberichterstatters und nicht darum, die Voraussetzungen für die Anerkennung der Künstlereigenschaft von Fotografen festzulegen.

Nach der Rechtsprechung des BFH ist demnach der freiberufliche Bildberichterstatter nach Aufgabe und Tätigkeit Journalist, der an der Gestaltung des geistigen Inhalts publizistischer Medien (Zeitungen, Zeitschriften, Film, Fernsehen) mitwirkt.[111] Eine textliche Bearbeitung der Bildwerke ist nicht erforderlich. Ihren journalistischen Charakter erhält diese Tätigkeit durch die auf eigener individueller Beobachtung beruhende Erfassung des Bildmotivs und seines Nachrichtenwerts.[112]

Die Bilder müssen als grundsätzlich aktuelle Nachrichten über Zustände oder Ereignisse politischer, wirtschaftlicher oder kultureller Art für sich selbst sprechen. Sinn und Zweck muss darin bestehen, die Allgemeinheit über ein allgemeines oder doch weite Kreise interessierendes Thema zu berichten.[113]

Nach Auffassung des BFH übt der Fotograf dagegen eine gewerbliche Tätigkeit aus, wenn die Herstellung von Lichtbildern zu einem dem individuellen Interesse des Abnehmers dienenden, nicht auf dem Gebiet der (aktuellen) Berichterstattung liegenden Zweck erfolgt.[114] Danach sei ein Bildberichterstatter Gewerbetreibender, wenn seine Bilder in erster Linie Werbezwecken des Auftraggebers dienen, selbst wenn sie in Zeitungen oder Zeitschriften veröffentlicht werden. Auf der Grundlage dieser Rechtsprechung hat der BFH[115] die Tätigkeit eines Fotografen, der Bildserien für die Zeitschriften „Wohnen" und „Essen und Trinken" entwarf, mit der Begründung als gewerblich gewertet, da die Bildserien eine gestaltete Wirklichkeit wiedergäben, der an sich schon Werbecharakter zukomme. Der BFH will hiermit lediglich klarstellen, dass ein Fotograf, der für die individuellen Zwecke seines Auftraggebers und insbesondere für dessen Werbezwecke fotografiert, grundsätzlich kein Bildberichterstatter sein kann.[116]

---

[108]BFH v. 19.02.1998 – IV R 50/96, BStBl. II 1998, S. 441.

[109]BFH v. 10.09.1998 – IV R 70/97, BFH/NV 1999, S. 456.

[110]Vgl. Maaßen W., Kunst oder Gewerbe, S. 80, Rz. 283.

[111]BFH v. 19.02.1998 – IV R 50/96, a. a. O.

[112]BFH v. 19.02.1998, a. a. O.; BFH v. 20.12.2000 – XI R 8/00, BStBl. II 2002, S. 478.

[113]BFH v. 10.09.1998 – IV R 70/97, a. a. O.; BFH v. 20.12.2000, a. a. O.

[114]BFH v. 25.11.1979 – I R 78/69, BStBl. II 1971, S. 267; BFH v. 19.02.1998 – IV R 50/96, a. a. O.

[115]BFH v. 19.02.1998, a. a. O.

[116]Vgl. Maaßen W., Kunst oder Gewerbe, S. 80, Rz 285.

Fotomodelle

Die Begabung, durch eine vorteilhafte Stellung, durch einnehmende Posen oder durch einen gewinnenden bzw. interessanten Gesichtsausdruck einschließlich der dazugehörigen Schminke, Frisur etc. ein Kleidungsstück in der günstigsten Weise zur Geltung zu bringen und zu offerieren, gehört nach Ansicht des BFH nicht in das Gebiet der Kunst, wie etwa die Tätigkeit der Schauspieler oder des Solotänzers. Diesen beiden Berufsarten sei „die im Bereich des Künstlerischen liegende seelisch-geistige Gestaltung einer selbstständigen Rolle eigen, die sie darzustellen hätten."[117] Hieran fehlt es bei der Tätigkeit eines Foto-modells, die neben einer geeigneten Figur die vielen Frauen eigene Gabe, durch Mimik und Gesten vor der Kamera auf das Vorteilhafteste zu posieren, erfordere.[118]

Gewandmeister

Die Tätigkeit eines Gewandmeisters kann sich als künstlerische Tätigkeit darstellen. Bei der Fertigung sind die Stückinterpretationen des Regisseurs und die Einordnung der Kostüme im Gesamtkonzept zu beachten. Hierbei bleibt ein ausreichendes Maß künst-lerischer Gestaltungsfreiheit erhalten, wenn man berücksichtigt, dass dem Gewand-meister das Ensemble, die Rollenbesetzung und damit die jeweilige Person des Darstellers bekannt sind.[119]

Hellseher

Ein Hellseher betätigt sich weder wie ein beratender Volks- oder Betriebswirt noch wid-met er sich unmittelbar der Behandlung erkrankter Menschen, sodass die Vergleichs-möglichkeit mit einem Arzt oder einem Heilpraktiker entfällt.[120] Die Tätigkeit ist als gewerbliche Tätigkeit auszulegen.

Interviewpartner in Talkshows

Es ist zweifelhaft, ob Honorare für Fernsehgespräche in einer Talkshow unter den Tat-bestand des § 18 EStG fallen. Ernstlich zweifelhaft ist auch, ob die Talkshow-Gäste eine „ähnliche Darbietung" erbringen.[121]

Journalist

Gleichgültig ist, ob der Journalist sich mündlich oder schriftlich äußert oder welche Medien er sich dabei bedient. Seine Arbeit muss sich an die Öffentlichkeit wenden.[122]

---

[117]BFH v. 08.06.1967 – IV 62/65, BStBl. II 1967, S. 618.

[118]Ebenda.

[119]LAG Köln v. 05.03.2008 – 8-Sa-723/07.

[120]BFH v. 30.03.1976 – VIII R 137/75, BStBl. II 1976, S. 464.

[121]FG München v. 09.04.1998 – 1 – V 618/98, EFG 1998, S. 1013, BFH v. 21.04.1999 – I B 99/98, BFH/NV 1999, S. 1280.

[122]BFH v. 25.04.1978 – VIII R 149/74, BStBl. II 1978, S. 565.

Die Tätigkeit ist sodann als selbstständige Arbeit des Journalisten auszulegen, wenn Urheberrechte zur Nutzung überlassen werden.[123]

Wer als Journalist Manuskripte für Hörfunk- und Fernsehsendungen schreibt und außerdem mit gesonderten Aufträgen und gesonderten Honorarabrechnungen beauftragt wird, bei der Darbietung seiner Manuskripte als Spielleiter oder Sprecher mitzuwirken, übt eine selbstständige künstlerische Tätigkeit aus.[124]

Hingegen wird die Mitwirkung eines Journalisten bei der Ausarbeitung von Quizfragen oder des Textes von Dialogszenen für Hörfunk- und Fernsehsendungen auch dann nicht als künstlerische Tätigkeit zu beurteilen sein, wenn der Journalist neben der Textbearbeitung auch die regelmäßige Einrichtung der Fragen und der Dialogszenen übernimmt.[125]

Kabarettist

Trägt ein Kabarettist oder ein Kabarettensemble eigene oder fremde Texte vor, die in witziger Weise gesellschaftsrechtliche Ereignisse und Zustände kritisieren, so werden sie insbesondere durch die Art ihrer Darstellung – Mimik, Gestik, Sprache, Gesang – künstlerisch tätig.[126]

Kameramann

Nach Ansicht des BFH ist es nicht ausgeschlossen, dass die Arbeit eines Kameramanns bei der Herstellung von Filmen künstlerischen Charakter hat.

So hatte der BFH sich verschiedentlich mit der Frage befasst, wann Fotografien künstlerische Erzeugnisse sein können. Dabei war er zu dem Entschluss gekommen, dass in der Regel eine Fotografie kein Kunstwerk ist, weil nur in begrenztem Umfang Raum für eine geistig-eigenschöpferische Gestaltung des Dargestellten möglich ist. Diese Rechtsprechung ist auch auf Kameramänner ohne aktuellem Nachrichtenwert anzuwenden. Denn auch hier wird ein Kameramann Abläufe wiedergeben, und die Wiedergabe hängt zu einem großen Teil von den mehr handwerklich-technischen Fähigkeiten und der Beherrschung der Motivauswahl und Gestaltung ab. Dennoch ist wegen der Darstellung der Bewegung – auch in Verbindung mit dem Ton – eine künstlerische Ausgestaltung anzunehmen.[127]

Der in der aktuellen Berichterstattung für das Fernsehen selbstständig tätige Kameramann übt als Bildberichterstatter dann eine freiberufliche Tätigkeit aus, wenn das von ihm erstellte Bildmaterial auf der Erfassung des Bildmotivs und seines Nachrichtenwerts aufgrund eigener individueller Beobachtung beruht.[128] Die Bilder müssen als aktuelle

---

[123]FG Hessen EFG 1990, 310.

[124]BFH v. 03.02.1977 – IV-R 112/72, a. a. O.

[125]Ebenda.

[126]FG Rheinland-Pfalz v. 29.06.1994 – 1 K 2518/93.

[127]BFH v. 07.03.1974 – IV R 196/72, BStBl. II 1974, S. 383.

[128]BFH v. 20.12.2000 – XI-R-8/00, a. a. O.; BFH v. 25.11.1970 – I R 78/69, BStBl. II 1971, S. 267; Blümich/Hütter EStG § 18 K.

Nachrichten über Zustände oder Ereignisse politischer, wirtschaftlicher und kultureller Art für sich selbst sprechen. Sinn und Zweck muss darin bestehen, die Allgemeinheit über ein allgemein oder doch weite Kreise interessierendes Thema zu berichten.[129]

Künstleragent

Ein Künstleragent, der Tanz- und Unterhaltungskapellen sowie Alleinunterhalter vermittelt, übt keinen freien Beruf, sondern ein Gewerbe aus.[130]

Mit Beschluss stellte der BFH fest, dass durch die Rechtsprechung hinreichend geklärt sei, dass die Tätigkeit eines Künstlermanagers der eines Maklers ähnelt und diese daher gewerblich tätig seien. Insoweit sei bei einem Künstlermanager die Rechtsprechung zum Künstleragenten analog auszulegen, da auch ein Künstlermanager an der Vermittlung von Geschäftsabschlüssen beteiligt ist und hierfür ein umsatzorientiertes Erfolgshonorar erhält.[131]

Komparse

Eine künstlerische Tätigkeit kann vorliegen, wenn sie die eigentliche künstlerische (Haupt-) Tätigkeit unterstützt und ergänzt, sofern sie Teil des gesamten künstlerischen Geschehens ist. Auch der Komparse kann daher – anders als z. B. ein Bühnenarbeiter – eine künstlerische Tätigkeit ausüben.[132]

Layouter

Ein mit dem Layout beauftragter Gestalter wird im Normalfall der notwendige Gestaltungsspielraum eingeräumt, um die Tätigkeit sinnvoll nutzen zu können. Hierzu gehört z. B. dass der Layouter in Absprache mit der Redaktion Bild- und Textmaterial auswählt und sich für Bildmaterial entscheidet, dass einerseits ausdrucksstark ist, andererseits den zugehörigen Text sinnfällig illustriert. Die Tätigkeit erreicht insoweit die notwendige künstlerische Gestaltungshöhe und ist als Einkünfte aus selbstständiger Arbeit einzustufen.[133]

Licht- und Tonregie

Die Tätigkeit im Bereich der Licht- und Tonregie wird als künstlerisch anerkannt, da die Aufgabe besteht, das Kolorit beispielsweise einer Musikaufnahme zu bestimmen.[134] Dies

---

[129]BFH v. 10.09.1998 – IV R 70/97, a. a. O.; BFH v. 24.09.1998 – IV R 16/98, BFH/NV 1999, S. 602 offengelassen, ob die Beschränkung auf zeitbezogene Themen zutreffend ist.

[130]BFH v. 18.04.1972 – VIII R 50/66, BStBl. II 1972, S. 624.

[131]BFH v. 19.02.1991 – IV B 2/90, BFH/NV 1992, S. 372.

[132]BFH v. 18.04.2007 – XI R 21/06, BStBl. II 2007, S. 702.

[133]FG Hamburg v. 24.09.1992 – I 199/90, a. a. O.

[134]FG Schleswig-Holstein v. 18.09.1969 – III 143-144/67, EFG 1970, S. 78.

ist nur möglich, wenn der Licht- oder Tonregisseur klare Vorstellung davon besitzen, wie ein Musikwerk in der Wiedergabe klingen soll.

Maler
Einkünfte aus dem Verkauf selbstgemalter Bilder sind Einkünfte aus künstlerischer Tätigkeit, wenn die Bilder mit unterschiedlichen Motiven, ohne Schablonen und ohne Mithilfe fremder Arbeitskräfte gemalt werden und den in Kunsthandlungen angebotenen Bildern vergleichbar sind.

Dies gilt selbst dann, wenn die Gutachterkommission einer Staatlichen Kunstakademie die Bilder ohne weitere Begründung als „künstlerisch ohne Belang" gekennzeichnet hat.[135] Es soll lediglich darauf ankommen, dass sie einen „gewissen Diskussionswert" haben.[136]

Moderator eines TV-Verkaufssenders
In der Gesamtbetrachtung fehlt den zu Werbezwecken dargestellten und aus-geführten Präsentationen eines Moderators eines TV-Verkaufssenders der erforderliche Abstraktionsgrad, ohne den eine objektiv festzustellende Gestaltungshöhe im Sinne der höchstrichterlichen Rechtsprechung nicht erreicht werden kann.

Bei der Gestaltung mit den vorgegebenen Produkten zu dem ebenfalls vorgegebenen Zweck der Werbung unterwirft sich der Moderator Bindungen, die ein Abstrahieren und Verfremden nur in begrenztem Umfang zulassen. Im Mittelpunkt steht nicht die abstrakte Aussage oder der persönliche Stil des Moderators, sondern das Produkt bzw. der Werbe-gegenstand als Abbild der Wirklichkeit.[137] Die Tätigkeit ist als gewerblich einzustufen.[138]

Musiker
Musikalische Darbietungen werden als künstlerisch anerkannt, wenn sie einen bestimmten Qualitätsstandard erreichen.[139]

Der BFH stellt hierbei auf die „zutage getretenen Fähigkeiten der Musikschaffenden" ab.[140] Hiernach seien die hoch entwickelte manuelle Geschicklichkeit, die Tongebung, die rhythmische Genauigkeit, die Sauberkeit der Intonation sowie die Wendigkeit in der Umsetzung des musikalischen Textes wesentliche Kennzeichen.

Zur Beurteilung soll im Zweifelfall ein Sachverständigengutachten eingeholt wer-den.[141] Soweit die Musiker in besonders qualifizierten Orchestern mitwirken, sind diese

---

[135]BFH v. 14.08.1980 – IV-R-9/77, a. a. O.

[136]FG Hessen EFG 1957, 160.

[137]FG Düsseldorf v. 15.12.2006 – 1 K 3442/06.

[138]Vgl. auch BFH v. 16.09.2014 – VIII R 5/12, BStBl. II 2015, S. 217.

[139]Vgl. Maaßen, W., Kunst oder Gewerbe, S. 86, Rz. 310.

[140]BFH v. 19.08.1982 – IV R 64/79, a. a. O.

[141]BFH v. 19.08.1982, a. a. O.; BFH v. 27.06.1985 – I R 22/81, BFH/NV 1985, S. 17.

als künstlerisch befähigt anzusehen.[142] So soll dies bei Mitgliedern von Orchestern gelten, die regelmäßig Konzerte der ernsten Musik spielen.

Eine Entscheidung, ob Volksmusiker, Blasmusiker und Musikclown als Künstler anzuerkennen sind, ist bislang noch nicht ergangen.[143]

Rätselhersteller

Die Tätigkeit eines Rätselherstellers wurde als schriftstellerische Tätigkeit eingestuft.[144]

Redakteur, technischer

Das Verfassen von Anleitungen zum Umgang mit technischen Geräten ist eine schriftstellerische Tätigkeit, wenn der auf der Grundlage mitgeteilter Daten erstellte Text als eine eigenständige gedankliche Leistung des Autors erscheint.[145]

Schauspieler

Die Tätigkeit eines Schauspielers ist als künstlerisch einzustufen, da er in seiner Rolle eine bestimmte Figur verkörpert und deren Wesen- und Charaktereigenschaften darstellt und dem Zuschauer das Handeln, Denken und Fühlen dieser Person übermittelt.[146]

Schauspieler, die hingegen ihre Bekanntheit zur Produktwerbung einsetzen, erzielen gewerbliche Einkünfte, wenn ihnen kein Raum für eine eigenschöpferische Leistung verbleibt.[147]

Das Sprechen von Werbetexten im Rahmen der Hörfunk- und Fernsehwerbung kann nur dann im Einzelfall als eigenschöpferische Leistung von künstlerischem Rang angesehen werden, wenn der jeweilige Sprecher eine größere Rolle zu verkörpern hat, die ihrer Art und ihrem Umfang nach mit einer typischen – im Sinne einer rein künstlerischen Darstellung zweckfreien – schauspielerischen oder sonstigen künstlerischen Tätigkeit vergleichbar ist. Einer solchen typischen künstlerischen Tätigkeiten entspricht die Werbetätigkeit nicht schon bei bloßer Vermittlung des (Werbe-) Textes.

Vielmehr setzt die Annahme einer solchen Entsprechung voraus, dass die Rolle nach Art und Umfang die Gestaltung eines geschriebenen Dialogs oder auch Monologs durch den Einsatz schauspielerischer Erfahrungen und künstlerischer Gestaltungskraft in einer Weise verlangt, die trotz der Vorgaben des jeweiligen Auftraggebers einen erheblichen Spielraum zur Entfaltung der künstlerischen Fähigkeit lässt.[148] Diese Anforderung erfüllt ein Schauspieler regelmäßig nicht, wenn sich seine Tätigkeit lediglich darauf beschränkt,

---

[142]BFH v. 12.04.1984 – IV R 97/81, BStBl. II 1984, S. 491.

[143]Vgl. Maaßen, W., Kunst oder Gewerbe, S. 87, Rz. 311.

[144]FG Düsseldorf, EFG 71, S. 229.

[145]BFH v. 25.04.2002 – IV-R-4/01, a. a. O.

[146]FG Hamburg v. 10.10.1991 – V 298/88, EFG 1992, S. 332.

[147]BFH v. 11.07.1991 – IV R 33/90, a. a. O.; BFH v. 15.10.1998 – IV R 1/97, BFH/NV 1999, S. 465.

[148]BFH v. 20.06.1962 – IV 208/60 U, BStBl. III 1962, S. 385; BFH v. 24.10.1963 – V 52/61 U, BStBl. III 1963, S. 589; BFH v. 03.02.1977 – VR 112/72, a .a. O.

die Rolle eines normalen Produktbenutzers zu sprechen oder zu spielen sowie lediglich den Gegenstand der Werbung anzupreisen. Eine solche Rolle oder Aufgabe bietet regelmäßig einen zu geringen Spielraum für die Entfaltung einer eigenen schöpferischen Leistung von künstlerischem Rang.

So ist auch die Tatsache, dass derartige Rollen in Werbesendungen nicht nur von Künstlern, sondern auch von Prominenten aus anderen Lebensbereichen, wie Sportlern oder auch von unbekannten Laien, gespielt werden,[149] Ausdruck der allgemeinen Verkehrsauffassung, dass insoweit ein Einsatz von (Berufs-) Schauspielern wegen der Natur der Anforderungen nicht geboten ist.

Sprecher in Rundfunk, TV oder Film
Ein Rundfunksprecher übt keine künstlerische Tätigkeit aus, wenn er lediglich Nachrichten, Börsenzettel, Wetterbericht und dergleichen liest und Programme ansagt. Denn nach Ansicht des BFH haben Nachrichtensprecher oder Ansager keine Möglichkeit, eine eigene schöpferische Leistung zu erbringen, denn sie können keine individuelle Anschauungsweise und Gestaltungskraft zum Ausdruck bringen.

Dies gilt auch für die sog. Rahmenansage bei leichter Musik oder sonst wenig bedeutsamen Programmen. Die Möglichkeit des freien Formulierens ist durch den Gegenstand der Ansage in engen Grenzen gehalten. Die hierfür erforderliche Geschicklichkeit und Allgemeinbildung reicht in keinem Falle für die Entfaltung einer künstlerischen Tätigkeit aus.[150]

Das Sprechen von beispielsweise Werbetexten kann nur dann im Einzelfall als eigenschöpferische Leistung von künstlerischem Rang angesehen werden, wenn der jeweilige Sprecher eine größere Rolle zu verkörpern hat, die ihrer Art und ihrem Umfang nach mit einer typischen schauspielerischen oder sonstigen künstlerischen Tätigkeit vergleichbar ist. An einem künstlerischen Gestaltungsspielraum fehlt es, wenn sich die Tätigkeit lediglich darauf beschränkt, die Rolle eines normalen Produktbenutzers zu sprechen oder zu spielen, sowie lediglich den Gegenstand der Werbung anzupreisen.[151]

Die Mitwirkung eines Synchronsprechers an der Synchronisation eines Spielfilms wird in der Regel als künstlerische Tätigkeit anerkannt,[152] da der Sprecher mit Sprachgefühl und Einfühlungsvermögen die fremde Sprache in der filmischen Vorlage so naturgetreu wie möglich ins Deutsche transponiert. Bei der Synchronisation von Kultur-, Lehr- und Industriewerbefilmen hingegen wird keine künstlerische Tätigkeit anerkannt, da der Synchronsprecher in solchen Filmen mehr als Ansager fungiert.[153]

---

[149]BFH v. 20.06.1992 – IV 208/60 U, a. a. O.; BFH v. 03.02.1977 – VR 112/72, a. a. O.

[150]BFH v. 24.10.1963 – V 52/61, a. a. O.

[151]FG Rheinland-Pfalz v. 02.04.2008 – 3 K 2240/04, AfP 2008, S. 427–430.

[152]BFH v. 03.08.1978 – VI R 212/75, BStBl. II 1979, S. 131; BFH v. 12.10.1978 – VI R 1/77, BStBl. II 1981, S. 706.

[153]BFH v. 26.05.1971 – IV 280/65, BStBl. II 1971, S. 703; BFH v. 03.08.1979 – VI R 212/75, a. a. O.

Statist

Die Tätigkeit eines Statisten erfüllt nach Ansicht des Finanzgerichts Sachsen die Anforderungen einer künstlerischen Tätigkeit. So kann die Kunsteigenschaft eines Statisten nicht deshalb abgelehnt werden, weil diese Tätigkeit Weisungen unterliegt und der Möglichkeit zur freien schöpferischen Gestaltung und dem Ausdruck der eigenen Anschauungsweise damit Grenzen gezogen sind.[154]

Eine andere Ansicht vertritt die Oberfinanzdirektion Frankfurt/Main und Hannover, die davon ausgehen, dass Statisten im Rahmen von Theateraufführungen grundsätzlich keine künstlerische Tätigkeit ausüben, da es insoweit an der gewissen Gestaltungshöhe bei eigenschöpferischer Leistung fehle.[155]

Entscheidend für die Beurteilung ist, ob der betreffenden Person im Einzelfall noch hinreichender Spielraum zur freien schöpferischen Gestaltung bleibt und die Tätigkeit auch eine gewisse Gestaltungshöhe erreicht.

„Um eine künstlerische Tätigkeit annehmen zu können, muss dem reproduktiven Darsteller innerhalb des künstlerischen Werks noch eine Rolle zugewiesen sein, die ihn an dem künstlerischen Gehalt des Werks innerhalb des betreffenden Kunstgenres mitwirken lässt. Soweit er an strenge Weisungen und Vorgaben gebunden ist, ist dies für die Annahme der künstlerischen Tätigkeit so lange unschädlich, als die Tätigkeit sich dennoch innerhalb der als Kunst zu qualifizierenden Ausführungsleistung hält und nicht lediglich eine mechanische, vom künstlerischen Ausdruck weitgehend abgesonderte Tätigkeit darstellt.“[156]

Stuntkoordinator

Ein Stuntkoordinator, der Stunts ausarbeitet, die Kostenkalkulation erstellt, Motive aussucht, die optimale Kameraführung festlegt etc. ist gewerblich tätig. Bei ihnen steht nicht die künstlerische Tätigkeit im Vordergrund, sondern ist mit der Tätigkeit von Sportlern und Artisten vergleichbar.[157]

Striptease-Tänzerinnen

Aufgrund des meist vom Veranstalter vorgegeben Handlungsablaufs – Laufen auf dem Laufsteg und Ausziehen – verbleibt den Tänzerinnen nur ein geringer Entfaltungsspielraum. Dem „sich Entledigen“ von Kleidungsstücken kann nach Ansicht des Finanzgerichts Münster per se kein besonderer künstlerischer Wert unterstellt werden, da dies letztendlich von jedermann dargeboten werden kann. „Von einer künstlerischen Tätigkeit könne nur dann gesprochen

---

[154]FG Sachsen v. 06.03.2006 – 3-K-370/04, EFG 2006, S. 1036–1038.

[155]OFD Frankfurt/Main v. 03.12.2003 – S 2245 A-2-StII und OFD Hannover v. 29.09.2004 – S 2121–55-StO 211, juris.

[156]FG Sachsen v. 06.03.2006 – 3-K-370/04, a. a. O.

[157]FG München v. 19.11.2003 – 10-K-1534/00, EFG 2004, S. 333.

werden, wenn bei der konkreten Beschäftigung das künstlerische Schaffen tatsächlich im Vordergrund steht, die beliebig austauschbar künstlerische Leistung also nicht sei".[158]

Tourneeleiter

Bei einem selbstständigen Tourneeleiter, der die Gastspielreisen von Künstlern wie Musikern, Sängern, Schauspielern oder Kabarettisten oder von gewerblich tätigen Artisten leitet und begleitet, spricht eine Vermutung für das Vorliegen eines Gewerbebetriebs.

Wie bei einem Vermittler, Agenten, Manager oder Betreuer besteht die Tätigkeit eines Tourneeleiters im Wesentlichen darin, an dem Abschluss von Engagements und bei der Durchführung von Veranstaltungen gegen Zahlung einer häufig als Mäklerlohn zu bewertenden Vergütung mitzuwirken.[159]

Bei der Begleitung eines Künstlers schafft der Tourneeleiter zwar die organisatorischen Voraussetzungen für ein Gelingen des künstlerischen Auftritts. Die Leistung des Tourneeleiters treten aber gegenüber der eigenschöpferischen Gestaltung des Künstlers in den Hintergrund.[160] Auf den künstlerischen Auftritt selbst übt der Tourneeleiter regelmäßig keinen entscheidend gestaltenden Einfluss aus.[161]

Visagist

Die Tätigkeit eines Visagisten kann künstlerisch sein. Dies gilt auch dann, wenn der Visagist in einem Team aus Fotografen und Stylisten zusammenarbeitet.

Maßgeblich für die Einordnung als künstlerische Tätigkeit ist, ob in der Arbeit in ausreichendem Maße ein gestalterischer Spielraum verbleibt und die Arbeiten eine eigenschöpferische Leistung darstellen, in der eine individuelle Anschauungsweise und Gestaltungskraft zum Ausdruck kommt, die über die Beherrschung der Technik hinaus eine gewisse Gestaltungshöhe aufweist.[162]

Werbetexter

Die Einkünfte eines Werbetexters können solche aus selbstständiger Tätigkeit sein. Dass die Auftraggeber die Gedankenarbeit des Werbetexters aus Gründen der Werbung in Anspruch nehmen und unter Umständen den einen oder anderen Artikel nicht veröffentlichen steht der Annahme einer schriftstellerischen Tätigkeit nicht entgegen.[163] Eine Übersicht über weitere Einzelfallentscheidungen ist Tab. 1.1 zu entnehmen.

---

[158]FG Münster v. 25.04.2006 – 11 K 6822/02, EFG 2006, S. 1166.

[159]BFH v. 30.11.1965 – I 157/63 U, BStBl. III 1966, S. 36; BFH v. 15.04.1970 – I R 107/68, BStBl. II 1970, S. 517; BFH v. 18.04.1972 – VIII R 50-51/66, a. a. O.; BFH v. 19.02.1991 – IV B 2/90, a. a. O.; FG Hamburg EFG 1962 S. 405: Orchesterbetreuer; FG Hamburg EFG 1988 S. 429: Künstlerbetreuer.

[160]BFH v.22.03.1990 – IV R 145/88, BStBl. II 1990, S. 643.

[161]BFH v. 02.12.1980 – VIII R 32/75, a. a. O.

[162]FG Hamburg v. 19.08.1992 – III 374/88, EFG 1993, S. 306.

[163]BFH v. 14.05.1958 – IV 278/56 U, a. a. O. FG Nürnberg v. 02.07.1980 – V-193/79, EFG 1980, 599.

Tab. 1.1   Übersicht über weitere Einzelfallentscheidungen

Einkünfte aus selbstständiger Arbeit	Einkünfte aus gewerblicher Tätigkeit
• Bildberichterstatter (BFH v. 25.11.1970 – I R 78/69; BFH v. 19.02.1998 – IV R 50/96; BFH v. 10.09.1998 – IV R 1/97)	• Artistenvermittler (BFH v. 30.11.1965 – I 157/63)
• Casting-Direktor (FG München v. 23.09.2011 – 1 K 32/0 (5))	• Astrologe (FG Düsseldorf EFG 67, 522) ebenso astrologische Telefonberatung (FG Düsseldorf DStRE 05, 824)
• Designer (BFH v. 14.12.1976 – VIII R 76/75; BFH v. 24.04.1996 – XI B 118/95; BFH v. 23.08.1990 – IV R 61/89; FG Köln v. 15.02.2006 – 14 K 7867/98)	• Berater von Sportlern (BFH v. 26.11.1998 – IV R 59/)
• Filmhersteller. Nur dann künstlerisch tätig, wenn er an allen Tätigkeiten selbst mitwirkt (BFH v. 02.121.980 – VIII R 32/75)	• Berufssportler (BFH v. 29.11.1978 – I R 159/76)
• Fotodesign (BFH v. 14.12.1976 – VIII R 76/75)	• Bühnenarbeiter (BFH v. 18.04.2007 – XI R 21/06)
• Grafiker kann freiberufliche Einkünfte erzielen (BFH v. 11.07.1960 – V 96/59 S; FG Köln v. 15.02.2006 – 14 K 7867/98)	• Designer soweit nicht künstlerisch (BFH v. 23.08.1990 – IV R 61/89; s. – aber FG Bremen EFG 94, 928)
• Holzschnitzer mit eigenschöpferischer Leistung (BFH v. 11.07.1191 – IV R 15/90)	• Fakir (BFH v. 10.03.1993 – I R 96/92)
• Industrie- Designer (BFH v. 23.08.1990 – IV R 61/89)	• Fernsehmoderatorin (BFH v. – 16.09.2014 – VIII R 5/12)
• Interviewer. Bei statistischen Erhebungen sonstige selbstständige Tätigkeit (FinMin Niedersachsen StEK LStDV § 4 Nr. 172)	• Filmproduktionsberater (FG Hamburg v. 04.08.2005 – VII 194/00; BFH v. 18.04.2007 – XI R 34/06)
• Kameramann. Ist bei eigenverantwortl. Erstellung des Bildmaterials Bildberichterstatter (BFH v. 20.12.2000 – XI R 8/00) beim Filmen mitwirkender Kameramann kann künstlerisch tätig sein (BFH v. 07.03.1974- IV R 196/72); zur Selbstständigkeit (FG Hamburg v. 19.03.2007 – 5 K 193/05, Rev. BFH v. 02.07.2008 – VI R 19/07)	• Fotograf (BFH v. 07.10.1971 – IV R 139/66) ebenso Fotoarrangeur (BFH v. 10.09.1998 – IV R 70/97), Modefotograf (FG Hamburg EFG 08, 58, NZB VIII B 96/07)
	• Fotomodell (BFH v. 08.06.1967 – IV 62/65; FG Hamburg EFG 92, 332, rkr.)
	• Grafiker der Werbegrafiken erstellt (BFH v. 01.06.2006 – IV B 200/04))
• Layouter (FG Hamburg v. 24.09.1992 – I 199/90)	• Hellseher (BFH v. 30.03.1976 – VIII R 137/75)
• Magier (FG Rheinland-Pfalz v. 13.12.1984 – 3 K 244/83)	• Holzschnitzer, soweit handwerklich (BFH v. 11.07.1991 – IV R 15/90)
• Maler (Kunstmaler) Grds. künstlerisch tätig (BFH v 14.08.1980 – IV R 9/77)	• Kartenleger (FG Düsseldorf v. 25.01.2005 – 17 K 572/02 G)
• Modeschöpfer (BFH v. 02.10.1968 – I R 1/66)	• Kartograf (FG Hessen EFG 92, 333, rkr, krit Schneider FR 93, 83, offen BFH IV R 80/94 BStBl II 95, 776)
• Publizist (FG Rheinland-Pfalz v. 25.11.1997 – 1 K 1305/96)	• Klavierstimmer (BFH v. 22.03.1190 – IV R 145/88)
• Regisseur (FG Hamburg v. 19.03.2007 – 5 K 193/05, Rev. BFH v. 02.07.2008 – VI R 19/07)	• Manager eines Künstlers (BFH v. 19.02.1991 – IV B 2/90)
	• Mannequin (BFH IV 244/65 BStBl II 69, 71)

(Fortsetzung)

Tab. 1.1   (Fortsetzung)

Einkünfte aus selbstständiger Arbeit	Einkünfte aus gewerblicher Tätigkeit
• Schauspieler IdR nichtselbstständig tätig für Fernsehfilm- und Filmproduktion, bei Werbespots freiberuflich, wenn eine eigenschöpferische Leistung erbracht wird; „Verwendung" der Bekanntheit (BFH v. 11.07.1191 – IV R 33/90; IV R 102/90 BStBl II 92/353, 413) oder das Sprechen von Werbetexten (BFH v. 20.06.1962 – IV 359/61 U) reicht hierfür idR nicht aus (FG München DStRE 04, 754, rkr).	• Musiker soweit selbstständig (FinVerw BStBl I 90, 638, DStR 96, 1407) und nicht künstlerisch (BFH v. 19.08.1982 – IV R 64/79; krit. – Kempermann FR 92, 250/3)
• Tanz- und Unterhaltungsorchester (BFH v. 19.08.1982 – IV R 64/79)	• Musiktherapeut (BFH v. 26.10.1998 – V B 78/98)
• Tontechniker (FG Berlin v. 30.09.1986 – V 368/85)	• Orgelbauer (FG Münster v. 17.03.1993 – 13 K 7383/91 G)
• Webdesigner (FG Münster v. 19.06.2008 – 8 K 4272/06)	• PR-Berater (BFH v. 24.09.1998 – IV R 16/89)
• Werbegrafiker/Werbedesigner (FG Köln v. 15.02.2006 – 14 K 7867/98)	• Produzent (FG München v. 29.01.2009 – 1 K 2390/07)
	• Restaurator, wenn handwerkliche und künstlerische Elemente nicht feststellbar (BFH v. 30.03.1994 – I R 53/93; dazu auch BFH v. 04.11.2004 – IV R 63/02)
	• Selbstverlag (BFH v. 25.06.1953 – IV 151/53)
	• Stuntman (FG München v. 16.05.2002 – 5 K 5281/97)
	• Telefonsex (BFH v. 23.02.2000 – X R 142/95)
	• Trauerredner (BFH v. 29.07.1981 – I R 183/79)
	• Theaterproduzent (FG München v. 23.01.2009 – 1 K 2390/07)
	• Werbefotograf (BFH v. 22.04.2008 – VIII B 96/07)

1.2.4   Mithilfe fachlich vorgebildeter Arbeitskräfte

Grundsätzlich ist nach § 18 EStG ein Angehöriger eines freien Berufs auch dann freiberuflich tätig, wenn er sich der Mithilfe fachlich vorgebildeter Arbeitskräfte bedient. Voraussetzung ist jedoch, dass er aufgrund eigener Fachkenntnisse **leitend und eigenverantwortlich** tätig wird.

Fachlich vorgebildete Arbeitskräfte sind dabei nicht nur Angestellte, sondern auch Subunternehmer.[164] Dem Charakter der selbstständigen Tätigkeit entspricht es, dass sie durch

---

[164]BFH v. 23.05.1984 – I R 122/81, BStBl. II 1984. S. 823; BFH v. 14.03.2007- XI R 59/05, BFH/NV 2007, S. 1319.

- unmittelbare,
- persönliche und
- individuelle Arbeitsleistung

des Steuerpflichtigen geprägt ist.[165] Fehlt der Tätigkeit des Steuerpflichtigen der „Stempel seiner Persönlichkeit", so ist sie keine freiberufliche. Auf die steuerliche oder arbeits- und sozialversicherungsrechtliche Qualifizierung der Tätigkeit der Mitarbeiter kommt es daher nicht an.[166]

Fachlich vorgebildet ist sowohl der Mitarbeiter, der dieselbe berufliche Qualifikation wie der Betriebsinhaber erworben hat, als auch derjenige, der eine weniger qualifizierte Berufsausbildung aufzuweisen hat.[167] Dies folgt aus Sinn und Zweck des § 18 Abs. 1 Nr. 1 Satz 3 EStG, die darin liegen, die von der Rechtsprechung seinerzeit als schädlich angesehene Beschäftigung jeglicher qualifizierte Mitarbeiter zu entschärfen.[168]

Eine aufgrund eigener Fachkenntnisse eigenverantwortliche Tätigkeit liegt nur vor, wenn die persönliche Teilnahme des Berufsträgers an der praktischen Arbeit in ausreichendem Umfang gewährleistet ist.[169]

Die **Eigenverantwortlichkeit** erschöpft sich nicht darin, nach außen die Verantwortung für die ordnungsgemäße Durchführung des einzelnen Auftrags zu tragen. Die Ausführung jedes einzelnen Auftrags muss vielmehr dem Steuerpflichtigen selbst und nicht dem qualifizierten Mitarbeiter zuzurechnen sein. Es genügt daher nicht eine gelegentliche fachliche Überprüfung der Mitarbeiter.[170]

Die Tatbestandsmerkmale „leitend" und „eigenverantwortlich" stehen selbstständig nebeneinander.[171] Da aber darüber hinaus eine eigenschöpferische Leistung, die die individuelle Anschauungsweise und Gestaltungskraft des künstlerisch Tätigen zum Ausdruck bringt, vorausgesetzt ist, ist es nicht ausreichend, wenn der Steuerpflichtige lediglich an der praktischen Arbeit in dem sonst erforderlichen Umfang teilnimmt und das mithilfe der Mitarbeiter geschaffene Werk den Stempel seiner Persönlichkeit trägt. Vielmehr ist es erforderlich, dass er an allen künstlerisch relevanten Tätigkeiten bei der Herstellung des Werkes selber mitwirkt und entscheidenden Einfluss auf die Gestaltung ausübt.[172]

---

[165]BFH v. 21.03.1995 – XI R 85/93, BStBl. II 1995, S. 732.

[166]BFH v. 20.12.2000 – VI R 8/00, a. a. O.

[167]BFH v. 21.03.1995 – XI R 85/93, a .a. O; BFH v. 14.03.2007 – XI R 59/05, a. a. O.

[168]Vgl. zur sog. Vervielfältigungstheorie BFH v. 07.11.1957 – IV 668/55 U, BStBl. III 1958, S. 34.

[169]BFH v. 03.11.2015 – VIII R 62/13, BStBl. II 2016, S. 381.

[170]Vgl. z. B. BFH v. 01.02.1990- IV R 140/88, BStBl. II 1990, S. 507.

[171]BFH v. 25.11.1975 – VIII R 116/74, BStBl. II 1976, S. 155.

[172]BFH v. 02.12.1980 – VIII R 32/75, a. a. O.

So wurde entschieden, dass ein Kameramann und ein Tontechniker, die mit Original-ton unterlegtes Filmmaterial über aktuelle Ereignisse herstellten, eine freiberufliche Tätigkeit ausüben.[173] Soweit sie teilweise Aufträge an andere Kameramänner und Ton-techniker weitergeben, ohne insoweit auf die Gestaltung des Filmmaterials Einfluss nehmen zu können, sind sie mangels ausschließlich eigenverantwortlicher Tätigkeit ins-gesamt gewerblich tätig.[174]

Beispiel

Ein Musiker beschäftigt eine Reinigungskraft, die sein Tonstudio reinigt sowie eine Sekretärin, die sich um seine Terminplanung kümmert. Aus steuerrechtlicher Sicht ist die Beschäftigung dieser Mitarbeiter unproblematisch und stehen der freiberuflichen Tätigkeit nicht entgegen.[175]

Beispiel

Ein Fotodesigner beschäftigt einen Assistenten, der ihm bei den Aufnahmearbeiten behilflich ist und teilweise seinen Anweisungen Folge leistet und unter seiner fach-lichen Aufsicht fotografiert, aber ohne auf die Gestaltung der Fotos Einfluss zu nehmen. Der Fotodesigner ist weiterhin freiberuflich tätig, da er entscheidenden gestalterischen Einfluss auf das Ergebnis ausübt.[176,177]

Beispiel

Der Fotodesigner überträgt nach einem Jahr dem Assistenten die selbstständige Abwicklung der Fotoarbeiten einschließlich der Festlegung der gestalterischen Linie. Der Fotodesigner beschränkt sich auf die Beschaffung von neuen Aufträgen. Die Voraussetzungen der freiberuflichen Tätigkeit sind damit nicht mehr erfüllt.[178]

1.2.5   Gemischte Tätigkeiten

Wird neben der freiberuflichen Tätigkeit eine gewerbliche Tätigkeit ausgeübt, sind die beiden Tätigkeiten steuerlich getrennt zu behandeln, soweit eine Trennung ohne Schwierigkeiten möglich ist.[179]

---

[173]BFH v. 20.12.2000 – XI R 8/00, a. a. O.

[174]Ebenda.

[175]Angelehnt an Maaßen, W., Kunst oder Gewerbe, S. 207.

[176]Angelehnt an Maaßen, W., Kunst oder Gewerbe, S. 207.

[177]BFH v. 02.12.2980 – VIII R 32/75, a. a. O.

[178]Angelehnt an Maaßen, W., Kunst oder Gewerbe, S. 207.

[179]Schmidt/Wacker EStG § 18 Rn. 50.

Beispiel[180]

Der Musiker bezieht neben seinen künstlerischen Einkünften noch Einkünfte aus Gewerbebetrieb aus seiner Imbissbude, die er abends betreibt.

Eine Trennung ist aufgrund der Verschiedenartigkeit der Tätigkeiten unproblematisch. Die Einkünfte aus der Imbissbude werden als Einkünfte aus Gewerbebetrieb nach § 15 EStG und die Einkünfte, die er als Musiker bezieht, als freiberufliche Einkünfte nach § 18 EStG besteuert.

Aber auch wenn zwischen den Betätigungen gewisse sachliche und wirtschaftliche Berührungspunkte bestehen – also eine gemischte Tätigkeit vorliegt – sind die Betätigungen regelmäßig getrennt zu erfassen.[181]

Beispiel

Ein Musiker, der mit seiner künstlerischen Tätigkeit nicht genügend verdient, ist zusätzlich als freier Mitarbeiter für ein Plattenlabel als Musik-Manager tätig.

Da hier eine vollständige steuerliche Trennung der gewerblichen Einkünfte (Musik-Manager) von den Einkünften aus der künstlerischen Tätigkeit als Musiker ohne Schwierigkeiten möglich ist, müssen die Einkünfte aus der Tätigkeit als Manager und Musiker so zugeordnet werden, als wenn von vornherein Tätigkeiten ohne wirtschaftlichen Zusammenhang vorgelegen hätten.

Beispiel[182]

Blogger H veröffentlicht auf seinem Blog Texte über hochwertige Motorräder. Er berichtet allgemein über die Motorräder und deren Hersteller, testet die Fahrweise und bewertet anschließend die Motorräder. Die Tätigkeit des Bloggers ist als schriftstellerische Tätigkeit i.S.d. § 18 Abs. 1 Nr. 1 Satz 2 EStG zu beurteilen.

Daneben führt H für die Motorradhersteller Werbeaktionen durch. Er stellt einen ausgewählten Kundenkreis Motorräder im Auftrag des Herstellers persönlich vor. Der Hersteller zahlt H dafür ein Entgelt. H übt hier eine gewerbliche Tätigkeit i.S.d. § 15 EStG aus. Eine Trennung oder Zusammenfassung der Tätigkeit erfolgt nach den allgemeinen Grundsätzen, wobei hier eine Trennung sachgerecht erscheint.

---

[180]Entnommen aus: Maaßen, W., Kunst oder Gewerbe, S. 205

[181]BFH v. 07.03.1974 – IV R 196/72, a. a. O.; BFH v. 25.11.1975 – VIII R 116/74, a. a. O.; BFH v. 09.08.1983 – VIII R 92/83, BStBl. II 1984, S. 129.

[182]Angelehnt an Brunckhorst A., Sterzinger, C., DStR 2018, S. 1689

Eine einheitliche Tätigkeit ist hingegen stets anzunehmen, wenn die verschiedenen Einzeltätigkeiten sich gegenseitig bedingen und sachlich derart miteinander verbunden sind, dass sie als Einheit anzusehen sind.[183]

Eine getrennte Behandlung bei einer nicht einheitlichen Tätigkeit ist insbesondere dann unproblematisch möglich, wenn getrennte Buchführungen für die Tätigkeiten angelegt werden. Soweit erforderlich können die Besteuerungsgrundlagen auch im Schätzungswege festgestellt werden.[184]

Übt eine Personengesellschaft auch nur zum Teil eine gewerbliche Tätigkeit aus, so ist ihr gesamter Betrieb als gewerblich zu behandeln (sogenannte: Abfärbetheorie). Allerdings verzichtet der BFH nach dem Grundsatz der Verhältnismäßigkeit auf eine Umqualifizierung bei einer gewerblichen Tätigkeit von ganz untergeordneter Bedeutung. In dem entschiedenen Fall ging der Senat nicht von einer Umqualifizierung der Einkünfte aus, sofern die Nettoumsätze aus der gewerblichen Tätigkeit 3 v. H. der Gesamtnettoumsatzerlöse der Personengesellschaft und den Betrag von EUR 24.500,00 im Veranlagungsjahr nicht übersteigen.[185] Das Finanzgericht Münster befand in einem Urteil aus dem Jahr 2008 hingegen einen Anteil bis zu 5 % als unschädlich.[186] Es ist zu beachten, dass es sich bei dem Prozentsatz um keine gesetzlich fixierte Grenze handelt.

In Anlehnung an den gewinnbezogenen gewerbesteuerlichen Freibetrag nach § 11 GewStG richtet sich die Grenze in Höhe von EUR 24.500,00 in diesem Fall nach den gewerblichen Umsatzerlösen.

Beispiel

Eine Gesellschaft bürgerlichen Rechts, die eine Tanzschule betreibt, verkauft im Rahmen ihrer Veranstaltungen Getränke und Schallplatten in Höhe von EUR 35.000,00.

Da der Verkauf von Getränken und Schallplatten als gewerbliche Tätigkeit zu qualifizieren und die Grenze in Höhe von EUR 24.500,00 überschritten ist, ist die Gesamttätigkeit der Gesellschaft als gewerbliche Tätigkeit zu behandeln.

Die Regelung des § 15 Abs. 3 Nr. 1 EStG soll nach Ansicht des Gesetzgebers in erster Linie das Ziel verfolgen, die Ermittlung der Einkünfte gemischt tätiger Personengesellschaften zu vereinfachen, in dem sie alle Einkünfte typisierend auf die Einkunftsart gewerblicher Einkünfte konzentriert.

---

[183]BFH v. 20.12.2000 – XI R 8/00, a. a. O.

[184]BFH v. 16.02.1961 – IV 235/60 U, BStBl. III, S. 210; BFH v. 25.10.1963 – IV 373/60 U, BStBl. III, S. 595; BFH v. 12.11.1964 – IV 153/64 U, BStBl. III, S. 90; BFH v. 11.05.1976 – VIII R 111/71, BStBl. II. S. 641.

[185]BFH v. 27.8.2014 – VIII R 16/11, BStBl. II 2015, S. 996.

[186]FG Münster v. 19.06.2008 – 8-K-4272/06, EFG 2008, S. 1975.

Nach Ansicht des Bundesverfassungsgerichts verstößt diese Regelung und die hieraus resultierende Ungleichbehandlung gegenüber Einzelunternehmer nicht gegen den Gleichheitsgrundsatz.

Denn bei einer Personengesellschaft sei eine Abgrenzung mehrerer Einkunftsarten bei mehreren Steuerpflichtigen erforderlich, die eine Vielfalt von Kombinationsmöglichkeiten eröffne. Diese würden bei Weitem die Möglichkeiten des Einzelunternehmers übertreffen und rechtfertigen insoweit eine Vereinfachung im Hinblick auf die Ermittlung der Einkünfte.[187]

▶   **Hintergrundinformation**
Um die Abfärbetheorie zu vermeiden, sollte insoweit das sog. Ausgliederungsmodell realisiert werden. Hierzu ist die Gründung einer zweiten Personengesellschaft erforderlich, in die dann die infizierende Tätigkeit ausgegliedert wird.

Ein eigener Gesellschaftsvertrag und eigenes Gesellschaftsvermögen sind obligat. Eine Personen- und Beteiligungsidentität in beiden Gesellschaften ist unschädlich.[188]

Im Musikbereich kommt es daher häufig vor, dass zum einen eine Band GbR sowie eine Merchandise GbR gegründet werden. Es ist jedoch zu beachten, dass getrennte Bankkonten sowie Kassenbücher einzurichten sind und gesonderte Rechnungsformulare verwendet werden.

1.2.6   Folgen bei Feststellung einer gewerblichen Tätigkeit

Soweit eine Tätigkeit als gewerbliche Einkünfte ausgelegt wird, so ist dies mit weitreichenden Folgen verbunden. Einzelne sind nachfolgend kurz aufgeführt:

1.2.6.1 Gewerbesteuer

Der Gewerbesteuer unterliegt jeder stehende Gewerbebetrieb, soweit er im Inland betrieben wird. Unter Gewerbebetrieb wird dabei ein gewerbliches Unternehmen im Sinne des Einkommensteuergesetzes verstanden.[189]

Es zeigt sich, dass die Unterscheidung insoweit Bedeutung hat, ob Gewerbesteuer erhoben wird oder nicht.

Durch die eingeführte Anrechnung der Gewerbesteuer auf die Einkommensteuer gem. § 35 EStG wird die aus der Gewerbesteuerfreiheit resultierende Privilegierung der freien Berufe jedoch weitgehend wieder aufgehoben.

---

[187]BVerfG v. 15.01.2008 – 1 BvL 2/04, BVerfGE 120, 1.

[188]BFH v. 08.12.1994 – IV R 7/92, BStBl. II 1998, S. 264.

[189]§ 2 Abs. 1 GewStG.

Die Höhe der Steuerermäßigung beträgt seit dem Veranlagungsjahr 2008 das 3,8-fache des nach § 14 GewStG festgesetzten Gewerbesteuer-Messbetrags.

Maßgebend ist dabei der Gewerbesteuer-Messbetrag, der für den Erhebungszeitraum festgesetzt worden ist, der dem Veranlagungsjahr entspricht. Bei einem vom Kalenderjahr abweichenden Wirtschaftsjahr wird der Gewerbeertrag dem Erhebungszeitraum zugerechnet, in dem das Wirtschaftsjahr endet.

Dies führt dazu, dass es bei einem Gewerbesteuersatz bis 380 % zu einer vollständigen Entlastung der Gewerbesteuer kommt.

Die Anrechnung beschränkt sich aber auf den Anteil der Einkommensteuer, der auf gewerbliche Einkünfte entfällt. Zudem ist die Ermäßigung auf die tatsächlich zu zahlende Gewerbesteuer des Unternehmens begrenzt. Diese Begrenzung ist relevant, wenn der Hebesatz zwischen dem Mindestsatz von 200 % und 380 % liegt.

Mit Urteil vom 23.04.2008[190] hat der BFH entschieden, dass ein Steuerermäßigungsbetrag gem. § 35 EStG jedoch nicht in Anspruch genommen werden darf, wenn der Steuerpflichtige aufgrund eines Verlustabzuges gemäß § 10d EStG keine tarifliche Einkommensteuer schuldet, obwohl er gleichzeitig mit Gewerbesteuer belastet ist.

Der Gesetzgeber hat den Abzug des Steuerermäßigungsbetrags insoweit von der Voraussetzung abhängig gemacht, dass eine Doppelbelastung mit Einkommen- und Gewerbesteuer vorliegen muss. Es ist nicht gewollt, eine Kompensation der Gewerbesteuerbelastung in jedem Einzelfall sicherzustellen.

Beispiel

Der Musikproduzent erzielt mit seiner gewerblichen Tätigkeit einen Gewinn i.H.v. EUR 50.000,00. Kürzungen oder Hinzurechnungen sind nicht gegeben.

Lösung:

Gewinn aus Gewerbebetrieb	50.000,00 EUR
./. Freibetrag	24.500,00 EUR
= Gewerbeertrag	25.500,00 EUR
* Gewerbesteuermesszahl 3,5 %	893,00 EUR
* Gewerbesteuersatz	410 %
= festzusetzende Gewerbesteuer	3.661,00 EUR

Anrechnung auf Einkommensteuer
893,00 EUR * 3,8 = 3.393,40 EUR

---

[190]BFH v. 23.04.2008 – X R 32/06, BFH/NV 2008, S. 1581.

1.2.6.2 Buchführungspflichten

Nach § 238 HGB sind alle Kaufleute verpflichtet, Bücher zu führen und in diesen ihre Handelsgeschäfte nach Grundsätzen ordnungsgemäßer Buchführung aufzuzeichnen.

Gewerbetreibende, deren Unternehmen nach Art und Umfang einen in kaufmännischer Weise eingerichteten Geschäftsbetrieb erfordern oder die im Handelsregister eingetragen sind, sind Kaufleute und somit zur Buchführung verpflichtet.

Die sog. derivative Buchführungspflicht ist im Steuerrecht in § 140 AO verankert, der besagt, dass

> wer nach anderen Gesetzen als den Steuergesetzen Bücher und Aufzeichnungen zu führen hat, die für die Besteuerung von Bedeutung sind, die Verpflichtungen, die ihm nach den anderen Gesetzen obliegen, auch für die Besteuerung zu erfüllen hat.

Eine Verpflichtung, Bücher zu führen ergibt sich nach § 141 AO aufgrund der originären Buchführungspflicht auch für Gewerbetreibende, die einen Umsatz einschließlich der steuerfreien Umsätze, ausgenommen die Umsätze von § 4 Nr. 8 bis 10 UStG, von mehr als EUR 600.000,00 bzw. einen Gewinn von mehr als EUR 60.000,00 (für Wirtschaftsjahre, die vor dem 01.01.2016 begannen: EUR 500.000/EUR 50.000,00) erzielt haben.

Die Regelungen der AO gelten jedoch nicht für die freien Berufe, für die es grundsätzlich keine Buchführungs- bzw. Bilanzierungspflichten gibt, sondern eine Gewinnermittlung nach § 4 Abs. 3 EStG in Form einer Einnahmen-Überschussrechnung erfolgen kann. Zu beachten ist allerdings, dass umsatzsteuerliche Aufzeichnungspflichten nach § 22 UStG geführt werden müssen.

Im Rahmen der Gewinnermittlung nach § 4 Abs. 3 EStG ist das **Zufluss- und Abfluss- Prinzip** zu beachten. Nach § 11 EStG sind Einnahmen in dem Zeitpunkt zugeflossen, in dem der Steuerpflichtige die Verfügungsmacht über die entsprechenden Gelder erlangt. Dementsprechend sind Ausgaben in dem Zeitpunkt geleistet, in dem der Steuerpflichtige die Verfügungsmacht verloren hat. Ausnahmsweise gehören wiederkehrende Zahlungen (z. B. Miete, Zinsen), die innerhalb von 10 Tagen vor oder nach dem 31.12. eines Jahres zu- oder abgeflossen sind, in das Jahr der wirtschaftlichen Zugehörigkeit.

▶ **Hintergrundinformation**
Buchführungspflicht

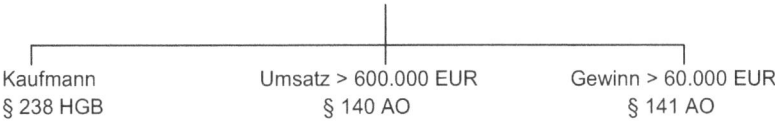

Kaufmann	Umsatz > 600.000 EUR	Gewinn > 60.000 EUR
§ 238 HGB	§ 140 AO	§ 141 AO

Keine Buchführungspflicht: Bei Vorliegen von Einkünften gem. § 18 EStG

Beispiel[191]

Ein Musiker, der Einkünfte aus § 18 EStG erzielt, hat für eine bereits ausgeführte Leistung noch keine Zahlung erhalten. Der Musiker ermittelt seinen Gewinn durch Einnahmen- Überschussrechnung. Die ausstehende Zahlung bleibt daher unberücksichtigt und der Gewinn fällt dementsprechend niedriger aus.

Beispiel[192]

Ein DJ, den das Finanzamt als Gewerbetreibenden eingestuft hat, muss seinen Gewinn durch Betriebsvermögenvergleich ermitteln. Forderungen aus bereits erbrachten Leistungen sind deshalb zu berücksichtigen, auch wenn die Zahlung noch aussteht.

1.2.6.3 IHK-Pflichtmitgliedschaft

Mit gewerblichen Einkünften ist eine Pflichtmitgliedschaft bei der Industrie- und Handelskammer verbunden, die zur Zahlung von gewinnabhängigen IHK-Beiträgen verpflichtet. Die IHK greift hierzu auf die Feststellung des Finanzamtes zur Einkunftsart zurück.

Nicht im Handelsregister eingetragene Unternehmen sind vom Beitrag befreit, wenn der jährliche Gewinn aus Gewerbebetrieb unter EUR 5.201,00 beträgt. Der Beitrag setzt sich aus einem Grundbeitrag und einer Umlage zusammen. Den Grundbeitrag muss in der Regel jedes Mitglied zahlen. Er ist entsprechend der Leistungsstärke der Unternehmen gestaffelt. Der Grundbeitrag ist ein Jahresbetrag, was bedeutet, dass er für das ganze Jahr zu zahlen ist, auch wenn nicht eine ganzjährige Mitgliedschaft bestand.

Die zu entrichtende Umlage richtet sich nach den Erträgen der Unternehmen. Sie beträgt z. Zt. 0,17 % des Gewerbeertrags, hilfsweise Gewinn aus Gewerbebetrieb. Bei nicht im Handelsregister eingetragenen Gewerbetreibenden wird ein Freibetrag i.H.v. EUR 15.340,00 berücksichtigt.

Oft kommt es vor, dass Existenzgründer in den ersten beiden Jahren in der IHK keine Beträge und in den nächsten beiden Jahren keine Umlage zahlen müssen. Voraussetzung hierfür ist allerdings, dass der Existenzgründer Einzelunternehmer und nicht in einem Handels- bzw. Genossenschaftsregister eingetragen ist und sein Gewinn aus Gewerbebetrieb den Betrag i.H.v. EUR 25.000,00 nicht überschreitet.

Beispiel[193]

Ein Industriedesigner wird von seinem Finanzamt als Gewerbetreibender eingestuft und zur Gewerbesteuer veranlagt. Die zuständige IHK schickt ihm einen Beitragsbescheid. Gegen diesen Bescheid wendet sich der Industriedesigner mit der Begründung, dass er

---

[191]Angelehnt an Maaßen, W., Kunst oder Gewerbe, S. 11.
[192]Ebenda.
[193]Angelehnt an Maaßen, W., Kunst oder Gewerbe, S. 42.

trotz Veranlagung zur Gewerbesteuer kein Gewerbetreibender, sondern Künstler sei und keine Pflichtmitgliedschaft in der IHK besteht.

Die IHK braucht den Sachverhalt nicht zu überprüfen. Solange die Feststellung der Gewerbesteuerpflicht durch das Finanzamt nicht zu beanstanden sind, ist auch der IHK Beitragsbescheid nicht zu beanstanden. Der Industriedesigner muss deswegen den Bescheid über den Gewerbesteuermessbetrag als sog. Grundlagenbescheid anfechten, wenn er erreichen will, dass er von der Pflichtmitgliedschaft entbunden wird.

Beispiel

Beispiel 1:

Der Filmproduzent aus Berlin erzielt im Jahr 2018 einen Gewinn aus Gewerbebetrieb i.H.v. EUR 50.000,00.

Der Beitrag setzt sich wie folgt zusammen:

Grundbeitrag	64,00 EUR
Umlage	
Gewinn EUR 50.000./. Freibetrag EUR 15.340 = EUR 34.660 * 0,17 =	58,82 EUR
IHK-Beitrag	122,82 EUR

Beispiel 2:

Die Filmproduktionsgesellschaft mbH in Berlin erzielt im Jahr 2018 einen Gewinn aus Gewerbebetrieb i.H.v. EUR 50.000,00.

Der Beitrag setzt sich wie folgt zusammen:

Grundbeitrag	64,00 EUR
Umlage	
Gewinn EUR 50.000 * 0,17 =	85,00 EUR
IHK-Beitrag	149,00 EUR

Die IHK erhält die Bemessungsgrundlage, die zur Festsetzung der Beiträge notwendig ist, von den zuständigen Finanzämtern. Die Finanzämter sind zur Mitteilung berechtigt und verpflichtet. Ihre Berechtigung ergibt sich aus § 31 Abs. 1 AO, wonach sie die für deren Arbeit notwendigen Besteuerungsgrundlagen an Körperschaften des öffentlichen Rechts weitergeben dürfen.

Da das tatsächliche Betriebsergebnis des aktuellen Jahres noch nicht feststeht, sehen die Beitragsordnungen der jeweiligen IHKs vor, dass sie eine vorläufige Veranlagung für das laufende Jahr anhand des letzten bekannten Gewinns in Anwendung des § 162 AO vornehmen können. Erlässt das Finanzamt z. B. durch eine Betriebsprüfung einen geänderten Steuerbescheid werden die IHKs auch hierüber informiert.

Vereinzelt kann es vorkommen, dass die IHK erst Jahre nach Betriebseröffnung einen Bescheid erlässt und für die vorangegangenen Jahre Beiträge, meist zur völligen Überraschung der Mandanten, einfordert.

Nach einer Entscheidung des Bundesverfassungsgericht, ist die Pflichtmitgliedschaft verfassungsrechtlich nicht zu beanstanden.[194]

1.2.6.4 Handwerksrecht

Werden entsprechende Tätigkeiten ausgeübt, die sowohl dem künstlerischen Bereich, als auch dem Handwerk zugeordnet werden können, ist es nach Auffassung der Handwerksorganisation in ihr Ermessen gestellt, ob von einer künstlerischen und damit nichthandwerklichen Tätigkeit gesprochen werden kann.

Dabei ist nicht allein der steuerliche Kunstbegriff entscheidend, sondern auch die Frage der Zugehörigkeit zur Künstlersozialkasse sowie eine Zugehörigkeit zu einer anerkannten Künstlervereinigung. Als Entscheidungshilfe führen die Handwerkskammern teilweise auch Betriebsbesichtigungen durch oder lassen sich Arbeiten vorlegen.

Eine Zuordnung zum Handwerksrecht ist mit zum Teil gravierenden Auswirkungen, wie z. B. die Eintragung in die Handwerksrolle und gegebenenfalls die Ablegung der Meisterprüfung, verbunden.

Zur Unterscheidung hat sich ein Kriterienkatalog entwickelt (vgl. Tab. 1.2):

- personenbezogene Merkmale
- Ausbildung, innere Einstellung zum eigenen künstlerischen Schaffen
- betriebsbezogene Merkmale
- Vertriebswege, Unikate, Serienproduktion, Mitarbeiter
- auftrags- und produktbezogene Merkmale
- Weisungsgebundenheit, praktischer Nutzwert der Werke, Verhältnis von künstlerischem Wert und Gebrauchswert

Tab. 1.2 Tätigkeiten und rechtliche Beurteilung

Tätigkeit	Rechtliche Beurteilung
Airbrush	Kein Handwerk, eventl. Kunst
Digitale Bildbe- und -verarbeitung	Kein Gewerbe der HwO
Feintäschner	Zulassungsfreies Handwerk (Abgrenzung zu Kunst s. BSG v. 24.04.1999, GewArch 1999, 76)
Fotograf	Zulassungsfreies Handwerk (vgl. aber digitale Bildbe- und verarbeitung
Holzbildhauer	Zulassungsfreies Handwerk
Maskenbildner	Handwerksähnlich
Porträtfotografie	Zulassungsfreies Handwerk
Tätowieren	Kein Gewerbe der HWO

---

[194]BVerfG v. 12.07.2017 – Az. 1 BvR 2222/1; BVerfG v. 12.07.2017 – 1 BvR 1106/13.

1.2.6.5 Handelsrecht

Besondere Beachtung verdienen die Vorschriften des HGB, dem sog. „Sonderrecht der Kaufleute". Im HGB ist unter anderem geregelt, dass nur der Kaufmann berechtigt ist, eine Firma als Namen zu führen, unter dem er seine Geschäfte betreibt, klagen darf und verklagt werden kann.

Weitere Pflichten sind mit der Kaufmannseigenschaft verbunden:

- Pflichtangaben auf Geschäftsbriefen
- Mündliche Bürgschaft und Schuldversprechen möglich
- Erteilung von Prokura möglich
- Zur Führung von Handelsbüchern verpflichtet (u. a. Inventur)
- Sorgfaltspflicht
- Untersuchungs- und Rügepflicht
- Vergütung ohne Vereinbarung
- Errichtung von Zweigniederlassungen möglich

1.3   Gewinnerzielungsabsicht

1.3.1   Liebhaberei

Erzielen Künstler aus ihrer Tätigkeit dauerhaft Verluste, so ist zu prüfen, ob ihre Tätigkeit als steuerlich nicht relevante Liebhaberei eingestuft werden muss. Sofern es sich um Liebhaberei handelt, bleiben Verluste aus der Betätigung einkommensteuerlich außer Ansatz.

Es gelten grundsätzlich die von der Rechtsprechung entwickelten allgemeinen Abgrenzungsmerkmale, wobei sich aus der Natur der künstlerischen Tätigkeit Besonderheiten ergeben.

Steuerliche Liebhaberei ist eine

„Betätigung, die nicht Ausdruck eines wirtschaftlichen, auf Erzielung von Erträgen gerichteten Verhalts ist, sondern auf privater Neigung beruht. Liebhaberei in diesem Sinne liegt vor, wenn nach den im Einzelfall gegebenen objektiven Verhältnissen erkennbar ist, dass ein Betrieb nicht nach betriebswirtschaftlichen Grundsätzen geführt wird oder [..] (nach seiner Wesensart) auf die Dauer gesehen nicht nachhaltig mit Gewinn arbeiten kann."[195]

---

[195]BFH v. 18.12.1969 – IV R 57/68, BStBl. II 1970, S. 377; BFH v. 16.01.1975 – IV R 75/74, BStBl. II 1975, S. 558; BFH v. 18.03.1976 – IV R 114/73, BStBl. II 1976, S. 845.

Als Betätigung, die Liebhaberei sein kann, ist bei den Gewinneinkünften in der Regel auf den Betrieb oder Teilbetrieb abzustellen.[196] Insoweit ist es nicht möglich, einzelne Aufwendungen unter dem Gesichtspunkt der Liebhaberei wegzulassen, den verbleibenden Gewinn aber zu berücksichtigen.

Aufgrund des Dualismus der Einkunftsarten und einkunftsspezifischen Besonderheiten, ist zunächst eine Zuordnung zu einer Einkunftsart – insbesondere hier bei der Berufsgruppe zu den Einkünften aus selbstständiger Tätigkeit – vorzunehmen, bevor eine mögliche Liebhaberei zu prüfen ist.[197]

Die Gewinnerzielungsabsicht ist dabei eine innere Tatsache, die nicht lediglich auf Erklärungen, sondern nur anhand **äußerlich erkennbarer tatsächlicher Merkmale** beurteilt werden kann.[198]

Dauernde Verluste sind zwar ein Indiz, jedoch kann auf eine Liebhaberei nur dann geschlossen werden, wenn der Steuerpflichtige die verlustbringende Tätigkeit nur aus im Bereich seiner Lebensführung liegenden **persönlichen Neigungen** ausübt.[199]

Die Rechtsprechung lässt zwar keine „theoretische Gewinnchance" für die Annahme der Gewinnerzielungsabsicht genügen,[200] dennoch werden bei künstlerischen Tätigkeiten entsprechend längere Anlaufzeiten zugrunde gelegt.[201] Rein betriebswirtschaftliche Gründe stehen hier in aller Regel nicht im Vordergrund.

Der Beurteilungsspielraum für die Totalgewinnprognose umfasst bei neu eröffneten Betrieben die gesamte Lebensdauer des Unternehmens von der Gründung bis zur voraussehbaren Aufgabe oder Veräußerung. Bei gewinnzielenden Betrieben, die erst nach Jahren in die Verlustphasen geraten, beschränkt sich der Spielraum ausschließlich auf die verbleibenden Jahre bis zur voraussichtlichen Aufgabe oder Veräußerung.[202]

Für die Feststellung der Einkunftserzielungsabsicht ist ein Totalgewinn zu ermitteln. Für diese Prognose sind die in der Vergangenheit erzielten und künftig zu erwartenden Gewinne/Verluste anzusetzen. Außerdem ist ein bei der Beendigung der Tätigkeit zu erwartender Aufgabe- bzw. **Veräußerungsgewinn** zu erfassen.[203] Nicht steuerbare bzw. steuerfreie Einnahmen sowie nichtabzugsfähige Aufwendungen bleiben bei der Ergebnisprognose außer Ansatz.[204]

---

[196]BFH v. 30.01.1986 – IV R 270/84, BStBl. II 1986, S. 516.

[197]BFH v. 30.05.2001 – VI R 178/99, BFH/NV 2001, S. 1258–1260.

[198]BFH v. 07.03.1996 – IV R 2/92, BStBl. II 1996, S. 369- 372.

[199]BFH v. 25.06.1984 – GrS 4/82, BStBl. II 1984, S 751.

[200]BFH v. 28.02.2003 – IV B 200/02, BFH/NV 2003, S. 625.

[201]BFH v. 26.04.1989 – VI R 104/86, BFH/NV 1989, S. 696; FG Niedersachsen v. 27.08.2003 – 2 K 707/99, EFG 2004 S. 111; FG Thüringen 21.11.2013 – 2 K 728/11, EFG 2014, S. 264.

[202]BFH v. 26.02.2004 – IV R 43/02, BStBl. II 2004, S. 455.

[203]BFH v. 13.06.1998 – XI R 64/97, BStBl. II 1998 S. 727; BFH v. 03.03.1996 – IV R 52/93, BStBl. II S. 415.

[204]BFH v. 25.06.1984 – GrS 4/82 a. a. O.

Für die Feststellung der Einkunftserzielungsabsicht bei den Überschusseinkünften bleiben Wertsteigerungen des eingesetzten Vermögens regelmäßig außer Ansatz.

Die Prüfung, ob Liebhaberei in Verlustfällen vorliegt, hat in 2 Schritten zu erfolgen:[205]

1. Im ersten Schritt ist zu überprüfen, ob nach objektiven Merkmalen die Möglichkeit nach einem Totalgewinn bzw. Totalüberschuss der Einnahmen über die Betriebsausgaben bzw. Werbungskosten besteht. Ist dies der Fall, kann die Liebhabereiprüfung an dieser Stelle abgebrochen werden; eine Einkunftserzielungsabsicht ist anzunehmen. Ist ein Totalgewinn bzw. Totalüberschuss hiernach nicht ersichtlich, bleibt der zweite Schritt zu prüfen.
2. Im zweiten Schritt ist zu prüfen, ob die Tätigkeit aufgrund einkommensteuerlich unbeachtlicher Motive ausgeübt wird. Steuerrechtlich irrelevante Tätigkeiten liegen beispielsweise bei verlustbringenden Tätigkeiten aus dem Bereich der allgemeinen Lebensführung vor.

Nachdem künstlerisches Gestalten kraft Natur der Sache generell persönliche Neigungen bedient, ist das persönliche Motiv der Betätigung allgegenwärtig. Hinzukommt, dass die Besonderheiten des Künstlerberufs auch deshalb einer besonderen Betrachtung bedürfen, weil hier eine planmäßige Betriebsführung, Marktpreise oder eine nachprüfbare Kalkulation nicht wesensmäßig sind.[206]

So können Verluste ebenso Ausdruck eines kritischen, zurückhaltenden Kunstmarktes sein, wie bekannte Beispiele aus der Kunstgeschichte belegen.

In die gebotene Gesamtwürdigung sind daher weitere Gesichtspunkte einzubeziehen, so insbesondere:

- Art der künstlerischen Berufsausbildung und Ausbildungsabschluss[207]
- künstlerische Tätigkeit als alleinige Existenzgrundlage des Steuerpflichtigen, ggf. seiner Familie[208]
- berufstypische professionelle Vermarktung (Teilnahme an Ausstellungen)[209]
- besondere betriebliche Einrichtungen (z. B. Atelier)[210]
- Erwähnung in einschlägiger Literatur[211]

---

[205]Ebenda.

[206]FG München v. 25.11.2003 – 2 K 4831/99, EFG 2004, S. 802.

[207]FG Niedersachsen v. 19.01.1989 – VI 344/87.

[208]Vgl. z. B. Blümich/Hütter EStG § 18 Rn. 47; BFH v. 22.07.1982 – IV R 74/79, BStBl. II 1983, S. 2.

[209]BFH v. 26.04.1989 – VI R 104/86, a. a. O.; BFH v. 07.05.1993 – VI R 39/90, BFH/NV 1993, S. 652.

[210]BFH v. 26.04.1989 – VI R 104/86, a. a. O.

[211]BFH v. 26.04.1989 – VI R 104/86, a. a. O.; ähnlich FG München v. 20.10.2000 – 13 K 2414/95.

- Erzielung gelegentlicher Überschüsse[212]
- Schaffung von Werken, die für erwerbswirtschaftliche Verwertung bestimmt sind und daher bei entsprechender Marktnachfrage verkauft werden können[213]

Es ist zu beachten, dass die Aufstellung keinesfalls als abschließend betrachtet werden darf. So können auch weitere Punkte von Bedeutung sein:[214]

- Was hat der Steuerpflichtige unternommen, um aus den Verlustphasen herauszukommen?[215]
- Konnte der Steuerpflichtige ernsthaft mit einem Gewinn rechnen?[216]
- Tritt der wirtschaftliche Erfolg hinter persönliche Motive, wie z. B. Streben nach äußerer Anerkennung, zurück? [217]
- Handelt es sich um ein typisches Hobby?
- Sind außergewöhnliche Gründe (Krankheit, Finanzkrise) Grund der dauernden Verluste?
- Hat sich der Steuerpflichtige ausreichend engagiert, um die Verluste zu vermeiden? [218]
- Ist die Verlustphase mit persönlichen Veränderungen verbunden? [219]

Bei einer hauptberuflichen künstlerischen Tätigkeit ist in der Regel nur in Ausnahmefällen eine Liebhabereitätigkeit anzunehmen.

Nebenberufliche künstlerische Tätigkeiten können hingegen dann als Liebhabereibetrieb angesehen werden, wenn diese mit anhaltenden Verlusten verbunden sind und der betreffende Steuerpflichtige die verlustbringende Tätigkeit aus einer anderen hauptberuflichen Tätigkeit finanzieren kann.[220]

Anders ist der Fall zu beurteilen, soweit die bisherige hauptberufliche künstlerische Tätigkeit nebenberuflich fortgeführt und den sich danach ergebenden tatsächlichen Gegebenheiten angepasst wird. Zu berücksichtigen ist, ob und inwieweit der Künstler gehalten ist, zur Wahrung seiner künstlerischen Fähigkeiten für eine gewisse Zeit auch weniger ertragreiche Aufträge anzunehmen.

---

[212]BFH v. 26.04.1989, – VI R 104/86, a. a. O.; BFH v. 22.11.1979 – IV R 88/76, a. a. O.

[213]In Abgrenzung zu BFH v. 23.05.1985 – IV R 84/82, BStBl. II 1985, S. 515.

[214]Vgl. Ebling/Schulze, Kunstrecht, 2012, S. 297, Rz. 206.

[215]BFH v. 26.02.2004 – VI R 43/02, a. a. O.

[216]BFH v. 22.07.1993 – VI R 122/92BStBl. II 1994, S. 510.

[217]BFH v. 14.07.2003 – IV B 81/01, BStBl. II 2003, S. 804; mw.N. FG Niedersachsen v. 27.08.2003 DStRE 2004, 249: Die Möglichkeit der Verrechnung mit positiven Einkünften des Ehegatten lässt nicht den Schluss zu, dass eine künstlerische Tätigkeit aufgrund persönlicher Neigungen oder Gründe ausgeübt wird.

[218]BFH v. 22.04.1989 – VI R 10/97, BStBl. II 1998, S. 663.

[219]FG Niedersachsen v. 27.08.2003- 2 K 707/99., a. a. O.; Errichtung eines anderen Ateliers und damit Neubeginn der künstlerischen Tätigkeit.

[220]FG Baden-Württemberg v. 10.12.1993, EFG 1993, S. 514.

In der Argumentation ist darzustellen, dass der Künstler nach Absatzmöglich-keiten gesucht hat und seine Werke am Markt in Form von eigenen Ausstellungen, Beteiligungen an Gemeinschaftsausstellungen, offenem Atelier, Bemühungen um Galeristen oder sonstiger, einem Künstler anstehender Werbung angeboten hat.

Bei beschränkt steuerpflichtigen Künstlern sind dieselben Kriterien zur Beurteilung heranzuziehen. Das Fehlen einer Gewinnerzielungsabsicht ist kein im Ausland gegebenes Besteuerungsmerkmal, das nach § 49 Abs. 2 EStG außer Betracht bleiben kann.[221]

Ein Steuerbescheid kann im Hinblick auf die tatsächliche Ungewissheit, ob die ausgeübte Tätigkeit als steuerlich irrelevante Liebhaberei anzusehen ist, zunächst nach § 165 Abs. 1 AO vorläufig erlassen werden.

Diese Nebenbestimmung zum Steuerbescheid kann auch noch nachträglich aufgenommen werden, sofern der Steuerbescheid unter dem Vorbehalt der Nachprüfung steht oder der Steuerpflichtige zustimmt.

Insbesondere ist dann von einer Ungewissheit auszugehen, wenn die für die Gewinnerzielungsabsicht maßgeblichen Umstände nicht mit der gebotenen Sicherheit festgestellt werden können.

Der Grund der Vorläufigkeit ist mit dem Hinweis auf das mögliche Vorliegen von Liebhaberei bei der betreffenden Einkunftsquelle hinreichend zu bezeichnen.

Bei „liebhabereiverdächtigen" Fällen hat das Finanzamt einen **Ermessensspielraum**. Es kann sich dafür entscheiden, die ungeklärten Einkünfte sowohl gänzlich wegzulassen oder (wie erklärt) in die Steuerfestsetzung einzubeziehen.[222]

Wird festgestellt, dass bei einer Tätigkeit die Einkunftserzielungsabsicht fehlt, handelt es sich um Liebhaberei mit der Folge, dass die Tätigkeit keine Einkunftsquelle i.S. von § 2 Abs. 1 Nr. 1 bis 7 EStG darstellt.

Die durch die Liebhaberei veranlassten Aufwendungen stellen insoweit keine Betriebsausgaben dar. Die hieraus erzielten Einnahmen sind jedoch sodann auch nicht einkommensteuerpflichtig.

Nachfolgend sollen einzelne, häufig in der Praxis anzutreffende Berufszweige betrachtet werden:

1.3.1.1 Reisejournalist

Für den Abzug der Kosten einer Reisejournalistin ist maßgebend, ob die Aufwendungen objektiv durch die besonderen betrieblichen Gegebenheiten veranlasst sind und die Befriedigung privater Interessen, wie z. B. Erholung, Bildung und Erweiterung des

---

[221]BFH v. 07.11.2001 – I R 14/01, BStBl. II 2002, S. 861; die Grundsätze dieses BFH-Urteils sind über den entschiedenen Einzelfall hinaus nicht anzuwenden, BMF- Schreiben v. 11.12.2002, BStBl. II 2002 II, S. 1394.

[222]OFD Karlsruhe v.19.06.2006 – S-2113/4-St 1.

allgemeinen Gesichtskreises, nach dem Anlass der Reise, dem vorgesehenen Programm und der tatsächlichen Durchführung nahezu ausgeschlossen ist.[223]

Dabei ist die Reise insgesamt und als Einheit zu beurteilen, weil die einzelnen Teile einer solchen Reise von der Organisation und der Durchführung her nur im Zusammenhang gesehen werden kann.[224]

Der Große Senat des BFH hat seine Rechtsprechung im Hinblick auf die Reisekosten geändert. So können Aufwendungen für die Hin- und Rückreise bei gemischt beruflich und privat veranlassten Reisen grundsätzlich in abziehbare Werbungskosten oder Betriebsausgaben und nicht abziehbare Aufwendungen nach Maßgabe der beruflich und privat veranlassten Zeitanteile der Reise aufgeteilt werden.[225] Dassele gilt grundsätzlich auch für Unterbringungskosten. Voraussetzung hierfür ist, dass die beruflich veranlassten Zeitanteile feststehen (Nachweise durch Termine, Tagesablaufplan etc.) und nicht von untergeordneter Bedeutung sind. Das unterschiedliche Gewicht der verschiedenen Veranlassungsbeiträge kann es jedoch im Einzelfall erfordern, einen anderen Aufteilungsmaßstab heranzuziehen oder ganz von einer Aufteilung abzusehen.

Die Tätigkeit einer Reisjournalistin ist nach Ansicht des BFH jedenfalls nicht deshalb als Liebhaberei anzusehen, weil sie in vier aufeinander folgenden Jahren nur Verluste erzielt hat.[226]

1.3.1.2 Schriftsteller

An einer Gewinnerzielungsabsicht fehlt es in den Fällen, in denen eine schriftstellerische Tätigkeit von vornherein nicht um des Erwerbes willen betrieben wird. Oft geht es den Verfassern allein darum, Erkenntnisse, Ideen oder Auffassungen möglichst weitreichend zu übermitteln.

Treffen die Verfasser in solchen Fällen mit Verlagen vertragliche Vereinbarungen über das Erscheinen ihrer Werke, so besteht der für sie maßgebende vertragliche Vorteil allein darin, dass ihre Darlegungen überhaupt veröffentlicht werden. Nicht selten entschließt sich ein Verfasser sogar, noch einen Zuschuss zu leisten, um das Erscheinen seines Werks zu ermöglichen. In diesen Fällen ist eine Gewinnerzielungsabsicht im steuerrechtlichen Sinne von Anfang an nicht vorhanden.[227]

In einem Urteil des FG Düsseldorf wurde entschieden, dass bei einem nebenberuflich publizierenden Professor, der sich erst einen Widerhall in der fachwissenschaftlichen Öffentlichkeit erarbeiten muss, die Gewinnerzielungsabsicht nicht allein wegen der in 8 Jahren überwiegend erzielten Verluste verneint werden kann. Das Finanzgericht

---

[223]BFH v. 22.05.1974 – I R 212/72, BStBl. II 1975, S. 70.

[224]BFH v. 15.07.1976 – IV R 90/73, BStBl. II 1977, S. 54.

[225]BFH v. 21.09.2009 – GrS 1/06, BStBl. II 2010, S. 672.

[226]BFH v. 22.11.1979 – IV R 88/76; a. a. O.

[227]BFH v. 23.05.1985 – IV-R-84/82, a. a. O.

entschied weiter, dass Buchpräsente des Professors an Bibliotheken, andere öffentliche Einrichtungen nicht als nicht abziehbare Aufwendungen für Geschenke behandelt werden dürfen, da sie bei den Empfängern nicht die Kosten der Lebensführung berühren.[228]

Der materielle Erfolg eines Schriftstellers stellt sich in der Regel erst ein, wenn er auf Resonanz in der Öffentlichkeit gestoßen ist. Deswegen lässt sich allein aus der Tatsache einer über mehrere Jahre anhaltenden Verlusterzielung nicht darauf schließen, es fehle an einer Gewinnerzielungsabsicht.[229]

1.3.1.3 Theater

Nach Ansicht des Finanzgerichts Köln ist das Betreiben eines Kindertheaters dann als Liebhaberei anzusehen, wenn das Theater nicht nach betriebswirtschaftlichen Grundsätzen geführt wird.[230] Im vorliegenden Fall hatte eine ehemalige Lehrerin ein Kindertheater eröffnet, wobei die Theatervorstellungen und Workshops unentgeltlich angeboten wurden.

Abzugrenzen hiervon sind Theater, die angemessene Eintrittsgelder erheben und nach betriebswirtschaftlichen Grundsätzen geführt werden. Hier ist, auch bei dauerhaft erwirtschafteten Verlusten, grundsätzlich eine Gewinnerzielungsabsicht anzunehmen.

1.4   Besonderheiten Einnahmen

1.4.1   ABC der Betriebseinnahmen

Einnahmen Prominenter aus Spiel- und Quizshows
Da der prominente Kandidat nicht die tatsächliche Verfügungsmacht über die erspielten Geld- oder Sachmittel erhält, führen die „Spielgewinne" bei ihm nicht zu einem Zufluss von Einnahmen. Daher sind die Leistungen an die gemeinnützigen Organisationen auch keine Ausgaben der Kandidaten und können insoweit nicht als Spende bei den Sonderausgaben berücksichtigt werden.[231]

Wie der BFH urteilte, unterliegen die Einnahmen, die ein Gewinner der TV-Show „Big Brother" erhält, der Einkommnesteuerpflicht. So schuldet der Kandidat seine ständige Anwesenheit im Big Brother Haus; er musste sich während seines Aufenthalts ununterbrochen filmen und belauschen lassen und an Wettbewerben mit anderen Kandidaten teilnehmen. Dieses aktive wie passive Verhalten hat der BFH auf Basis des entgeltlichen Teilnahmevertrages als steuerpflichtige sonstige Leistung angesehen.[232]

---

[228]FG Düsseldorf v. 04.06.2002 – 3-K-3044/98. EFG 2002, S. 1227.

[229]FG Baden- Württemberg v. 16.02.2016 – 6 K 3472/14, KSR direkt 2016, S. 12.

[230]FG Köln v. 12.11.1981 -V-278/80.

[231]BMF-Schreiben v. 29.03.2006 – IV B 2-S2246-23/0.

[232]BFH v. 24.02.2012 – IX R 6/10, BStBl. II 2012, S. 581.

In einem anderen Fall urteilte der BFH, dass die Einnahmen aus der TV-Show „Mein großer, dicker, peinlicher Verlobter" ebenfalls der Einkommensteuerpflicht unterliegen, weil auch sie Gegenstand eines entgeltlichen Vertrages sind.[233]

Die Finanzverwaltung hat sich der Meinung des BFH angeschlossen und die Finanzämter angewiesen, Preisgelder bzw. Gewinne für die Teilnahme an Fernsehsendungen dann als einkommensteuerpflichtig zu behandeln, wenn die Einnahme und die Leistung des Kandidaten in einem Gegenseitigkeitsverhältnis stehen.

Endorsement
Mit Endorsement bezeichnet man eine vertragliche Bindung z. B. eines bekannten Musikers an ein bestimmtes Unternehmen, hauptsächlich Hersteller von Musikinstrumenten. Der Musiker wirbt hierdurch für Produkte, indem er diese live und bei Aufnahmen einsetzt.

Der werbende Musiker erhält als Gegenleistung Geld oder kostenlose Instrumente, die als Sachbezug der Besteuerung unterliegen.

So ist auch die wiederholte öffentlich deutlich sichtbare Nutzung von Sportgeräten durch Spitzensportler eine Werbeleistung. Zahlungen, die ein Sportler für solche Leistungen vom Hersteller der Sportgeräte – sei es unmittelbar oder über einen Sportverband – erhält, führen zu Einkünften aus Gewerbebetrieb.[234]

Einnahmen aus Verwertungsgesellschaften
Dem einzelnen Urheber ist es aufgrund des Ausmaßes an Vervielfältigungen, Verbreitungen und öffentlichen Wiedergaben von geschützten Werken kaum noch möglich, die Nutzung selbst zu kontrollieren.

Hieran setzt die Arbeit der Verwertungsgesellschaften an, die den Urhebern auf der Grundlage sogenannter Berechtigungsverträgen eine kollektive Wahrnehmung der betroffenen Rechte anbietet. Verwertungsgesellschaften unterliegen der staatlichen Aufsicht durch das Deutsche Patent- und Markenamt in München.

Wie die Erfahrungen zeigen, empfiehlt es sich, die Abrechnungen der Verwertungsgesellschaften aufgrund der Komplexität überprüfen zu lassen bzw. die Meldungen von hierauf spezialisierten Unternehmen erstellen zu lassen. Denn häufig scheitert eine Ausschüttung an Unwissenheit bzw. daran, dass formale Punkte nicht eingehalten wurden. Darüber hinaus sollte bei anstehenden Prüfungen durch die GEMA zwingend auf die Hilfe von Experten zurückgegriffen werden.[235]

---

[233]BFH v. 28.11.2007 – IX R 39/06, BStBl. II 2008, S. 469.

[234]BFH v. 19.11.1985 – VIII R 104/85; BStBl. II 1986, S. 424.

[235]Beispielhaft sei das Unternehmen Skyline Licence Administration in Berlin (www.slac-berlin) anzuführen, deren Inhaberin, Frau Sandra Thiem, auf eine lange berufliche Vergangenheit bei der GEMA etc. zurückschauen kann und hier ihre Spezialkenntnisse erworben hat.

Einnahmen aus den Verwertungsgesellschaften werden durch Übertragung der urheberrechtlichen Befugnisse erzielt. Darin mag vorerst eine zeitlich begrenzte Überlassung von Rechten im Sinne des § 21 Abs. 1 Nr. 3 EStG vorliegen. Die Einkünfte hieraus sind jedoch nicht den Einkünften aus Vermietung und Verpachtung (§ 21 EStG) zuzurechnen, da auch der Tatbestand der Einkünfte aus selbstständiger Arbeit (§ 18 EStG) erfüllt ist und in diesem Fall § 21 EStG durch § 18 EStG verdrängt wird (§ 21 Abs. 3 EStG).

Nach einem Urteil des BFH stellen Einnahmen, die ein Steuerpflichtiger als Tantiemen der GEMA erzielt, Einkünfte aus selbstständiger Arbeit dar.[236] Nach einem weiteren Urteil des BFH sind Einkünfte eines Steuerpflichtigen aus der Verwertung einer eigenen Erfindung Einkünfte aus freiberuflicher Tätigkeit im Sinne des § 18 Abs. 1 Nr. 1 EStG, gleichgültig, ob eine zeitlich begrenzte Überlassung der Auswertung oder eine Übertragung nach Art eines Verkaufes vorliegt.[237]

Nachfolgend sind die wichtigsten Verwertungsgesellschaften kurz dargestellt:

GEMA

Das Kürzel GEMA ist die Abkürzung für: Gesellschaft für musikalische Aufführungs- und mechanische Vervielfältigungsrechte. Die GEMA, in Rechtsform eines wirtschaftlichen Vereins geführt, nimmt die **Urheberrechte** wahr, die ihr von den Mitgliedern übertragen werden. Dieses Repertoire wird den Musiknutzern von der GEMA gegen eine Vergütung zur Verfügung gestellt. Die GEMA übernimmt insoweit eine Mittlertätigkeit zwischen dem Musikschaffenden und dem Musikverwerter.

Nach dem Urheberrechtswahrnehmungsgesetz ist die GEMA verpflichtet, jede Nutzung urheberrechtlich geschützter Musik nachzugehen und zu prüfen, ob Vergütungsansprüche zu stellen sind.

Die Mitgliedschaft in der GEMA ist grundsätzlich freiwillig – einem Künstler bleibt es vorbehalten, seine Rechte selbst wahrzunehmen oder aber eine Übertragung durch eine Mitgliedschaft bei der GEMA zu wählen. Soweit die GEMA die Rechte des Künstlers wahrnehmen soll, muss das Nutzungsrecht treuhänderisch durch den Wahrnehmungsvertrag übertragen werden.

Die Höhe der Verteilungssumme ergibt sich aus den von den Verwertern gezahlten Lizenzgebühren, die nach Abzug eines bestimmten Prozentsatzes für Verwaltungskosten und ausländische Verwertungsgesellschaften an die Mitglieder ausgezahlt wird.

Die Ausschüttung der Tantieme erfolgt nach einem Punktesystem, das zwischen U-Musik und E-Musik unterscheidet. Ein einzelnes Lied aus der Popmusik wird beispielsweise mit 12 Punkten bewerten, ein mit großem Orchester instrumentiertes Werk von mehr als sechzig Minuten Dauer hingegen mit 1200 Punkten. Dieser Wert wird mit der sog. PRO-Abrechnungsbasis (Aufführungszahl eines Werkes × PRO-Faktor) und dem Geldwert eines U-Punkts multipliziert.

---

[236]BFH v. 17.02.1966 – IV 243/63, BStBl. III 1966, S. 450.
[237]BFH v. 09.02.1967 – IV 291/64, BStBl. III 1967, S. 310.

Die Tantiemen werden zu unterschiedlichen Zeiträumen an die Mitglieder ausgeschüttet. Die Abrechnung der Unterhaltungs-Musik sowie der Ernsten Musik erfolgt jeweils zum 01.04. Am 01.07. erfolgt die Abrechnung Hörfunk und die Abrechnung Fernsehen.

GVL

Das Kürzel GVL ist die Abkürzung für: Gesellschaft zur Verwertung von Leistungsschutzrechten.

Ihre Aufgabe ist es, für die öffentliche Wiedergabe und private Vervielfältigung aufgenommener und gesendeter Musik sowie für Sendungen, öffentliche Wiedergabe und private Vervielfältigung erschienener Tonträger eine Vergütung einzuziehen. Des Weiteren hat sie die von den Musikverwerten eingenommenen Gelder an die Leistungsschutzberechtigten (Tonträgerhersteller sowie Musiker aller Art) zu verteilen.

Die Leistungsschutzberechtigten haben die Leistungsschutzrechte in einem Wahrnehmungsvertrag der Verwertungsgesellschaft übertragen.

Die EU-Kommission veranlasste die GVL im Jahr 2010 dazu, ihr Verteilungssystem auf den international gültigen Standard umzustellen. Dadurch erfolgte eine Umstellung von der honorarbasierten Abrechnung auf die nutzungsbasierte Berechnung des Künstlerverteilungssystems. Seitdem ist es nicht mehr entscheidend, in welcher Höhe das Honorar des Künstlers für eine Produktion ausfällt, sondern es kommt allein auf die tatsächliche Nutzung einer Produktion im Rundfunk oder Fernsehen an.

VG Wort

Die Verwertungsgesellschaft Wort ist ein Zusammenschluss von Autoren und Verlagen, die im Jahr 1958 als rechtsfähiger Verein gegründet wurde.

Ziel des Vereins ist es, dem Schöpfer eines geistigen Werkes für die Nutzung und Vervielfältigung seines Werkes durch andere mithilfe des Urheberrechts zu einem finanziellen Ausgleich zu verhelfen.

Neben Verlagen sind Urheber wissenschaftlicher Werke berechtigt, Mitglied zu werden und eine Vergütung durch die VG Wort zu erhalten. Die Höhe der Ausschüttung ist abhängig von den jährlichen Einnahmen der VG Wort und dem Umfang der angemeldeten Arbeiten.

VG Bild-Kunst

Die Verwertungsgesellschaft Bild-Kunst ist ein von den Urhebern gegründeter Verein zur Wahrnehmung ihrer Rechte.

Der Beitritt erfolgt durch Abschluss eines Wahrnehmungsvertrags, durch den die in der jeweiligen Berufsgruppe relevante Rechtewahrnehmung auf die Verwertungsgesellschaft übertragen wird. Die VG Bild-Kunst ist in drei Berufsgruppen gegliedert:

Berufsgruppe I

Mitglieder: Bildende Künstler, Verleger

Rechte: Folgerechte, Reproduktionsrechte, Senderechte, Onlinerechte, Weitersendevergütungen, Kopiervergütung, Bibliothekstantieme, Pressespiegelvergütung, Lesezirkelvergütung

Berufsgruppe II

Mitglieder: Fotografen, Bildjournalisten, Designer, Karikaturisten, Pressezeichner, Bildagenturen, Verlage

Rechte: Folgerechte, Bibliothekstantieme, Kopiervergütung, Pressespiegelvergütung, Lesezirkelvergütung, Weitersendevergütung

Berufsgruppe III

Mitglieder: Regisseure, Kameraleute, Cutter, Szenen- und Kostümbildner, Filmproduzenten

Rechte: Privatkopievergütung, Kabelweitersendevergütung, Vergütung für DVD- Vermietung

Die Verteilung der eingegangenen Vergütungen erfolgt nach einem Verteilungsplan, der von der Mitgliederversammlung beschlossen wird. Darin wird auch festgelegt, ob und welcher Anteil der Einkünfte für soziale Zwecke verwandt wird.

Kostenerstattungen

Ein Werbungskostenersatz des Arbeitgebers stellt steuerpflichtigen Arbeitslohn dar.

Beispiel

Der Arbeitnehmer betankt auf Kosten seines Arbeitgebers seinen PKW, um Fahrten zwischen Wohnung und Arbeitsstätte durchzuführen.

Etwas Anderes liegt hingegen vor, wenn durch Zahlungen des Arbeitgebers Auslagen des Arbeitnehmers erstattet werden. Hierbei handelt es sich um nicht steuerbare Leistungen außerhalb des Arbeitslohns gem. § 3 Nr. 50 EStG, denn sie stellen lediglich einen Vermögensausgleich der für den Arbeitgeber getätigten Aufwendungen dar und führen nicht zur Bereicherung des Arbeitnehmers.

Beispiel

Der Arbeitnehmer bekommt vom Arbeitgeber die vorverauslagten Kosten für Porto erstattet.

Die Abgrenzung des nicht steuerbaren Auslagenersatzes vom steuerpflichtigen Werbungskostenersatz ist noch nicht im Einzelnen für alle Fälle abschließend geklärt.[238]

In Rechtsprechung und Schrifttum haben sich verschiedene Formulierungen entwickelt, welche zur Beurteilung behilflich sein sollen, ob Aufwendungen des Arbeitgebers als Werbungskostenersatz oder Auslagenersatz einzuordnen sind.

---

[238]BFH v. 21.08.1995 – VI R 30/95, BStBl. II 1995, S. 906.

Der BFH hat Auslagenersatz immer dann angenommen, wenn dem Arbeitnehmer vom Arbeitgeber auf Nachweis Aufwendungen ersetzt werden, die (ausschließlich oder doch bei weitem überwiegend) durch die Belange des Arbeitgebers bedingt und von diesem veranlasst oder gebilligt sind, ein eigenes Interesse des Arbeitnehmers an den Ausgaben also nicht besteht.[239]

Preisgelder[240]

Betriebseinnahmen sind alle Zugänge in Geld oder Geldeswert, die durch den Betrieb veranlasst sind. Den Gegensatz hierzu bilden Einnahmen, für deren Zufluss nicht der Betrieb, sondern private Umstände die Veranlassung gegeben haben.

Als betrieblich veranlasst sind nur solche Einnahmen zu werten, die aus der Sicht des Unternehmers Entgelt für betriebliche Leistungen darstellen. Es genügt hingegen nicht, dass die Zuwendungen in einem äußeren Zusammenhang zum Betrieb stehen.

Die Betriebsbezogenheit einer Preisverleihung und die Wertung der damit verbundenen Dotation als Betriebseinnahme kann sich daraus ergeben, dass die Zuwendung unbeschadet ihres besonderen Rechtsgrundes wirtschaftlich den Charakter eines leistungsbezogenen Entgelts hat.[241]

Das ist insbesondere der Fall, wenn der Künstler zur Erzielung des Preises ein besonderes Werk geschaffen oder eine besondere Leistung erbracht hat.

Dies gilt z. B. bei einem Architektenwettbewerb, bei dem der Veranstalter typische Berufsleistungen eines Architekten zum Inhalt seiner Auslobung macht und auch ein besonderes wirtschaftliches Interesse an dem Ergebnis des Wettbewerbs hat.[242]

Der Zusammenhang mit einer Einkunftsart ist auch gegeben, wenn die Preisverleihung die persönlichen oder sachlichen Voraussetzungen der Einkunftserzielung des Künstlers fördert. Dies ist beispielsweise bei werbewirksamen Auszeichnungen im Rahmen von Ausstellungen der Fall.

Als privat veranlasst sind dagegen Preise zu beurteilen, die für das Lebenswerk oder das Gesamtschaffen verliehen werden.[243] Solchen Preisverleihungen liegt kein wirtschaftlicher Leistungsaustausch zugrunde. Selbst wenn die Preisverleihung in einem äußeren Zusammenhang mit bestimmten beruflichen Leistungen steht, wird hiermit die Persönlichkeit geehrt.

---

[239]Vgl. u. a. BFH v. 10.01.1976 – VI R 227/72, BStBl. II 1976, S. 231.

[240]Vgl. BMF-Schreiben v. 05.09.1996 – IV B 1 – S2121 – 34/96, BStBl. I 1996, S. 1150; BMF-Schreiben v. 23.12.2002 – IV A 5 – S2121 -8/02, BStBl. I 2003, S. 76

[241]BFH v. 09.05.1985 – IV R 184/82, BStBl. II 1985, S. 427.

[242]BFH v. 16.01.1975 – IV R 75/74, a. a. O.

[243]BFH v. 01.10.1964 – IV 183/62 U, BStBl. III 1964, S. 629.

Sponsoring

Die Leistungen eines Sponsors führen zu Einnahmen des Gesponserten. Die Zuwendungen sind zu versteuern, wenn die Leistungen von Geld oder geldwerten Vorteilen Einnahmen im Sinne der Einkunftsarten nach § 2 Abs. 1 Nr. 1 bis 7 EStG bilden.

Beispiel

Ein Sportler wird gesponsert, weil er bei einem Fußballklub tätig ist. Die Zuwendung erfolgt im Rahmen eines bestehenden Arbeitsverhältnisses und führt zu Einkünften aus nichtselbstständiger Arbeit.

Bei Sponsoring von Sachzuwendungen (nicht bei Geldzuwendungen anzuwenden) kann der Zuwendende seit dem Jahr 2007 die Steuer für die Leistung pauschal übernehmen. Diese Regelung gilt bei folgenden Sachzuwendungen:

- betrieblich veranlasste Zuwendung an Personen, zu denen kein Arbeitsverhältnis besteht, die zusätzlich zur ohnehin vereinbarten Leistung erbracht werden
- Geschenke
- betrieblich veranlasste Zuwendungen an Arbeitnehmer des Sponsors, soweit sie zusätzlich zum ohnehin geschuldeten Arbeitslohn erbracht werden

Die Pauschalierung kann unabhängig von der Rechtsform der Steuerpflichtigen angewendet werden. Die pauschal besteuerten Sachzuwendungen bleiben bei der Ermittlung der Einkünfte des Empfängers insoweit vollständig außer Ansatz.

Wiederholungshonorare

Wiederholungshonorare werden grundsätzlich der Einkunftsart zugerechnet, zu der das Ersthonorar gehört.

Abweichend hiervon wurde entschieden, dass Wiederholungshonorare und Erlösbeteiligungen an Künstler für die nochmalige Ausstrahlung von Fernseh- und Hörfunkproduktionen keinen Arbeitslohn i.S. des § 19 EStG darstellen. Die Erstvergütung bezieht sich regelmäßig auf die arbeitsvertraglich vereinbarte Tätigkeit, die zur unmittelbaren Produktion eines Werkes führt. Demgegenüber liegen dem Vergütungsanspruch bezüglich der Wiederholungshonorare in der Person des ausübenden Künstlers entstandene, originäre urheberrechtliche Schutzrechte zugrunde.

Es kommt auch nicht zu einer Umwidmung zu Arbeitslohn, wenn sich die Künstler arbeitsrechtlich verpflichten, ihre urheberrechtlichen Nutzungs- und Verwertungsrechte auf den Kläger zu übertragen.[244]

Die von einem Musiktheater an seine Orchestermitglieder gezahlte Vergütung für die Übertragung der Leistungsschutzrechte stellt keinen Arbeitslohn i.S.d. § 19 EStG dar.

---

[244]BFH v. 26.07.2006 – VI-R-49/02, BStBl. II 2006, S. 917.

Diese Zahlungen sind nach Ansicht des BFH nicht durch das Arbeitsverhältnis veranlasst. Die an den ausübenden Künstler gezahlten Vergütungen, für die kraft Gesetz (§§ 73 ff. UrhG) originär in seiner Person entstandenen Leistungsschutzrechte, seien in der Regel den Einkünften des Künstlers aus selbstständiger Arbeit i.S. des § 18 EStG zuzurechnen.[245]

Musikverlagsvertrag

Bei Musikverlagsverträgen, bei denen der Urheber einem Verlag das Verlagsrecht überträgt, wird häufig vereinbart, dass der Komponist oder Autor vom Verlag eine Zahlung auf Darlehensbasis erhält, die sodann mit künftigen GEMA-Ansprüchen verrechnet wird.

Bei der Beurteilung, wann die Gelder zu versteuern sind, kommt es auf die Abgrenzung zwischen einem Vorschuss und einem Darlehen an. So sind bei der bei Komponisten oder Autoren häufig anzutreffenden Gewinnermittlungsart nach § 4 Abs. 3 EStG sämtliche Betriebseinnahmen – einschließlich Vorschusszahlungen – grundsätzlich im Zeitpunkt des Zuflusses zu versteuern. Abzugrenzen hiervon ist ein Darlehen, bei dem der Eingang des Geldes aus einer Schuldaufnahme stammt und daher nicht als Betriebseinnahme anzusehen ist.

Zu beachten ist, dass für eine Qualifizierung als Darlehen ein Rückzahlungsanspruch vereinbart werden muss. Dies bedeutet, dass der Darlehensnehmer vertraglich zur Rückerstattung des Darlehens verpflichtet ist. So erfolgt die Rückerstattung durch die Verpflichtung, künftige Forderungen gegen die GEMA an den Verlag abzutreten. Mit der Vereinbarung muss die vollständige Tilgung des Darlehens im Regelfall sichergestellt werden. Für den Fall, dass der Komponist seine Mitgliedschaft bei der GEMA kündigt, sollte der Vertrag eine Kündigungsmöglichkeit und die sofortige Fälligkeit des Restdarlehensbetrages vorsehen.

Eine steuerliche Behandlung als Darlehen muss dabei auf beiden Seiten erfolgen. So ist die Zahlung beim Verlag entsprechend als sog. Finanzanlage zu bilanzieren.

Für die Annahme eines Darlehens können sprechen:

- es muss ein Rückzahlungsanspruch vereinbart werden (Abtretung GEMA-Forderung)
- vollständige Tilgung des Darlehens durch abgetretene GEMA-Forderungen muss gewährleistet sein (Höhe des Darlehens und GEMA-Forderungen müssen realistisch sein)
- die Vertragslaufzeit bzw. die Höhe des Darlehens kann an die zu erwartenden Ausschüttungen angepasst werden, sodass im Normalfall die vollständige Rückzahlung des Darlehens sichergestellt ist
- außerordentliche Kündigungsmöglichkeit und sofortige Pflicht zur Rückzahlung des noch ausstehenden Darlehenssaldos bei Kündigung der Mitgliedschaft in der GEMA durch den Komponisten
- zur Sicherung werden sämtliche Autorenerlöse abgetreten

---

[245]BFH v. 06.03.1995 – VI R 63/94, a. a. O.

- der Vorgang wird in der Buchhaltung als „Darlehen" ausgewiesen (der Verlag hat die Position als sog. Finanzanlagen zu bilanzieren)
- Darlehen darf nicht im Zusammenhang mit dem Musikverlagsvertrag stehen
- Darlehen darf nicht auf noch zu erbringende Leistungen gezahlt werden (Mindestablieferungspflicht)
- Kein Ausweis von Umsatzsteuer sowie Rechnungslegung für Erhalt des Darlehens
- Keine Bezeichnung des Darlehens mit „Vorschuss" oder „Vorauszahlung"

1.4.2   Nachträgliche Einnahmen

Nachträgliche Betriebseinnahmen sind Einnahmen, die nach Beendigung der Tätigkeit aus betrieblichen Gründen zufließen. Diese Betriebseinnahmen können sowohl dem früheren Betriebsinhaber als auch den Erben zufließen. Da nach der Betriebsaufgabe keine Buchführungspflicht besteht, gilt die Gewinnermittlung nach § 4 Abs. 3 EStG.

1.4.2.1   Veräußerung Kunstgegenstände

Die Erben eines verstorbenen Künstlers erzielen aus der Veräußerung des künstlerischen Nachlasses auch dann nachträgliche Einkünfte aus künstlerischer Tätigkeit, wenn zwischen Tod und Veräußerung keine weiteren Verwertungshandlungen vorgenommen wurden.[246]

Nach § 24 Nr. 2 EStG gehören zu den Einkünften i.S. des § 2 Abs. 1 EStG auch Einkünfte aus einer ehemaligen Tätigkeit, und zwar auch dann, wenn sie dem Steuerpflichtigen als Erben und somit als Rechtsnachfolger zufließen. Es handelt sich hierbei sodann um Einkünfte aus künstlerischer Tätigkeit, selbst wenn der Erbe selber kein Künstler ist.

Durch den Tod eines Freiberuflers kommt es nicht zu einer Betriebsaufgabe. Auch wenn ein Schriftsteller oder Künstler stirbt und die Berufstätigkeit des verstorbenen Freiberuflers aufgrund ihrer höchstpersönlichen Natur von den Erben nicht fortgeführt werden kann, liegt darin keine Betriebsaufgabe.[247] Die Veräußerung der vom Erblasser geschaffenen Werke stellt sich als Abschluss und Abwicklung der künstlerischen Betätigung dar und wird daher noch dieser zugerechnet.[248]

Kritisch ist hier die neuerliche BFH-Entscheidung zu betrachten, nach der die Verlustvorträge des Verstorbenen beim Gesamtrechtsnachfolger nicht mehr geltend gemacht werden können. Demnach müssten die nunmehr nachträglich erzielten Einnahmen durch die Erben in voller Höhe versteuert werden ohne Berücksichtigung der Verlustvorträge des Erblassers.

---

[246]FG Schleswig-Holstein v. 07.12.2005 – 2-K-220/01, EFG 2006, S. 348–351.

[247]BFH v. 29.04.1993 – IV R 16/92, BStBl. II 1993, S. 716.

[248]BFH v. 07.10.1965 – IV 346/61 U, BStBl. III 1965, S. 666.

1.4.2.2 Vergütungen von Verwertungsgesellschaften

Nachträglich eingehende Honorare und Gewinnanteile von Verwertungsgesellschaften (GEMA, VG Wort, GVL etc.) oder vom Erben vereinbarte Entgelte aus der Verwertung von Urheberrechten des Erblassers, gehören ebenfalls zu den freiberuflichen Einkünften der Erben.[249]

Die Erfüllung von Vermächtnis- und Pflichtteilsansprüchen aus solchen Einnahmen führt nicht zu steuerlich abzugsfähigen Aufwendungen.[250] Denn die Begleichung eines Pflichtteilanspruches stellt sich als Umschichtung im Privatvermögen dar, die beim Empfänger nicht steuerpflichtig, beim zahlenden Erben nicht abzugsfähig ist. Das gilt auch dann, wenn der Anspruch in wiederkehrenden Leistungen, Raten oder Renten beglichen wird.[251]

Insoweit empfiehlt es sich, eine testamentarische Anordnung oder Vereinbarungen über die Kürzung der Entgelte zugunsten des Erben um den (latenten) Steueranteil zu treffen.

1.4.2.3 Buy-out Vergütungen

Sog. Buy-out-Vergütungen, die ein Drehbuchautor auf Druck seines Auftraggebers anstelle von Sendervergütungen erhält, sind nach Ansicht des BFH Erfüllungsleistungen und insoweit keine Entschädigung.[252]

Der Begriff der Entschädigung ist dabei im Gesetz nicht definiert. Er setzt nach seinem Wortlaut voraus, dass der Steuerpflichtige einen Schaden durch den Wegfall von Einnahmen erlitten hat und die Zahlung unmittelbar dazu bestimmt ist, diesen Schaden auszugleichen.[253]

Zahlungen, die nicht an die Stelle weggefallener Einnahmen treten, sondern bürgerlich-rechtlich Erfüllungsleistungen eines Rechtsverhältnisses sind, gehören demnach nicht zu den Entschädigungen.

1.5   Besonderheiten Betriebsausgaben

Die Abziehbarkeit von Aufwendungen als Betriebsausgaben setzt voraus, dass sie durch den Betrieb veranlasst sind. Der Begriff der betrieblichen Veranlassung erfordert, dass ein wirtschaftlicher Zusammenhang zwischen den Aufwendungen und dem Betrieb besteht.[254]

---

[249]Vgl. Blümich/Fischer EStG § 24 Rn. 77; Schmidt/Wacker EStG § 24 Rn. 69.

[250]BFH v. 02.03.1995 – IV R 62/93, BStBl. II 1995, S. 413.

[251]BFH v. 26.11.1992 – X R 187/87, BStBl. II 1993, S. 298.

[252]BFH v. 01.07.2004 – IV R 23/02, BStBl. II 2004, S. 876.

[253]Vgl. u. a. BFH v. 10.07.1991 – C R 79/90, BFHE 165, S. 75.

[254]BFH v. 01.06.1978 – IV R 36/73, BStBl. II 1978, S. 499.

Durch den Betrieb veranlasst sind alle Aufwendungen, die ihre Ursache im Betrieb haben oder die sonst in einem engen wirtschaftlichen Zusammenhang mit dem Betrieb stehen.[255]

Eine betriebliche Veranlassung ist stets zu bejahen, wenn sie objektiv durch den Betrieb des Steuerpflichtigen, d. h. durch die besonderen betrieblichen Gegebenheiten des Steuerpflichtigen, verursacht sind.[256]

1.5.1 ABC der Betriebsausgaben/Werbungskosten

Arbeitszimmer

Aufgrund eines BFH-Urteils war der Gesetzgeber angehalten, die Rechtsprechung zum Arbeitszimmer mit dem Jahressteuergesetz 2010 zu ändern. So wurde mit der Gesetzesänderung wieder der begrenzte Abzug in Höhe von EUR 1.250,00 eingeführt. Der Abzug ist allerdings nur möglich, wenn dem Steuerpflichtigen im Rahmen seiner beruflichen und betrieblichen Tätigkeit kein anderer Arbeitsplatz zur Verfügung steht.

Grundsätzlich dürfen die Aufwendungen für ein häusliches Arbeitszimmer sowie die Kosten der Ausstattung nicht als Betriebsausgaben bzw. Werbungskosten abgezogen werden. Eine Ausnahme definiert das Gesetz dann, wenn

- Das häusliche Arbeitszimmer der Mittelpunkt der gesamten betrieblichen und beruflichen Betätigung bildet bzw.
- Dem Steuerpflichtigen für die betriebliche oder berufliche Tätigkeit kein anderer Arbeitsplatz zur Verfügung steht

Die Abzugsbeschränkung in Höhe von EUR 1.250,00 gilt nicht, wenn das Arbeitszimmer der Mittelpunkt der gesamten betrieblichen und beruflichen Tätigkeit bildet. In diesem Fall sind die Kosten in unbeschränkter Höhe abzugsfähig.

Nach der Gesetzesdefinition ist ein häusliches Arbeitszimmer ein Raum, der seiner Lage, Funktion und Ausstattung nach in die häusliche Sphäre des Steuerpflichtigen eingebunden ist, vorwiegend der Erledigung gedanklicher, schriftlicher, verwaltungstechnischer oder organisatorischer Arbeiten dient und ausschließlich oder nahezu ausschließlich zu betrieblichen und/oder beruflichen Zwecken genutzt wird. Eine im Arbeitszimmer befindliche Couch bzw. auch schon ein Bügelbrett lassen die Beurteilung als Arbeitszimmer daher häufig scheitern. Weiterhin darf es sich nicht um ein Durchgangszimmer handeln.

Bei der Art der im Arbeitszimmer ausgeübten Tätigkeit muss es sich nicht zwingend um Arbeiten büromäßiger Art handeln. So kann ein häusliches Arbeitszimmer auch bei künstlerischer Betätigung gegeben sein.

---

[255]BFH v. 06.05.1976 – IV R 73/79, BStBl. II 1976, S. 560.

[256]BFH v. 21.11.1978 – GrS 8/77, BStBl. II 1979, S. 213.

In die häusliche Sphäre eingebunden, ist ein Arbeitszimmer dann, wenn es zur privaten Wohnung des Steuerpflichtigen gehört. Ist das Arbeitszimmer als außerhäusliches Arbeitszimmer oder Betriebsraum zu qualifizieren, unterliegt dieses nicht der Abzugsbeschränkung in Höhe von EUR 1250,00. Ein gesondertes angemietetes Büro ist insoweit unbeschränkt abzugsfähig.

Das BMF[257] führt in seinem Schreiben aus, dass bei folgenden Fallkonstruktionen in jedem Fall ein Arbeitszimmer vorliegt:

- Häusliches Büro eines selbstständigen Übersetzers oder Journalisten
- Häusliches ausschließlich beruflich genutztes Musikzimmer einer freiberuflich tätigen Konzertpianistin, in dem dieser Musikunterricht erteilt

Räume, die ihrer Ausstattung und Funktion nach nicht einem Büro entsprechen, wie z. B. eine Werkstatt, ein Lagerraum oder die Praxisräume einer Sprachpädagogin, werden nicht als Arbeitszimmer bezeichnet. Soweit ein Tonstudio eine Schallschutzzelle beinhaltet und auch ansonsten wie ein professionelles Tonstudio ausgestattet ist, gilt die Abzugsbeschränkung nicht und die Kosten, die auf das Tonstudio entfallen, sind in voller Höhe als Betriebsausgaben oder Werbungskosten abzugsfähig.

Zu den Aufwendungen für ein häusliches Arbeitszimmer gehören die anteiligen Aufwendungen für Miete, Wasser- und Energiekosten, Reinigungskosten, Aufwendungen für die Ausstattung des Zimmers, wie z. B. Tapeten, Teppiche, Vorhänge, Lampen etc. Vermehrt verschickt das Finanzamt in letzter Zeit Fragebögen zur Überprüfung, ob die Voraussetzungen erfüllt sind und bittet um Zusendung des Mietvertrages und einer Skizze der Wohnung, mit Angabe zu den Einrichtungsgegenständen des Arbeitszimmers.

Ein häusliches Arbeitszimmer stellt den Mittelpunkt der gesamten betrieblichen und beruflichen Betätigung des Steuerpflichtigen dar, wenn nach Würdigung des Gesamtbildes der Verhältnisse und der Tätigkeitsmerkmale dort diejenigen Handlungen vorgenommen und Leistungen erbracht werden, die für die konkret ausgeübte betriebliche oder berufliche Tätigkeit wesentlich und prägend sind. Dem zeitlichen Umfang kommt dabei allerdings lediglich indizielle Bedeutung zu. Übt der Steuerpflichtige nur eine berufliche Tätigkeit aus, die in quantitativer Hinsicht gleichwertig im häuslichen Arbeitszimmer als auch im außerhäuslichen Arbeitsort erbracht wird, liegt der Mittelpunkt der beruflichen Betätigung dann im häuslichen Arbeitszimmer, wenn der Steuerpflichtige mehr als die Hälfte der Arbeitszeit im häuslichen Arbeitszimmer tätig wird. Soweit er mehrere Tätigkeiten ausübt (sowohl angestellt als auch selbstständig tätig) sind alle Tätigkeiten in ihrer Gesamtheit zu erfassen. Stellt das Arbeitszimmer den Mittelpunkt der Tätigkeit dar, kann der Steuerpflichtige die auf das Arbeitszimmer entfallenden Ausgaben unbegrenzt steuerlich geltend machen.

---

[257]BMF- Schreiben v. 02.03.2011 – IV C 6 – S 2145/07/10002.

Stellt das Arbeitszimmer nicht den Mittelpunkt der beruflichen Betätigung dar und steht dem Steuerpflichtigen allerdings kein anderer Arbeitsplatz an seiner Arbeitsstelle zur Verfügung, kann er maximal EUR 1250,00 als Betriebsausgaben/Werbungskosten berücksichtigen. Zu beachten ist, dass es sich hierbei nicht um einen Pauschbetrag, sondern einen Höchstbetrag handelt. Einen „anderen Arbeitsplatz" definiert das Gesetz als jeden Arbeitsplatz, der zur Erledigung büromäßiger Arbeiten geeignet ist. Weitere Anforderungen an die Beschaffenheit des Arbeitsplatzes werden nicht gestellt. Der Steuerpflichtige muss konkret darlegen, dass ein anderer Arbeitsplatz für die jeweilige betriebliche oder berufliche Tätigkeit nicht zur Verfügung steht. Eine Regelung, die in Zukunft sicherlich wieder verstärkt die Finanzgerichte beschäftigen wird.

Auswärtstätigkeit

Eine Auswärtstätigkeit liegt vor, wenn der Künstler im Rahmen seines Beschäftigungsverhältnisses vorübergehend außerhalb seiner Wohnung und nicht an seiner regelmäßigen Arbeitsstätte beruflich tätig ist. Liegt keine regelmäßige Betriebs- oder Arbeitsstätte vor, und ist der Künstler nur an ständig wechselnden Tätigkeitsstätten tätig, liegt ebenfalls eine Auswärtstätigkeit vor. Im Rahmen der Auswärtstätigkeit können Reise-, Fahrt und Übernachtungskosten sowie Verpflegungsmehraufwendungen geltend gemacht werden. Die Vorschriften gelten auch für selbstständige Künstler.

Bahncard

Die Kosten einer Bahncard sind Betriebsausgaben bzw. Werbungskosten, wenn der Steuerpflichtige regelmäßig Dienstreisen per Bahn durchführt. Voraussetzung ist, dass die Aufwendungen ohne Bahncard höher wären.[258]

Berufskleidung

Gemäß § 12 Nr. 1 Satz 2 EStG können Aufwendungen für Kleidung und Kosmetika als typische Kosten der privaten Lebensführung grundsätzlich weder als Betriebsausgaben noch als Werbungskosten abgezogen werden. Das gilt selbst dann, wenn die Kleidungsstücke und Kosmetika zum Teil oder nahezu ausschließlich bei der Berufsausübung gebraucht werden. Auch für als außergewöhnlich hoch empfundene Aufwendungen wurde ein Abzug nicht zugelassen.[259]

Nach diesen Maßgaben wurde entschieden, dass Aufwendungen einer selbstständig tätigen Sängerin für übliche Kleidung wie Abendgarderobe, Folklorekleidung sowie Kleidung im Freizeitlook selbst dann keine Betriebsausgaben darstellen, wenn die Kleidung eigens für Bühnen- oder Fernsehauftritte beschafft und nur anlässlich dieser

---

[258]OFD Hannover v. 13.10.2004 – B/2-4-114/04 – S 2334.
[259]BFH v. 07.07.1989 – IV R 91-92/87, BStBl. II 1990, S. 49; BFH v. 13.11.2013 – VI B 40/13.

Auftritte getragen wurde.[260] Dies gilt auch, wenn die Aufwendungen infolge der beruflichen Gepflogenheit besonders hoch sind.

▶ **Hintergrundinformation**
Eine Berücksichtigung kommt lediglich in den Fällen in Betracht, in denen sich die Kosten nach objektiven Maßstäben und in leicht nachprüfbarer Weise abgrenzen lassen.

Bislang wurde dies beispielsweise von Finanzgerichten bei Uniformen, Amtstrachten, Cut eines Empfangschefs, schwarzen Rock einer Serviererin, Sportkleidung mit Rangabzeichen, Arztkittel und dem schwarzen Anzug von Geistlichen anerkannt.

Auch die Reinigungskosten der Berufskleidung sind nicht unumstritten. Grundsätzlich teilen diese das Schicksal der Bekleidungskosten. Meist ist dies in der Praxis jedoch mit Nachweisproblemen verbunden. So zählen zu den Werbungskosten bzw. Betriebsausgaben sodann auch die anteiligen Kosten der privaten Waschmaschine.

Die Kosten können anhand der Erfahrungssätze der Verbraucherverbände für die Kosten eines Waschgangs ermittelt werden. Vom Finanzgericht Münster wurde ein pauschaler Betrag von jährlich EUR 100,00 geschätzt.[261] Zu beachten ist, dass die Finanzämter diese Aufwendungen unterschiedlich behandeln.

Bewirtungskosten
Eine Bewirtung liegt vor, wenn die Darreichung von Speisen und Getränken im Vordergrund steht. Zu den Bewirtungskosten können auch im Zusammenhang mit der Bewirtung anfallende Aufwendungen (z. B. Trinkgeld, Garderobengebühr) zählen.

Nach § 4 Abs. 5 Satz 1 Nr. 2 EStG können Aufwendungen für die Bewirtung von Personen aus geschäftlichem Anlass in Höhe von 70 % der angemessenen und nachgewiesenen Aufwendungen als Betriebsausgaben bzw. Werbungskosten geltend gemacht werden. Ein geschäftlicher Anlass besteht bei der Bewirtung von Personen, zu denen schon Geschäftsbeziehungen bestehen oder zu denen sie angebahnt werden sollen.

Eine Besonderheit ergibt sich bei Arbeitnehmern, die aus geschäftlichem Anlass bewirten. Bei Ihnen ist eine Kürzung um 30 % der Kosten nur dann zulässig, wenn der Arbeitnehmer selbst als bewirtete Person auftritt. Ist es aber der Arbeitgeber, der nach außen in Erscheinung tritt, kann der Angestellte seine Bewirtungskosten in voller Höhe als Werbungskosten berücksichtigen. Denn dann liegt keine Bewirtung aus geschäftlichem Anlass vor. Folgende Punkte könnten hierfür den Ausschlag geben:

• Arbeitgeber legt die Gästeliste fest
• In seinen Räumlichkeiten findet die Feier statt
• Organisation und Ablauf der Veranstaltung übernimmt der Arbeitgeber

---

[260]BFH v. 18.04.1981 – VI R 13/90, BStBl. II 1971, S. 751.
[261]FG Münster v. 19.02.2002 – 1 K 6432/00 E, EFG 2002, S. 670.

Zum Nachweis der Höhe und der beruflichen Veranlassung hat der Steuerpflichtige den Ort, Tag, Teilnehmer und Anlass der Bewirtung sowie die Höhe der Aufwendungen anzugeben.

Hierüber kann sich auch nicht ein Journalist unter Hinweis auf das Pressegeheimnis und sein Auskunftsverweigerungsrecht hinwegsetzen.[262]

Bürogemeinschaft

In der Praxis kommt es häufig vor, dass sich Medientreibende zusammentun und sich aus Gründen der Kostenersparnis ein Büro teilen. Um die notwendigen Ressourcen, wie z. B. Büroräume, Kopierer etc., gemeinsam nutzen zu können, stehen verschiedene gesellschaftsrechtliche Alternativen zur Verfügung.

Es muss vorerst aus steuerlichen Gründen zwischen einer Bürogemeinschaft und einer Mitunternehmerschaft unterschieden werden.

Charakteristisch für eine **Mitunternehmerschaft** ist dabei, dass die Beteiligten Mitunternehmerinitiative (Teilhabe an unternehmerischen Entscheidungen) entfalten und Mitunternehmerrisiko (Teilnahme am Erfolg oder Misserfolg der Mitunternehmerschaft) tragen.

Bei einer **Bürogemeinschaft** hingegen existiert kein Mitunternehmerrisiko oder die Möglichkeit der Mitunternehmerinitiative, da es sich hierbei lediglich um einen Zusammenschluss mehrerer Personen handelt, deren Wunsch es ist, gemeinschaftlich Räume anzumieten und darin eine individuelle Tätigkeit auszuüben. Es handelt sich insoweit um eine Gesellschaft des Bürgerlichen Rechts mit dem Zweck der gemeinsamen Nutzung einer Büroausstattung.

Die Begründung einer Bürogemeinschaft kann in verschiedenen Konstellationen erfolgen:

- Die beteiligten Unternehmer schließen den Gewerbemietvertrag gemeinsam ab;
- Der Unternehmer schließt den Gewerbemietvertrag alleine ab und vermietet Teile der Büroräume zur Untervermietung an einen oder mehrere andere Unternehmer. Im Falle der Untervermietung ist zu beachten, dass die Untervermietung nach dem Gewerbemietvertrag zulässig sein muss.

Die Mitglieder üben ihre eigentliche Tätigkeit jedoch jeweils selbstständig im eigenen Namen und auf eigene Rechnung aus.

Da die Kosten der Bürogemeinschaft im Regelfall vollständig durch die Mitglieder derselben getragen werden, existiert kein Gewinn bzw. Verlust, der auf die einzelnen Mitglieder verteilt werden muss. Ein gesondertes und einheitliches Feststellungsverfahren wäre unserer Meinung nach sogar unzulässig, da die Feststellung ohne steuerliche Bedeutung ist. Häufig wird durch die Mitglieder eine monatliche Pauschalzahlung vorgenommen und eine Nachzahlung bzw. Erstattung am Jahresende festgestellt.

In den Betriebsausgaben der einzelnen Mitglieder sind die Zahlungen an die Bürogemeinschaft als Betriebsausgaben zu behandeln.

---

[262]BFH v. 15.01.1998 – IV R 81/96, BStBl. II 1998, S. 263.

Die Bürogemeinschaft ist umsatzsteuerlicher Unternehmer i.S.d. § 2 UStG, da sie für ihre Leistung an die einzelnen Mitglieder ein Entgelt in Form einer Kostenumlage erzielt. Die Bürogemeinschaft kann insoweit über die von ihr erbrachten Leistungen mit gesondertem Umsatzsteuerausweis abrechnen. Es müsste insoweit eine Umsatzsteuererklärung für die Bürogemeinschaft erstellt werden.

Denkbar wäre jedoch auch, dass die Rechnungen auf ein Mitglied lauten und dieser die Leistungen an die anderen Mitglieder weiterberechnet. In diesem Falle würde eine separate Umsatzsteuererklärung der Bürogemeinschaft entfallen.

Doppelte Haushaltsführung

Eine doppelte Haushaltsführung liegt vor, wenn der Arbeitnehmer außerhalb des Ortes, in dem er einen eigenen Hausstand unterhält, beschäftigt ist und auch am Beschäftigungsort übernachtet.

Ein eigener Hausstand setzt eine eingerichtete, den Lebensbedürfnissen entsprechende Wohnung voraus. In dieser Wohnung muss der Steuerpflichtige einen Haushalt unterhalten, das heißt, er muss die Haushaltsführung bestimmen oder wesentlich mitbestimmen. Die Wohnung muss der Mittelpunkt der Lebensinteressen des Arbeitnehmers sein. Nicht hingegen ist es erforderlich, dass in der Wohnung am Ort des eigenen Hausstands hauswirtschaftliches Leben herrscht.

Die Wohnung muss grundsätzlich aus eigenem Recht (Eigentümer, Mieter) genutzt werden, wobei auch ein abgeleitetes Nutzungsrecht ausreichend sein kann.[263] Bei einem allein stehenden Steuerpflichtigen ist zu prüfen, ob er einen eigenen Hausstand unterhält oder in einen fremden Haushalt eingegliedert ist. Allein der Umstand, dass die Wohnung unentgeltlich überlassen wird, spricht nicht gegen das Vorliegen eines eigenen Hausstandes, ist jedoch ein Indiz.[264]

Ein eigener Hausstand kann auch vorliegen, wenn der Steuerpflichtige in den Haushalt der Eltern eingegliedert ist oder in der Wohnung der Eltern ein Zimmer bewohnt.[265]

Bei einer nicht ehelichen Lebensgemeinschaft kann die Gründung eines doppelten Haushalts beruflich veranlasst sein, wenn sie vor der Geburt des gemeinsamen Kindes an verschiedenen Orten berufstätig sind, dort wohnen und im zeitlichen Zusammenhang mit der Geburt des Kindes eine der beiden Wohnungen zur Familienwohnung machen.[266]

Folgende Kosten werden anerkannt:

Fahrtkosten für die erste Fahrt zum Beschäftigungsort und für die letzte Rückfahrt. Es kann der pauschale Kilometersatz von EUR 0,30 geltend gemacht werden. Für tatsächlich durchgeführte Familienheimfahrten können maximal wöchentlich pauschal EUR 0,30 pro

---

[263]BFH v. 05.10.1994 – VI R 62/90, BStBl. II 1995, S. 180.

[264]BFH v. 14.06.2007 – VI R 60/05, BStBl. II, S. 890.

[265]BFH v. 16.01.2013 – VI R 46/2, BStBl. II 2013, S. 627.

[266]BFH v. 15.03.2007 – VI R 31/05, BStBl. II 2007, S. 533.

Entfernungskilometer geltend gemacht werden. Anstelle von Familienheimfahrten werden die Kosten eines 15-minütigen Telefonats pro Woche zum günstigsten Tarif anerkannt.

Mehraufwendungen für die Verpflegung EUR 24,00/Tag – maximal für die ersten drei Monate

Kosten der Unterkunft nachgewiesene Kosten, die am Aufenthaltsort gezahlt werden, jedoch höchsten EUR 1.000 monatlich. Zu den abziehbaren Kosten gehören auch die durch das Beziehen oder die Aufgabe der Zweitwohnung entstandenen Umzugskosten.

Eintrittsgelder für kulturelle Veranstaltungen
Aufwendungen zum Besuch kultureller Veranstaltungen gehören grundsätzlich zu den nicht abzugsfähigen Kosten der privaten Lebensführung. Diese sind auch dann nicht abzugsfähig, wenn sie zur Förderung des Berufs oder der Tätigkeit des Steuerpflichtigen erfolgen.

Dieses Aufteilungsverbot dient nach Ansicht des BFH der steuerlichen Gerechtigkeit.[267] Es solle verhütet werden, dass Steuerpflichtige durch eine mehr oder weniger zufällige oder bewusst herbeigeführte Verbindung von beruflichen und privaten Erwägungen Aufwendungen für ihre Lebensführung nur deshalb zum Teil in einen einkommensteuerlich relevanten Bereich verlagern könnten, weil sie einen entsprechenden Beruf hätten, während andere Steuerpflichtige gleichartige Aufwendungen aus versteuerten Einkünften decken müssten.[268]

Diese Überlegungen sind auch auf Aufwendungen für den Besuch kultureller Veranstaltungen (z. B. von Konzerten und Theateraufführungen) anzuwenden. Solche Aufwendungen werden von zahlreichen kulturell interessierten Personen gemacht, die sie auch aus versteuerten Einkünften decken müssen.

Etwas anderes gilt nur dann, wenn solche Aufwendungen ihrer Art nach so eng mit der beruflichen Sphäre verknüpft sind, dass die Annahme von Kosten der Lebensführung von vornherein ausscheidet.

Fachliteratur
Bücher und Zeitschriften sind Arbeitsmittel, wenn sichergestellt ist, dass die erworbenen Bücher und Zeitschriften ausschließlich oder ganz überwiegend beruflichen Zwecken dienen.[269] Die Aufwendungen eines Publizisten für Bücher allgemein bildenden Inhalts sind jedoch beispielsweise nicht abziehbar.

---

[267]BFH v. 19.10.1970 – GrS. 2/70, BStBl. II 1971, S. 17.

[268]BFH v. 11.12.1963 – VI 340/62, BStBl. III 1964, S. 96; BFH v. 13.09.1962 – IV 11/61, BStBl. III 1962, S. 539.

[269]BFH v. 29.04.1977 – VI R 208/75, BStBl. 1977, II S. 716.

Nachschlagewerke oder Bücher schöngeistigen Inhalts werden der privaten Lebensführung zugeordnet, wenn nicht klar nachprüfbar oder nicht klar erkennbar ist, ob sie weitaus überwiegend dem Beruf dienen. Der Nachweis der Berufsbezogenheit ist beispielsweise nicht erbracht, wenn ein derartiges Buch nicht mit einer eigenständigen Veröffentlichung des Publizisten einhergeht.[270]

Geschenke

Es können nur Geschenke an Dritte, für die es eine betriebliche Veranlassung gibt, als Betriebsausgaben angesetzt werden. Dabei ist es nicht erforderlich, dass ein Geschenk als Werbeträger gekennzeichnet ist, womit auch Geldgeschenke oder Geschenkgutscheine verschenkt werden können.

Aufwendungen für betrieblich veranlasste Geschenke an Geschäftsfreunde, Kunden etc. können nur bis zur Höhe von zusammengerechnet EUR 35,00 pro Empfänger und Kalenderjahr steuerlich als Betriebsausgaben geltend gemacht werden, soweit es sich um eine unentgeltliche Vermögenszuwendung handelt.

Unentgeltlich ist eine Zuwendung, der keine bestimmte Gegenleistung des Empfängers gegenübersteht und die nach dem Willen des Gebers auch nicht als Gegenleistung für eine bestimmte Leistung des Empfängers erbracht wird.[271]

Die Aufwendungen für Geschenke werden dann als Betriebsausgaben anerkannt, wenn sie einzeln und getrennt von den sonstigen Betriebsausgaben zeitnah aufgezeichnet werden. Gleichzeitig muss der Name des Empfängers zumindest aus einer Anlage zu entnehmen sein. Letzteres ist entbehrlich, wenn im Hinblick auf die Art des Geschenks, wie z. B. bei Taschenkalendern, Kugelschreibern und wegen des geringen Wertes des einzelnen Geschenks, die Vermutung besteht, dass die Freigrenze bei dem einzelnen Empfänger im Wirtschaftsjahr nicht überschritten wird.

Soweit das Geschenk die Grenze von EUR 35,00 übersteigt, ist der Ansatz einer Pauschalsteuer gem. § 37b EStG möglich.

Musikinstrumente

Die Anschaffungskosten für Musikinstrumente sind Arbeitsmittel und die Abschreibung und Finanzierungskosten insoweit Betriebsausgaben, wenn sie durch den Beruf veranlasst sind. Dabei ist es unerheblich, ob es sich um ein sehr teures Arbeitsmittel handelt und ob andere Steuerpflichtige in vergleichbarer Lage bereit wären, ebenfalls ein solches Arbeitsmittel anzuschaffen.[272]

---

[270]BFH v. 21.05.1992 – IV R 70/91, BStBl. II 1992, S. 1015.

[271]BFH v. 18.02.1982 – IV R 46/78, BStBl. II 1982, S. 394.

[272]FG Niedersachsen v. 11.06.1982 – IV 292/81 in Abgrenzung zu BFH v. 10.03.1978 – VI R 111/76, BStBl. II 1978, S. 459.

Musik-CD

Nach Ansicht des FG München handelt es sich dem objektiven Charakter bei Tonträgern nach um typischerweise privat genutzte Gegenstände.[273] Dieser im Falle eines Schulfachbereichleiters entschiedene Fall ist jedoch nicht allgemein anzuwenden. So stellen die Aufwendungen beispielsweise bei DJs und Musikern Arbeitsmittel dar. Im Einzelfall steht einer Berücksichtigung als Betriebsausgaben bei selbstständigen Mitarbeitern in der Musikszene nichts entgegen. Auch sei angemerkt, dass unserer Meinung nach auch Aufwendungen für DVDs bei Regisseuren und Drehbuchautoren als Betriebsausgaben anzuerkennen sind.

Praxiswert

Der Geschäftswert einer freiberuflichen Tätigkeit kann über eine Nutzungsdauer von drei bis fünf Jahre abgeschrieben werden.

Wird der Anteil von Mitgesellschaftern erworben, verlängert sich die Abschreibungsdauer auf sechs bis zehn Jahre.

Reisekosten

Zu den Reisekosten zählen Fahrtkosten, Verpflegungsmehraufwendungen, Übernachtungskosten und Reisenebenkosten (z. B. Parkgebühren), wenn diese durch eine so gut wie ausschließlich beruflich veranlasste Auswärtstätigkeit entstehen.

Für den Abzug von Kosten einer Reise als Betriebsausgabe ist maßgebend, ob die Aufwendungen objektiv durch die besonderen betrieblichen Gegebenheiten veranlasst sind und die Befriedigung privater Interessen, wie z. B. Erholung, Bildung und Erweiterung des allgemeinen Gesichtskreises, nach dem Anlass der Reise, dem vorhergesehenen Programm und der tatsächlichen Durchführung nahezu ausgeschlossen ist.[274]

Die Entscheidung, ob betriebsbedingte Aufwendungen vorliegen und die Befriedigung privater Interessen nahezu ausgeschlossen ist, kann bei Reisen zu Informationszwecken oder zur Akquise von Neukunden nur aufgrund einer Würdigung aller Umstände des einzelnen Falles getroffen werden.

Es ist deshalb in jedem Einzelfall zu prüfen, ob und in welchem Umfang private Gründe die Reise mit veranlasst haben. Dabei ist die Reise insgesamt als Einheit zu beurteilen, weil die einzelnen Teile einer solchen Reise von der Organisation und der Durchführung her nur im Zusammenhang gesehen werden können.[275]

Der Große Senat des BFH hat seine Rechtsprechung im Hinblick auf die Reisekosten geändert. So können Aufwendungen für die Hin- und Rückreise bei gemischt beruflich und privat veranlassten Reisen grundsätzlich in abziehbare Werbungskosten oder

---

[273]FG München v. 11.05.1999 – 16-K-1376/96.

[274]BFH v. 22.05.1974 I R 212/72, a. a. O.

[275]BFH v. 15.07.1976 – IV R 90/73, a. a. O.; BFH v. 28.10.1976 – IV R 35/76, BStBl. II 1977, S. 238.

Betriebsausgaben und nicht abziehbare Aufwendungen nach Maßgabe der beruflich und privat veranlassten Zeitanteile der Reise aufgeteilt werden.[276] Dassele gilt grundsätzlich auch für Unterbringungskosten. Voraussetzung hierfür ist, dass die beruflich veranlassten Zeitanteile feststehen (Nachweise durch Termine, Tagesablaufplan usw.) und nicht von untergeordneter Bedeutung sind. Das unterschiedliche Gewicht der verschiedenen Veranlassungsbeiträge kann es jedoch im Einzelfall erfordern, einen anderen Aufteilungsmaßstab heranzuziehen oder ganz von einer Aufteilung abzusehen.

Die berufliche Veranlassung der Auswärtstätigkeit sind anhand geeigneter Unterlagen, z. B. Fahrtenbuch, Tankquittungen, Hotelrechnungen sowie Schriftverkehr, nachzuweisen oder glaubhaft zu machen.

Beispiel

- Reisekosten einer Malerin sind Betriebsausgaben, wenn nach den Umständen einer privaten Veranlassung der Reise in eine beliebte Urlaubsgegend ausgeschlossen scheint.[277]
- Sylt-Aufenthalt eines Schriftstellers[278]

Für gastspielverpflichtete Künstler ist die Behandlung von Aufwendungen in einem bundeseinheitlichen Schreiben zusammengefasst:[279]

Gastspiel eines Ensembles
Der Künstler ist an einer Bühne spielzeitverpflichtet, also fest angestellt. Das gesamte Ensemble der Bühne begibt sich auf eine Gastspielreise. Die Reisekosten können nach Maßgabe der im Rahmen einer Auswärtstätigkeit geltenden steuerlichen Bestimmungen als Betriebsausgaben angesetzt bzw. vom Arbeitgeber steuerfrei ersetzt werden.

Gastspiele eines Tourneetheaters
Der Künstler ist bei einem Tourneetheater fest angestellt. Dieses Theater hat keine eigene Stammbühne. Die Aufwendungen des Künstlers für die Einsätze an den einzelnen Spielorten sind nach den Regelungen für die sogenannte Auswärtstätigkeiten abzugsfähig.

Gastspielverpflichtung eines Künstlers mit festem Engagement an einem Theater
Der Künstler ist an der Bühne fest angestellt. Von dieser Bühne erhält er Gastierurlaub und geht eine Gastspielverpflichtung an einem anderen Theater ein, wo er nichtselbstständig tätig ist. Tägliche Fahrten zum Gastspielort und zurück sind Fahrten zwischen Wohnung und Arbeitsstätte/erster Tätigkeitsstätte. Mehraufwendungen für Verpflegung

---

[276]BFH v. 21.09.2009 – GrS 1/06, a. a. O.

[277]BFH v. 16.10.1986 – IV R 138/83, BStBl. II 1987, S. 208.

[278]FG Niedersachsen v 12.12.2002 – 11 K 335/02, EFG 2003, S. 597.

[279]HMdF- Erlass v. 27.08.1990 – S 2332 A – 82 – II B 2a; OFD Frankfurt am Main v. 05.06.2015 – S – 2332 A – 59 – St 211.

können nicht geltend gemacht werden. Übernachtet der Künstler am Gastspielort, kommen die Grundsätze der doppelten Haushaltsführung zur Anwendung.

Ausschließlich im Rahmen von Gastspielverträgen tätige Künstler
Der Künstler ist an keiner Bühne fest angestellt. Stattdessen schließt er nur Gastspielverträge mit verschiedenen Bühnen ab. Die Tätigkeit des Künstlers gleicht nur im äußeren Erscheinungsbild einer Auswärtstätigkeit. Bei den mit den verschiedenen Bühnen abgeschlossenen Gastspielverträgen handelt es sich um jeweils voneinander getrennte Dienstverhältnisse, die nebeneinander bestehen. Innerhalb des einzelnen Dienstverhältnisses wechselt die Tätigkeitsstätte nicht. Es liegt deshalb keine Auswärtstätigkeit vor. Stattdessen handelt es sich um Fahrten zu den jeweiligen Gastspielorten um Fahrten zwischen Wohnung und Arbeitsstätte/erster Tätigkeitsstätte. Übernachtet der Künstler am Gastspielort, kommen die Grundsätze der doppelten Haushaltsführung zur Anwendung.

Sprachkurse
Aufwendungen für einen Sprachkurs sind als Werbungskosten bzw. Betriebsausgaben abziehbar, wenn ein konkreter Zusammenhang mit der Berufstätigkeit besteht. Ob dies zutrifft, ist dabei durch die Würdigung aller Umstände des Einzelfalls zu beurteilen.[280]

Im Rahmen der Gesamtwürdigung ist ebenfalls zu entscheiden, ob bei einem Sprachkurs, der nicht am Wohnort des Steuerpflichtigen stattfindet, neben den Kursgebühren auch die Aufwendungen für die Reise abziehbar sind.

Ein vollständiger Abzug setzt voraus, dass die Reise ausschließlich oder nahezu ausschließlich der beruflichen Sphäre zuzuordnen ist. Dies ist der Fall, wenn der Reise ein unmittelbarer beruflicher Anlass zugrunde liegt und die Verfolgung privater Reiseinteressen nicht den Schwerpunkt der Reise bildet.[281] Gleiches gilt, wenn die berufliche Veranlassung bei weitem überwiegt und die Befriedigung privater Interessen wie z. B. Erholung, Bildung und Erweiterung des allgemeinen Gesichtskreises nicht ins Gewicht fällt und nur von untergeordneter Bedeutung ist.[282]

Stereoanlage
In einer Entscheidung des FG Rheinland-Pfalz wurde der Betriebsausgabenabzug ausgeschlossen, da es sich nach Ansicht der Richter um kein typisches Arbeitsmittel, sondern um einen Gegenstand handelt, der nach der Lebenserfahrung von der überwiegenden Zahl der Käufer ausschließlich zu Zwecken der privaten Lebensführung und nicht aus beruflichen Motiven angeschafft wird.[283]

---

[280]BFH v. 10.04.2002 – VI R 46/01, BStBl. II 2002, S. 579.

[281]BFH v. 19.12.2005 – VI R 63/01, BFH/NV 2006, S. 728.

[282]BFH BFH/NV 2006, 730; BFH v. 19.12.2005 – VI R 89/02, BFH/NV 2006, S. 934.

[283]FG Rheinland-Pfalz v. 29.05.1996 – 1-K-2538/95.

Telefonkosten/Internetkosten

Als Werbungskosten bzw. Betriebsausgaben kann der berufliche Anteil der Anschluss-
kosten sowie der monatlichen Grundgebühr geltend gemacht werden. Er wird aus dem
Anteil der beruflichen und privaten Telefonate ermittelt. Zu berücksichtigen sind auch
ankommende Gespräche. Der berufliche Anteil der geführten Gespräche ist anhand von
geeigneten Aufzeichnungen zu führen. Dabei reicht es, wenn diese Aufzeichnungen für
einen repräsentativen Zeitraum von drei Monaten gemacht werden.

Aus Vereinfachungsgründen können ohne Einzelnachweis bis zu 20 % des Rechnungs-
betrags, jedoch höchstens EUR 20,00 monatlich als Werbungskosten anerkannt werden.[284]

Umzugskosten

Kosten, die einem Arbeitnehmer durch einen beruflich veranlassten Wohnungswechsel
entstehen, sind Werbungskosten. Dies ist der Fall, wenn die berufliche Tätigkeit eines
Steuerpflichtigen als Arbeitnehmer den entscheidenden Grund für den Umzug darstellt, und insoweit Umstände der allgemeinen Lebensführung also nur eine ganz untergeordnete Rolle spielen.

Folgende Situationen gelten als berufliche Anlässe für einen Umzug:

- Umzug wegen erstmaligen Antritt einer neuen Arbeitsstelle, wegen eines Arbeits-
  platzwechsels oder wegen einer Versetzung
- Umzug im Zusammenhang mit der beruflich veranlassten doppelten Haushaltsführung
- Durch den Umzug verringert sich die tägliche Fahrzeit um min. 1 Stunde
- Der Umzug erfolgt im überwiegenden Interesse des Arbeitgebers

Diese für Arbeitnehmer entwickelten Grundsätze gelten für die Betriebsausgaben eines
freiberuflich tätigen Steuerpflichtigen entsprechend.[285]

Wird der Umzug schon vor Dienstantritt bzw. Aufnahme einer freiberuflichen Tätigkeit vollzogen, können die Kosten vorab entstandene Betriebsausgaben sein. Voraussetzung ist, dass ein hinreichend klarer wirtschaftlicher Zusammenhang zwischen
Aufwendungen und der jeweiligen Einkunftsart besteht.[286]

Soweit die Voraussetzungen vorliegen, können die tatsächlichen Umzugskosten
grundsätzlich bis zur Höhe der Beträge abgezogen werden, die nach dem Bundes-
umzugskostengesetz (BUKG) und der Auslandsumzugskostenverordnung (AUV) in der
jeweils geltenden Fassung mit Ausnahme der §§ 11,12 AUV sowie Maklergebühren für
eine eigene Wohnung als Umzugskostenvergütung höchstens gezahlt werden könnten.

Werden diese Grenzen eingehalten, ist nicht zu prüfen, ob die Umzugskosten
Werbungskosten/Betriebsausgaben darstellen. Werden höhere Umzugskosten geltend

---

[284]R 33 Abs. 5 Satz 4 LStR.
[285]BFH v. 28.04.1988 – IV R 42/86, BStBl. II 1998, S. 777.
[286]BFH v. 08.02.1983 – VIII R 130/79, BStBl. II 1983, S. 554.

gemacht, so ist insgesamt zu prüfen, ob und inwieweit die Aufwendungen Werbungs-kosten/Betriebsausgaben oder nicht abziehbare Kosten der Lebensführung darstellen.

Zu den abzugsfähigen Kosten gehören insbesondere:

- Aufwendungen zur Beförderung des Umzugsgutes
- Reisekosten für eine Reise zur Umzugsvorbereitung
- Mietentschädigung für max. 6 Monate, wenn für die bisherige und die neue Wohnung gleichzeitig Miete gezahlt werden muss
- Auslagen, um die Wohnung zu erhalten, z. B. Maklerkosten, Besichtigungskosten
- Auslagen für umzugsbedingten zusätzlichen Unterricht für die Kinder bis max. EUR 1.984,00 (ab 01.04.2019 i.H.v. EUR 2.045,00)[287]
- Sonstige Umzugsauslagen, z.B Ummeldegebühren, Telefonanschlusskosten, Installation von Küchengeräten etc.
- Für sonstige Umzugskostenausgaben ist ohne Kostennachweis ein Pauschbetrag abzugsfähig. Dieser beträgt für Ledige EUR 787,00 (ab 01.04.2019: EUR 811,00), für Verheiratete EUR 1.573,00 (ab 01.04.2019: EUR 1.622,00), und für jede weitere im Haushalt lebende Person (z. B. Kinder) jeweils weitere EUR 347,00 (ab 01.04.2019: EUR 357,00).

VIP-Loge

In Vorbereitung auf die Fußballweltmeisterschaft 2006 wurde durch das BMF am 22.08.2005[288] der sog. „VIP-Logen-Erlass" bekannt gegeben. Hierin wurde geregelt, wie Einladungen in Fußballstadien und zu ähnlichen Veranstaltungen (bestätigt durch das ergänzende Schreiben vom 11.07.2006) aufseiten des Einladenden sowie Eingeladenen zu behandeln sind.

Für den Sponsor ist der Gesamtaufwand in

- 40 % Werbeaufwand
- 30 % Bewirtungsaufwand und
- 30 % Geschenkaufwand

aufzuteilen. Der Werbeaufwand ist steuerlich voll und der Bewirtungsaufwand zu 70 % abzugsfähig. Für den Geschenkanteil wird pauschal unterstellt, dass er zur Hälfte als Lohn auf Arbeitnehmer (15 %, steuerlich abzugsfähig) und Geschäftsfreunde (15 %, in der Regel mehr als EUR 35,00 und daher nicht abzugsfähig) entfällt.

Mit Einführung des § 37b EStG im Jahressteuergesetz 2007 hat der VIP-Logen-Erlass nur noch insoweit Gültigkeit, als er aufseiten des Sponsors die Aufteilungsgrund-sätze und steuerliche Abzugsfähigkeit der Gesamtaufwendungen für eine Einladung in

---

[287]BFM Schreiben v. 18.10.2016 – IV C 5 – S2353/16/10005.

[288]BMF Schreiben v. 22.08.2005 – IV B 2 – S2144 – 41/05, BStBl. I 2005, S. 845.

eine VIP-Loge betrifft. Die Besteuerungsfolgen wurden neu mit § 37b EStG geregelt, wodurch der VIP-Logen-Erlass hier seine Gültigkeit verliert.

Der Pauschalsteuersatz beträgt einheitlich für eigene Arbeitnehmer und Geschäftsfreunde sowie deren Arbeitnehmer 30 % und ist vom Sponsor im Rahmen der Lohnsteueranmeldung zu erfassen und abzuführen. Zu beachten ist hierbei, dass die übernommene Pauschalsteuer nur dann steuerlich abzugsfähig ist, wenn die Sachzuwendung dem eigenen Arbeitnehmer gewährt wird oder aber an einen Geschäftsfreund und EUR 35,00 nicht übersteigt.

Die Einführung der Pauschalbesteuerung führt im Vergleich zum VIP-Logen-Erlass zu einer steuerlichen Schlechterstellung, soweit Geschäftsfreunde eingeladen werden. Soweit eigene Arbeitnehmer eingeladen werden führt dies zu einer identischen Steuerbelastung.

Der Sponsor kann sein Wahlrecht zur Pauschalierung für alle Zuwendungen innerhalb eines Wirtschaftsjahrs nur einheitlich ausüben. Das Wahlrecht wird durch Anmeldung und Abführung der pauschalen Einkommensteuer ausgeübt. Hat der Sponsor die Sachzuwendung pauschal besteuert, bleiben geldwerte Vorteile bei der Einkunftsermittlung des Empfängers außer Ansatz. Der Sponsor hat den Empfänger über die vorgenommene Pauschalversteuerung in Kenntnis zu setzen.

Zeitschriften, Tageszeitungen
Aufwendungen für den Bezug regionaler sowie überregionaler Zeitungen gehören zu den Lebenshaltungskosten und können nicht als Werbungskosten bzw. Betriebsausgaben abgezogen werden.

Gleiches gilt für den Bezug des „Spiegels" sowie der „Zeit", infolge ihres breit gefächerten allgemein interessierenden Themenspektrums.[289]

Eine Ausnahme kommt nur in Betracht, wenn eine nahezu ausschließlich betriebliche Verwendung der Zeitung nach den besonderen Umständen des Einzelfalls als sicher erscheint. So wird das „Handelsblatt" als Fachliteratur angesehen, mit der Folge, dass die Abonnementkosten steuerlich berücksichtigt werden können.[290] Weiter ist beispielsweise auch der Bezug des Magazins „11 Freunde" für Sportjournalisten als Fachliteratur zu berücksichtigen.

Bei Bezug von zwei Tageszeitungen kann nicht davon ausgegangen werden, dass zumindest eine von diesen Zeitungen ganz überwiegend aus betrieblicher Veranlassung bezogen wurde. Etwas anderes kann nach Ansicht des BFH nur dann gelten, wenn ein Steuerpflichtiger dieselbe Zeitung zweifach – nämlich in seiner Wohnung und zum anderen für seinen Betrieb bezieht.[291]

---

[289]BFH v. 07.09.1989 – IV R 128/88, BStBl. II 1990, S. 19.
[290]BFH v. 12.11.1982 – IV R 193/79, NJW 1984, S. 87.
[291]BFH v. 30.06.1983 – IV R 2/81, BStBl. II1983, S. 715.

1.5.2   Gemischte Nutzung

Nach der bisherigen Rechtsprechung des BFH konnten Aufwendungen, die nur zum Teil beruflich oder betrieblich genutzt werden, grundsätzlich insgesamt nicht als Werbungskosten oder Betriebsausgaben abgezogen werden. Hierdurch sollte verhindert werden, dass Steuerpflichtige durch eine mehr oder weniger zufällige oder bewusst herbeigeführte Verbindung zwischen beruflichen und privaten Interessen Aufwendungen für ihre Lebensführung nur deshalb zum Teil in einen einkommensteuerlich relevanten Bereich verlagern können, weil sie einen entsprechenden Beruf haben, während andere Steuerpflichtige gleichartige Aufwendungen aus versteuertem Einkommen decken müssen.[292]

Im steuerrechtlichen Schrifttum stieß die Rechtsprechung des BFH zum Aufteilungs- und Abzugsverbot auf breite Ablehnung.[293] So wurde geltend gemacht, dass sich weder aus dem Wortlaut noch aus der Entstehungsgeschichte des § 12 Nr. 1 Satz 2 EStG ein allgemeines Aufteilungs- und Abzugsverbot ableiten ließe. Das Aufteilungsverbot widerspräche den Grundsätzen der Besteuerung nach der finanziellen Leistungsfähigkeit, steuerlicher Gerechtigkeit und steuerlicher Gleichbehandlung.

An diesem strikten Aufteilungs- und Abzugsverfahren wird nunmehr nicht mehr festgehalten. Voraussetzung ist jedoch, dass ein objektiver Maßstab zur Aufteilung zur Verfügung steht.[294]

So sind beispielsweise die betrieblich und privat veranlassten Zeitanteile einer Reise ein objektives Aufteilungskriterium. Denn es ist objektiv feststellbar, wie lange eine Reise insgesamt dauert, welche Tätigkeiten der Steuerpflichtige während der Reise unternahm und welche Zeitanteile auf die jeweiligen Tätigkeiten entfielen.

▶   **Hintergrundinformation**

Der Steuerpflichtige, der den Abzug der Reiseaufwendungen als Werbungskosten oder Betriebsausgaben begehrt, muss substanziiert darlegen, an welchen Tagen und in welchem zeitlichen Umfang er während der Reise beruflich tätig geworden ist.

Ebenso ist ein substanziierter Vortrag zum Inhalt der während der Reise tatsächlich ausgeübten beruflichen Tätigkeit erforderlich. Diese Punkte sind vom Steuerpflichtigen im erforderlichen Umfang nachzuweisen. Es reicht daher die allgemeine Feststellung, dass die Reise auch beruflich veranlasst gewesen sei, nicht aus. Es empfiehlt sich, eine Tagesübersicht zu erstellen und diese mithilfe von Terminvereinbarungen etc. zu untermauern.

---

[292]BFH v. 19.10.1970 – GrS 2/70, a. a. O.

[293]z.B. Schmidt/Drenseck, EStG, 25. Aufl, § 12 Rz. 14; Nolde in Herrmann/Heuer/Raupack, § 12 EStG Anm. 66; Arndt, in: Kirchhof/Söhn/Mellinghoff – K/S/M -, EStG, § 12 Rn. A 95 ff.

[294]BFH v. 21.09.2009 – GrS 1/06, a. a. O.

Eine Aufteilung der Aufwendungen für die Hin- und Rückreise kommt bei gemischt veranlassten Reisen nur dann in Betracht, wenn die beruflich veranlassten Zeitanteile gegenüber den privat veranlassten Zeitanteilen ins Gewicht fallen.

Im Schrifttum wird vielfach die Auffassung vertreten, dass eine untergeordnete Bedeutung nicht mehr vorliegt, wenn der Zusammenhang mit der Einkünfteerzielung mindestens 10 % beträgt.[295] Der BFH hat einen privaten Nutzungsanteil von 15–20 % als nicht mehr von untergeordneter Bedeutung beurteilt.[296] Es ist zu beachten, dass es sich hierbei jedoch nicht um eine starre Grenze handelt, sondern maßgeblich die Umstände des Einzelfalls sind.

Bei der Würdigung, ob die betrieblich bzw. privat veranlassten Zeitanteile ins Gewicht fallen, sind insbesondere Anlass und Charakter der Reise, das vorgesehene Programm sowie dessen tatsächliche Durchführung zu berücksichtigen.

1.5.3   Betriebsausgabenpauschale

Grundsätzlich müssen sämtliche Betriebsausgaben nachgewiesen werden. Bei den Einkünften aus schriftstellerischer und journalistischer Tätigkeit beanstandet es die Finanzverwaltung jedoch nicht, wenn bei der Ermittlung dieser Einkünfte statt eines Einzelnachweises die Betriebsausgaben wie in Tab. 1.3 pauschalisiert werden.

Kann der Steuerpflichtige höhere Betriebsausgaben nachweisen, können diese geltend gemacht werden. Wechselt der Steuerpflichtige zum Einzelnachweis, ist eine erneute Inanspruchnahme der künftigen Betriebsausgabenpauschalen erst nach vier Jahre möglich.

Tab. 1.3 Betriebsausgabenpauschale

Berufsgruppe	Betriebsausgaben in % des Umsatzes
Schriftstellerische, künstlerische und wissenschaftliche Tätigkeit/Lehr-, Vortrags-, und Prüfungstätigkeit:[a] nebenberuflich	25 %, höchstens EUR 614,00 jährlich; Höchstbetrag für alle Tätigkeiten nur einmal
Schriftstellerische und journalistische Tätigkeit:[a] hauptberuflich	30 %, höchstens EUR 2.455,00 jährlich
Übungsleiter, Ausbilder, Erzieher: nebenberuflich	Keine Betriebsausgaben-Pauschale, jedoch Aufwandsentschädigung bis EUR 2.400,00 steuerfrei (§ 3 Nr. 26 EStG)

[a]H 18.2 EStH

---

[295]Vgl. Schmidt/Drenseck EStG§ 12 Rn. 12; Dürr in Frotscher, EStG, § 12 Rn. 34.
[296]BFH v. 21.11.1986 – VI R 137/83, BStBl. II 197, S. 262; BFH v. 26.07.1989 – X R 7/87, BFH/NV 1990, S. 441.

1.6   Steuervergünstigungen

1.6.1   Steuerfreiheit für bestimmte öffentliche Mittel

Bezüge aus öffentlichen Mitteln oder aus Mitteln einer öffentlichen Stiftung, die als Beihilfe zu dem Zweck bewilligt werden, die Erzielung oder Ausbildung, die Wissenschaft oder Kunst unmittelbar zu fördern, sind steuerfrei.

Voraussetzung der Steuerfreiheit ist, dass der Empfänger mit den Bezügen nicht zu einer bestimmten wissenschaftlichen oder künstlerischen Gegenleistung oder zu einer Arbeitnehmertätigkeit verpflichtet wird.

1.6.2   Nebenberufliche künstlerische Tätigkeit

Nach § 3 Nr. 26 EStG sind Einnahmen aus einer künstlerischen nebenberuflichen Tätigkeit bis zur Höhe von insgesamt EUR 2.400,00 steuerfrei.

An den Begriff „künstlerische Tätigkeit" sind dabei dieselben strengen Anforderungen zu stellen, wie an die hauptberufliche künstlerische Tätigkeit. Eine nebenberufliche künstlerische Tätigkeit liegt auch dann vor, wenn sie die eigentliche künstlerische (Haupt-) Tätigkeit nur unterstützt und ergänzt, sofern sie Teil des gesamten künstlerischen Geschehens ist.[297]

Eine Tätigkeit wird nebenberuflich ausgeübt, wenn sie – bezogen auf das Kalenderjahr – nicht mehr als ein Drittel der Arbeitszeit eines vergleichbaren Vollzeiterwerbs in Anspruch nicht.[298]

Übt ein Steuerpflichtiger mehrere verschiedenartige Tätigkeiten im Sinne des § 3 Nr. 26 EStG aus, ist die Nebenberuflichkeit für jede Tätigkeit getrennt zu beurteilen.

Ein Abzug von Betriebsausgaben ist nur dann möglich, wenn die Einnahmen aus der Tätigkeit und gleichzeitig auch die jeweiligen Ausgaben den Freibetrag übersteigen.

1.6.3   Stipendien

Stipendien, die unmittelbar aus öffentlichen Mitteln oder von zwischenstaatlichen oder überstaatlichen Einrichtungen, denen die Bundesrepublik als Mitglied angehört, zur Förderung der künstlerischen Ausbildung oder Fortbildung gewährt werden, sind steuerfrei.

Das Gleiche gilt unter bestimmten Voraussetzungen auch für Stipendien, die von einer Einrichtung, die von einer Körperschaft des öffentlichen Rechts errichtet ist oder verwaltet wird, oder von einer Körperschaft, Personenvereinigung oder Vermögensmasse nach § 5 Abs. 1 Nr. 9 KStG gegeben werden. Voraussetzung der Steuerfreiheit ist, dass

---

[297]BFH v. 18.04.2007 – XI R 21/06, a. a. O.
[298]LStR R 17 Nebenberuflichkeit.

- die Stipendien einen für die Bestreitung des Lebensunterhalts und die Deckung des Ausbildungsbedarfs erforderlichen Betrag nicht übersteigen und nach den von dem Geber erlassenen Richtlinien vergeben werden,
- der Empfänger im Zusammenhang mit dem Stipendium nicht zu einer bestimmten künstlerischen Gegenleistung oder zu einer Arbeitnehmertätigkeit verpflichtet ist,
- bei Stipendien zur Förderung der künstlerischen Fortbildung im Zeitpunkt der erstmaligen Gewährung eines solchen Stipendiums der Abschluss der Berufsausbildung des Empfängers nicht länger als zehn Jahr zurückliegt.

1.6.4   Künstlersozialkasse

Die Beträge, die die Künstlersozialkasse zugunsten des nach dem KSVG Versicherten aus dem Aufkommen von Künstlersozialabgaben und Bundeszuschuss an einen Träger der Sozialversicherung oder an den Versicherten zahlt, sind steuerfrei.

1.7   Besteuerung von ausländischen Künstlern

Bei jeglicher Art von Auslandsbezug ist zu prüfen, ob eine zweifache steuerliche Erfassung, einmal nach der unbeschränkten Steuerpflicht und zum anderen nach der beschränkten Steuerpflicht zu erfolgen hat.

Unbeschränkt steuerpflichtig ist nach § 1 EStG, wer in der Bundesrepublik seinen Wohnsitz oder seinen ständigen Aufenthalt (sog. 183-Tage-Regelung) hat.

Einen Wohnsitz hat jemand dort, wo er eine Wohnung unter Umständen innehat, die darauf schließen lässt, dass er die Wohnung beibehalten und benutzen wird (§ 8 AO). Eine Wohnung setzt eingerichtete, zum dauerhaften Wohnen geeignete Räume voraus, die den Verhältnissen des Steuerpflichtigen angemessen sind, sodass sie ihm ein Heim bieten können. Damit können auch möblierte Zimmer, Wochenendhäuser oder Wohnwagen bei Dauermiete auf einem Campingplatz eine Wohnung darstellen.

Wesentlich für den Wohnsitzbegriff ist das Innehaben einer Wohnung, d. h. dass der Steuerpflichtige über eine Wohnung rechtlich oder tatsächlich verfügt, sie also jederzeit benutzen kann.[299] Die Verfügungsmacht kann auch durch Familienangehörige ausgeübt werden.

Aufgrund dieser Umstände kann es schnell vorkommen, dass ein Steuerpflichtiger zwei Wohnsitze hat, die dann zu einer mehrfachen unbeschränkten Steuerpflicht führen.

---

[299]BFH v. 22.04.1994 – III R 22/92, BStBl. II 1994, S. 887.

Beispiel

Ein ausländischer Sänger hat für eine dreimonatige Vorstellungszeit bei der Berliner Oper eine Wohnung in Berlin angemietet.

Ein Wohnsitz i.S.d § 8 AO liegt nicht vor. Durch die inländischen Einkünfte ist der Sänger in Deutschland beschränkt einkommensteuerpflichtig.

Beispiel

Ein jährlich zu Weihachten in Düsseldorf engagierter österreichischer Sänger hat am Auftrittsort eine Eigentumswohnung. Während der Weihnachtszeit nutz er die Wohnung selbst, in der übrigen Zeit ist die Wohnung an Fremde vermietet.

Es liegt kein Wohnsitz i.S.d. § 8 AO vor. Allerdings erzielt der Sänger durch die Vermietung an Fremde inländische Einkünfte.

Neben dem Wohnsitz begründet auch der gewöhnliche Aufenthalt eine unbeschränkte Einkommensteuerpflicht. Nach § 9 AO hat jemand seinen gewöhnlichen Aufenthalt dort, wo er sich unter Umständen aufhält, und erkennen lässt, dass er an diesem Ort oder in diesem Gebiet nicht nur vorübergehend verweilt.

Im Gegensatz zum Wohnsitz stellt der gewöhnliche Aufenthalt dabei nicht auf eine Wohnung als festen Lebensmittelpunkt ab. Vielmehr ist für die Annahme eines gewöhnlichen Aufenthalts nicht einmal ein gleichbleibender Aufenthaltsort notwendig. Entscheidend ist die tatsächliche Verweildauer im Inland, auch an unterschiedlichen Orten.

Der gewöhnliche Aufenthalt soll insbesondere die unbeschränkte Steuerpflicht von Künstlern und Sportlern herbeiführen, die sich zwar häufig in Deutschland aufhalten, hierbei jedoch meist Hotelzimmer aufsuchen und daher kein Wohnsitz begründet wird.

Ein gewöhnlicher Aufenthalt ist stets und von Beginn an bei einem zeitlich zusammenhängenden Aufenthalt von mehr als sechs Monaten anzunehmen, wobei kurzfristige Unterbrechungen unberücksichtigt bleiben.

Beispiel

Der irische Schauspieler hat seinen Wohnsitz in Düsseldorf und übernimmt Aufträge in der ganzen Welt. Er ist gem. § 1 EStG in Deutschland unbeschränkt einkommensteuerpflichtig und hat die weltweit erzielten Einkünfte in Deutschland zu versteuern. Soweit Einnahmen im Ausland ebenfalls zu besteuern sind, können Doppelbesteuerungsabkommen eine doppelte Besteuerung vermeiden.

Beispiel

Ein französischer Pianist hat ab dem 1. Dezember 2018 für ein 12-monatiges Engagement in einer Berliner Hotelbar im selben Hotel ein Zimmer gemietet. Der Pianist wird durch die Begründung eines gewöhnlichen Aufenthaltes nach § 9 AO ab dem 1. Dezember unbeschränkt einkommensteuerpflichtig im Inland.

1.7.1   Beschränkte Steuerpflicht

Beschränkt steuerpflichtig sind gem. § 1 Abs. 4 EStG natürliche Personen, die im Inland weder.

- einen Wohnsitz oder
- den gewöhnlichen Aufenthalt innehaben oder
- weder erweitert unbeschränkt steuerpflichtig (§ 1 Abs. 2 EStG) sind

Der erweiterten unbeschränkten Steuerpflicht unterliegen natürliche Personen ohne Wohnsitz und gewöhnlichen Aufenthalt im Inland, die im Rahmen eines öffentlichen Dienstverhältnisses Arbeitslohn aus einer inländischen öffentlichen Kasse beziehen.

- nicht fiktiv unbeschränkt steuerpflichtig (§§ 1 Abs. 3, 1a EStG) sind und

Nach § 1 Abs. 3 EStG werden natürliche Personen ohne Wohnsitz oder gewöhnlichen Aufenthalt auf Antrag auch dann als unbeschränkt einkommensteuerpflichtig behandelt, wenn sie inländische Einkünfte nach § 49 EStG erzielen.

Dies gilt allerdings nur unter der einschränkenden Nebenbestimmung, dass ihre Einkünfte in dem jeweiligen Kalenderjahr mindestens zu 90 % der deutschen Einkommensteuer unterlegen haben oder die ausländischen Einkünfte nicht den Grundfreibetrag überschreiten.

- wenn sie inländische Einkünfte i.S.d. § 49 EStG haben.

Im § 49 EStG sind die inländischen Einkünfte im Sinne der beschränkten Steuerpflicht erschöpfend aufgezählt.

Für die Beurteilung der Frage, welche Einkunftsart vorliegt, gelten stets die Vorschriften des deutschen Einkommensteuerrechts. Die in DBA genannten Regelungen gehen zwar nationalem Recht vor, d. h. aufgrund einer Bestimmung in einem DBA können Einkünfte, die zwar grundsätzlich der beschränkten Steuerpflicht nach § 49 EStG unterliegen, freigestellt sein. Es ist über ein DBA aber nicht möglich, den Kreis des § 49 EStG, nämlich die grundsätzlich in der Bundesrepublik beschränkt steuerpflichtigen Einkünfte, zu erweitern.

Daher ist auch bei Vorliegen eines DBA immer zunächst die Frage zu prüfen, ob die vorliegenden Einkünfte unter die Katalogeinkünfte des § 49 EStG fallen. Ist dies nicht der Fall, ist eine weitere Prüfung entbehrlich, da die Einkünfte in der Bundesrepublik nicht steuerpflichtig sind.

Die folgenden Einkünfte unterliegen der beschränkten Steuerpflicht:

1. Einkünfte aus einer im Inland betriebenen Land- und Forstwirtschaft (§§ 13, 14 EStG)
2. Einkünfte aus Gewerbebetrieb (§§ 15–17 EStG) in den in § 49 Abs. 1 Nr. 2 EStG bestimmten Fällen, insbesondere wenn:
   - für den Gewerbebetrieb im Inland eine Betriebsstätte unterhalten wird,
   - für den Gewerbebetrieb im Inland ein ständiger Vertreter bestellt ist,
   - es sich um Einkünfte aus künstlerischer, sportlicher, artistischer oder ähnliche Darbietung im Inland handelt,
   - es sich um Einkünfte handelt, die unter den Voraussetzungen des § 17 EStG aus der Veräußerung eines Anteils an einer Kapitalgesellschaft erzielt werden, die ihren Sitz oder ihre Geschäftsleitung im Inland hat,
3. Einkünfte aus selbstständiger Arbeit, die im Inland ausgeübt oder verwertet wird, oder für die im Inland eine feste Einrichtung oder Betriebsstätte unterhalten wird,
4. Einkünfte aus nichtselbstständiger Arbeit, die im Inland ausgeübt oder verwertet wird,
5. Einkünfte aus Kapitalvermögen in den in § 49 Abs. 1 Nr. 5 EStG aufgezählten Fällen
6. Einkünfte aus Vermietung und Verpachtung, wenn die betreffenden Gegenstände im Inland belegen sind,
7. Sonstige Einkünfte

1.7.2   Inländische Einkünfte gem. § 49 EStG

Die bei der Zielgruppe häufig vorkommenden Einkunftsarten sind nachfolgend detaillierter dargestellt. Die Qualifikation der Einkünfte ausländischer Künstler, Sportler und Artisten erfolgt dabei wie dargestellt ausschließlich nach innerstaatlichem Steuerrecht.

1.7.2.1   Einkünfte aus Gewerbebetrieb

Einkünfte aus Gewerbebetrieb unterliegen in der Regel dann der beschränkten Steuerpflicht, wenn im Inland eine Betriebsstätte unterhalten wird.

Zu den inländischen Einkünften aus Gewerbebetrieb gehören auch

- Einkünfte, die durch im Inland ausgeübte oder verwertete künstlerische, sportliche, artistische oder ähnliche Darbietung erzielt werden sowie
- Einkünfte aus anderen mit diesen Leistungen zusammenhängenden Leistungen,

unabhängig davon, wem die Einnahmen zufließen. Dabei werden die ausländischen Verleihgesellschaften, an die häufig Vergütungen der inländischen Veranstalter direkt fließen, durch die Formulierung „unabhängig davon, wem die Einnahmen zufließen" erfasst.

Selbstständig tätige Künstler, Sportler und Artisten erzielen inländische Einkünfte aus Gewerbebetrieb i.S.d. § 49 Abs. 1 Nr. 2 Buchst. d) i.V.m. § 15 EStG, soweit sie im Inland weder eine Betriebsstätte noch einen ständigen Vertreter haben.

Beispiel

Der in Belgien ansässige Stabhochspringer T ist Berufssportler und nimmt an einem Leichtathletikmeeting in Berlin teil. Der Veranstalter zahlt eine Startgebühr sowie ein Preisgeld.

T übt seine Tätigkeit weisungsungebunden aus und erzielt insoweit keine Einkünfte aus nichtselbstständiger Arbeit. Jedoch führt die im Inland ausgeübte und verwertete sportliche Darbietung auch nicht zu Einkünften aus selbstständiger Arbeit, da bei selbstständig tätigen Berufssportlern nach BFH-Rechtsprechung Einkünfte aus Gewerbebetrieb vorliegen. T erzielt insoweit Einkünfte aus Gewerbebetrieb, mit denen er beschränkt steuerpflichtig ist.

Seit dem Jahressteuergesetz 2009 wird die Aufzählung der nach § 49 Abs. 1 Nr. 2 Buchst. d EStG beschränkt steuerpflichtigen inländischen Darbietungen, insbesondere von Auftritten von Künstlern und Sportlern sowie der inländischen Verwertung derartiger Darbietungen, um das Merkmal „unterhaltende Darbietung" ergänzt.

Damit wird die Regelung im Einkommensteuergesetz besser an die entsprechenden Aussagen der Abkommen zur Vermeidung der Doppelbesteuerung angepasst, nach denen es schon bislang weniger darauf ankommt, ob die Darbietungen tatsächlich künstlerischer oder sportlicher Natur sind, sondern, dass sie unterhaltenden Charakter haben.

1.7.2.2 Einkünfte aus selbstständiger Arbeit

Einkünfte aus freiberuflicher Tätigkeit sind beschränkt einkommensteuerpflichtig, wenn die Leistungen im Inland ausgeübt oder verwertet werden. Eine Tätigkeit wird im Inland ausgeübt, wenn der Steuerpflichtige persönlich im Inland in Einzel- oder Gruppendarbietungen tätig wird.[300]

Hierunter versteht man in der Regel die unterhaltende Präsentation eigener oder fremder Werke oder eigener Fähigkeiten vor oder für das Publikum.

Beispiel

Ein in Frankreich lebender deutscher Sänger gibt ein Konzert in Düsseldorf. Er muss gem. § 49 EStG auf sein Einkommen, das er aus dem Auftritt erzielt, die Einkommensteuer zahlen, deren Höhe pauschaliert nach dem vereinfachten Verfahren berechnet wird. Andererseits ist er in Frankreich mit seinem Welteinkommen steuerpflichtig – er müsste insoweit seine in Düsseldorf erzielten Einkünfte doppelt besteuern. Damit dies vermieden wird, ist im DBA Deutschland-Frankreich geregelt, dass das Besteuerungsrecht Deutschland obliegt.

---

[300]BFH v. 12.11.1986 – I R 268/83, BStBl. II 87, S. 372.

Die Steuerpflicht umfasst ausdrücklich Vergütungen für die Verwertung der Darbietung im Inland (z. B. Schallplattenproduktion, Einräumung von Rechten an Sportübertragungen) und für andere mit der Leistung verbundene Nebenleistungen (z. B. Autogrammstunde, Interviews, Talkshow, Werbe- und Ausrüstungseinkünfte).

Eine Darbietung liegt vor, wenn etwas aufgeführt, gezeigt oder vorgeführt wird, z. B. Ausstellungen, Konzerte, Theateraufführungen, Shows, Turniere oder Wettkämpfe. Eine Darbietung im Inland setzt dabei den physischen Aufenthalt und die persönliche Tätigkeitsentfaltung des Künstlers, Sportlers oder Artisten voraus.

Die Arbeit ist im Inland verwertet, wenn die Ergebnisse einer im Ausland ausgeübten selbstständigen Arbeit vom Steuerpflichtigen im Inland verwertet werden.[301] Unter Verwerten versteht man den Vorgang, durch den der Inhaber der Nutzungsrechte an einer Darbietung sich das Ergebnis der Darbietung durch eine zusätzliche Handlung nutzbar macht. Dies liegt beispielsweise vor, wenn ein beschränkt steuerpflichtiger Schriftsteller sein Urheberrecht an einem Werk auf ein Verlagsunternehmen mit Geschäftsleitung im Inland überträgt.[302] Ob die der Verwertung zugrunde liegende Darbietung im In- oder Ausland stattfand, ist dabei ohne Bedeutung.

Beispiel

Die Übertragungsrechte an dem in den Niederlanden stattfindenden Konzerts werden an eine Kölner Fernsehstation verkauft.

Die Übertragung des Konzerts führt zur Verwertung im Inland. Bei Konzertmitschnitten wird in der Regel eine Aufteilung von 1/3 Ausübung und 2/3 Verwertung vorgenommen.[303]

Beruhen die Einkünfte sowohl auf Ausübung wie auch auf Verwertung einer selbstständigen Tätigkeit, ist eine einheitliche Vergütung im Schätzwege aufzuteilen, soweit sich hierdurch Unterschiede bei der Besteuerung ergeben.

Die Finanzverwaltung nimmt beispielsweise bei Vergütungen für Schallplattenaufnahmen vorrangig Verwertung durch Überlassung von Leistungsschutzrechten ohne Aufteilung in ein Ausübungs- und Verwertungshonorar an.[304]

1.7.2.3 Einkünfte aus nichtselbstständiger Arbeit

Die nichtselbstständige Arbeit muss grundsätzlich im Inland ausgeübt oder verwertet werden. Bei im Inland tätigen ausländischen Arbeitnehmern ist der Arbeitsort der maßgebliche

---

[301]BFH v. 28.03.1984 – I R 191/79, BStBl. II 1984, S. 664.

[302]BFH v. 20.07.1988 – I R 174/85, BStBl. II 1989, S. 87.

[303]FG Köln, EFG 1991, S. 176; BMF BStBl I 1996, 89 Tz. 5.4.

[304]Vgl. Krabbe FR 1986, S. 427; BMF- Schreiben v. 23.01.1996 – IV B 4 – S 2303 – 14/96, BStBl I 1996, S. 89 Tz. 2.3 u. 5; FG Hamburg, EFG 1975, S. 368, BFH v. 28.05.1979 – I R 1/76, BStBl. II 1979, S. 734.

Tätigkeitsort. Unerheblich ist, ob der Arbeitslohn zulasten eines inländischen Arbeitgebers gezahlt wird.

Beispiel

Der Fußballspieler Z wohnt in den Niederlanden und ist bei einem Düsseldorfer Fußballverein angestellt. Zum Training und zu den Spielen kommt Z nach Düsseldorf.

Z erzielt inländische Einkünfte aus nichtselbstständiger Arbeit i.S.d. § 49 Abs. 1 Nr. 4 i.V.m. § 19 EStG, mit denen er in Deutschland beschränkt steuerpflichtig ist.

1.7.3 Steuererhebungsverfahren bei beschränkten Steuerpflichtigen

1.7.3.1 Steuerabzugsverfahren

Das Steuerabzugsverfahren ist die typische Form der Steuererhebung bei beschränkter Steuerpflicht und gem. § 50a Abs. 1 EStG anzuwenden bei

1. Einkünften, die durch im Inland ausgeübte künstlerische, sportliche, artistische, unterhaltende oder ähnliche Darbietung erzielt werden, einschließlich der Einkünfte aus anderen mit diesen Leistungen zusammenhängenden Leistungen, unabhängig davon, wem die Einnahmen zufließen, es sei denn, es handelt sich um Einkünfte aus nicht-selbstständiger Arbeit, die bereits dem Steuerabzug vom Arbeitslohn nach § 38 Abs. 1 Satz 1 Nr. 1 EStG unterliegen
2. Einkünften aus der inländischen Verwertung von Darbietungen im Sinne der Nr. 1
3. Einkünften, die aus Vergütungen für die Überlassung der Nutzung oder des Rechts auf Nutzung von Rechten, insbesondere von Urheberrechten und gewerblichen Schutzrechten, von gewerblichen, technischen, wissenschaftlichen und ähnlichen Erfahrungen, Kenntnissen und Fertigkeiten, zum Beispiel Plänen, Mustern und Verfahren, herrühren, sowie bei Einkünften, die aus der Verschaffung der Gelegenheit erzielt werden, einen Berufssportler über einen begrenzten Zeitraum vertraglich zu verpflichten

Als Darbietung ist dabei eine unterhaltene Präsentation vor Publikum zu verstehen, wie z. B. der Auftritt eines Sängers oder Schauspielers. Oftmals wird als Unterscheidungsmerkmal benannt, ob die künstlerische Leistung „vor" oder „hinter der Kamera" erfolgt. Demnach sind Regisseure, Bühnenbildner etc., die zu den werkschaffenden Künstlern gehören, nicht darbietend tätig und bei ihnen ist keine Steuer nach § 50a EStG einzubehalten.

Die Steuer hat ein in Deutschland ansässiger Veranstalter bei Auszahlung des Honorars auf Bruttobasis oder Nettobasis einzubehalten und an das Finanzamt abzuführen. Anderenfalls haftet er für den Abzugsbetrag.

Dies hängt mit der Trennung von Steuerschuldner und Haftungsschuldner bei der beschränkten Steuerpflicht zusammen. Die Steuerlast obliegt zunächst einmal dem jeweiligen im Ausland lebenden Künstler. Er erzielt selber die Einkünfte und muss hierauf gem. §§ 49 Abs. 1 Nr. 3, 50 Abs. 5 Satz 4 EStG die Steuer zahlen. Er ist damit der Steuerschuldner. Da dieser jedoch dem Zugriff des deutschen Finanzamtes aufgrund seines Wohnsitzes zumeist entzogen ist, wurde gesetzlich geregelt, dass der inländische Vertragspartner als sog. Vergütungsschuldner gegenüber dem Finanzamt haftet. Der Vergütungsschuldner muss gem. § 50a Abs. 5 EStG den Steuerbetrag von der an den Künstler zu zahlenden Vergütung einbehalten, die Steuer bei dem für ihn zuständigen Finanzamt anmelden und sie dort abzuführen. Insoweit ist der Vergütungsschuldner gleichsam auch Haftungsschuldner der Steuerschuld des beschränkt Steuerpflichtigen.

Es besteht demnach für den inländischen Vergütungsschuldner ein erhebliches **Haftungsrisiko**, wenn sie mit Künstlern zusammenarbeiten, die im Ausland wohnen.

1.7.3.2 Steuersatz

Der Steuersatz für Einnahmen aus im Inland ausgeübten künstlerischen, sportlichen, artistischen oder ähnlichen Darbietungen beträgt 15 % zuzüglich 5,5 % Solidaritätszuschlag. Die Bruttoeinnahmen stellen hierbei die Bemessungsgrundlage dar. Die vom Veranstalter übernommenen Reise- und Übernachtungskosten stellen nur steuerpflichtige Einnahmen dar, sofern sie die Pauschbeträge nach § 4 Abs. 5 Nr. 5 EStG oder die tatsächlichen Kosten übersteigen.

Beispiel

Ein in England lebender Sänger gibt ein Konzert in Deutschland und erhält dafür eine Gage i.H.v. EUR 5000,00 (inklusive Flugticket EUR 500,00 und sonstige nachgewiesene Reisekosten i.H.v. EUR 500,00) vom Veranstalter. Der Veranstalter hat folgenden Steuerabzug vorgenommen:

Gage	5000,00 EUR
./. Reisekosten	1000,00 EUR
Bemessungsgrundlage	4000,00 EUR
Davon 15 %	600,00 EUR
Zzl. Solidaritätszuschlag	33,00 EUR
Steuerabzug insgesamt	633,00 EUR

Wird zwischen dem Künstler und dem Veranstalter eine Nettovergütung vereinbart, beträgt der Steuersatz 17,82 % zuzüglich 0,98 % Solidaritätszuschlag. Einnahmen aus Darbietungen unter EUR 250,00 unterliegen nicht dem Steuerabzug. Die Freigrenze gilt für jeden einzelnen Auftritt pro Tag. Werden an einem Tag oder mehreren Veranstaltern mehrere Auftritte durchgeführt, ist der Freibetrag je Auftritt zu bewähren.

Die Steuer entsteht in dem Zeitpunkt, in dem die Vergütung dem Gläubiger zufließt. Der im Inland ansässige Veranstalter hat die innerhalb eines Kalendervierteljahrs einbehaltene Steuer jeweils bis zum 10. des dem Kalendervierteljahr folgenden Monats an das für ihn zuständige Finanzamt abzuführen.

Beispiel

Die 5-köpfige Musikgruppe aus Spanien erhält für einen Auftritt in Deutschland EUR 1250,00. Eine Verteilung von 5 × EUR 250,00 führt somit zu einer Steuerfreiheit der Einzeleinnahmen.

Jedoch ist auch denkbar, dass die Musikgruppe die Verteilung des Gesamthonorars ungleich vornimmt und beispielsweise dem Bandleader EUR 450,00 zahlt und den restlichen Mitgliedern EUR 200,00. In diesem Fall wären die Einnahmen des Bandleaders mit 15 % zu besteuern. Für die restlichen Zahlungen beträgt der Steuersatz 0 %.

Da die Produktionskosten der Künstler häufig sehr hoch sind, kann es dazu kommen, dass eine Übermaßbesteuerung dazu führt, dass die zu zahlende Steuer höher ist als der verbleibende Gewinn.

1.7.3.3 Berücksichtigung von Betriebsausgaben/Werbungskosten[305]

In den Fällen des § 50a Abs. 1 Nr. 1, 2 und 4 EStG können nach § 50a Abs. 3 EStG **Betriebsausgaben oder Werbungskosten** von der Bemessungsgrundlage des Steuerabzugs abgezogen werden. Damit wird das EuGH-Urteil v. 03.10.2006[306] umgesetzt. In diesem Urteil hatte der EuGH festgestellt, dass es mit dem EG-Vertrag nicht vereinbar erscheint, wenn im Steuerabzugsverfahren für beschränkt Steuerpflichtige, die im unmittelbaren Zusammenhang mit der inländischen Tätigkeit stehenden Betriebsausgaben, die er dem Vergütungsschuldner mitgeteilt hat, nicht geltend gemacht werden können. Die Berücksichtigung von Aufwendungen gilt allerdings nur für EU bzw. EWR-Staatsangehörige, die in einem dieser Staaten ihren Wohnsitz oder gewöhnlichen Aufenthalt haben.

Jedoch führt dies zu erhöhtem Aufwand und zu einer Erhöhung des Haftungsrisikos, da nur die in einer für das Finanzamt „nachprüfbaren Form" nachgewiesenen Betriebsausgaben oder Werbungskosten nicht dem Steuerabzug unterliegen.

▶ Unseres Erachtens ist ein „Nachweis in einer für das Finanzamt nachprüfbaren Form" nicht europarechtskonform, sondern verletzt die Niederlassungsfreiheit. So hat der BFH im Falle von der FKP Konzertproduktion GmbH entschieden, dass die Betriebsausgaben zu berücksichtigen sind, die ein gebietsfremder Dienstleister dem Vergütungsschuldner **mitgeteilt** hat.

---

[305]OFD-Verfügung v. 05.04.2007 – GZ IV C 8 – S 2411/07/0002
[306]EuGH v. 03.10.2006 – Rs. C-290/04, BStBl. II 2007 II S. 352.

Durch die gewählte Formulierung werden nunmehr die Kontrollaufgaben des Finanzamtes auf den inländischen Vergütungsschuldner verlagert und die Nichterfüllung unter Sanktionen gestellt.[307]

Da nach der Konzeption des § 50a Abs. 2 EStG Aufwendungen grundsätzlich bereits in pauschaler Form durch den Ansatz eines niedrigeren Steuersatzes von 15 % berücksichtigt werden, führt der Abzug der tatsächlichen Ausgaben zu einer Erhöhung des Steuersatzes. In diesen Fällen beträgt der Steuersatz bei **natürlichen Personen einheitlich 30 %**. Bei **beschränkt steuerpflichtigen Körperschaften** beträgt der Steuersatz hingegen auch von den Nettoeinnahmen 15 %.

Die Inanspruchnahme des Abzugs der Betriebsausgaben lohnt sich, sofern es sich beim beschränkt Steuerpflichtigen um eine natürliche Person handelt, erst wenn die Aufwendungen 50 % der Einnahmen übersteigen. Aufgrund des dargestellten Haftungsrisikos raten wir jedoch von einem Abzug der Betriebsausgaben ab.

Beispiel

Einnahmen	1500,00 EUR
Betriebsausgaben	800,00 EUR
Überschuss	700,00 EUR
Abzugsbetrag	
30 % des Gewinns	210,00 EUR

1.7.3.4 Erstattungs- und Freistellungsverfahren

Wird die Besteuerung der abzugsteuerpflichtigen Vergütung aufgrund eines bestehenden Doppelbesteuerungsabkommen eingeschränkt oder ausgeschlossen, kann der Vergütungsschuldner die volle oder teilweise Entlastung nur dann vornehmen, wenn ihm eine Bescheinigung nach § 50d Abs. 2 S. 1 EStG vom Bundeszentralamt für Steuern erteilt wurde. Die Freistellungsvorschrift für Einkünfte, die dem Steuerabzug nach § 50a EStG unterliegen, ergibt sich aus § 50d Abs. 2 EStG. Demnach kann ein Antrag vor Auszahlung der Vergütung beim Bundeszentralamt für Steuern gestellt werden. Das Freistellungsverfahren bewirkt, dass der Steuerabzug nach § 50a EStG von vornherein ganz oder teilweise unterbleiben kann.

Sofern der Steuerabzug bereits vorgenommen wurde, lässt sich mit demselben Formular die Erstattung der Steuern nach § 50d Abs. 1 EStG beantragen. Die Erstattung setzt voraus, dass die Abzugsteuer, unabhängig davon, ob eine Entlastung in einem Doppelbesteuerungsabkommen vorgesehen ist, einbehalten wurde und nachträglich erstattet wird.

---

[307]Vgl. hierzu auch Rüping, H., IStR 2008, S. 575.

1.7.4 Steuerabzug vom Arbeitslohn[308]

Die Einkünfte von beschränkt einkommensteuerpflichtigen Künstlern unterliegen der **Lohnsteuer**, wenn der Arbeitgeber ein inländischer Arbeitgeber i.S.d. § 38 Abs. 1. S. 1 Nr. 1 EStG ist, der den Lohnsteuerabzug durchzuführen hat.

Der Lohnsteuerabzug darf nur dann unterbleiben, wenn der Arbeitslohn nach den Vorschriften eines DBA von der deutschen Lohnsteuer freizustellen ist. Die ist vielfach für künstlerische Tätigkeiten im Rahmen eines Kulturaustausches vorgesehen.

Das Betriebsstättenfinanzamt hat auf Antrag des Arbeitnehmers eine Bescheinigung über die Steuerklasse und den vom Arbeitslohn ggf. abzuziehenden Freibetrag zu erteilen.[309] Ein Freibetrag kommt nur in Betracht, wenn die Werbungskosten, die im wirtschaftlichen Zusammenhang mit der im Inland ausgeübten künstlerischen Tätigkeit stehen, den zeitanteiligen Werbungskosten-Pauschbetrag des § 9a EStG übersteigen.

Der Zeitanteil bestimmt sich dabei nach der voraussichtlichen Dauer des jeweiligen Dienstverhältnisses. Der Beginn des Dienstverhältnisses ist dabei besonders anzugeben, kann jedoch zurückdatiert werden, wenn glaubhaft gemacht wird, dass der Künstler in der Zwischenzeit nicht bereits für einen anderen inländischen Arbeitgeber als Arbeitnehmer beschäftigt war. Dabei gilt allerdings die Einschränkung, dass für je zwei Tage der tatsächlichen Beschäftigungsdauer nur eine Zurückdatierung um eine Woche, insgesamt jedoch höchstens um einen Monat zulässig ist.[310] Die Bescheinigung ist vom Arbeitgeber als Beleg zum Lohnkonto aufzubewahren.[311]

Der Arbeitgeber hat die Lohnsteuer nach Maßgabe des § 39b Abs. 2 bis 6 und § 39c Abs. 1 und 2 i.V.m. § 39d Abs. 3 S. 4 EStG zu ermitteln. Eine Lohnsteuerbescheinigung ist vom Arbeitgeber nur auf besonderen Antrag des Künstlers zu erteilen.[312]

Beispiel

Ein in Italien lebender Schauspieler gastiert eine Spielzeit in Hamburg. Schauspieler sind in der Regel nichtselbstständig tätig i.S.d. § 49 Abs. 1 Nr. 4 EStG und mit dem inländischen Einkommen beschränkt steuerpflichtig. Der Arbeitgeber muss gem. § 39d EStG die Einkommensteuer vom Lohn abziehen und an das Finanzamt abzuführen.

Aufgrund der sich ergebenden Schwierigkeiten bei nur kurzfristig beschäftigten Künstlern wird von der Finanzverwaltung zugelassen, dass die Lohnsteuer nach Maßgabe der folgenden Regelungen pauschal erhoben wird. Soweit der Arbeitnehmer jedoch die Regelvorschrift verlangt, hat der Arbeitgeber dies zu befolgen.

---

[308]BMF-Schreiben v. 31.07.2002 – IV C 5 – S 2369 – 5/02

[309]§ 39 Abs. 1 S. 3 und Abs. 2 EStG.

[310]BMF-Schreiben v. 05.10.1990, BStBl I S. 638 Tz. 2.2.1 ist sinngemäß anzuwenden.

[311]§ 39 d Abs. 3 S. 2 EStG; R 125 Abs. 7 S. 2 LStR ist zu beachten.

[312]§ 39 d Abs. 3 S. 5 EStG.

1.7.5   Pauschal zu besteuernder Personenkreis

Der inländische Arbeitgeber kann die Lohnsteuer pauschal erheben bei beschränkt ein-kommensteuerpflichtigen Künstlern, die

- als gastspielverpflichtete Künstler bei Theaterbetrieben,
- als freie Mitarbeiter für den Hör- oder Fernsehfunk oder
- als Mitarbeiter in der Film- und Fernsehproduktion

nichtselbstständig tätig sind und von dem Arbeitgeber nur kurzfristig, höchstens für sechs zusammenhängende Monate, beschäftigt werden.[313]

Die pauschale Lohnsteuer bemisst sich nach den gesamten Einnahmen des Künstlers einschließlich der Beträge i.S. d. § 3 Nr. 13 und 16 EStG. Abzüge, z. B. für Werbungs-kosten, Sonderausgaben und Steuern, sind nicht zugelassen. Die pauschale Lohnsteuer beträgt 20 % der Einnahmen, wenn der Künstler die Lohnsteuer trägt. Übernimmt der Arbeitgeber die Lohnsteuer und den Solidaritätszuschlag von 5,5 %, so beträgt die Lohn-steuer 25,35 % der Einnahmen; sie beträgt 20,22 % der Einnahmen, wenn der Arbeit-geber nur den Solidaritätszuschlag übernimmt.

Die Verpflichtung des Arbeitgebers gem. § 39d Abs. 3 Satz 5 EStG, auf Verlangen des Künstlers eine Lohnsteuerbescheinigung zu erteilen, wird durch die pauschale Lohn-steuererhebung nicht berührt.

Die pauschale Lohnsteuer ist nach § 36 Abs. 2 Satz 2 Nr. 2 EStG auf die veranlagte Einkommensteuer anzurechnen.

Weitere Literatur

Beck'scher Online- *Kommentar zur Abgabenordnung*, hrsg. V. Pfirrmann, V., Rosenke, T., Wagner, K., Edition 5, Stand: 01.01.2018 (zitiert: BeckOK EStG/Bearbeiter)

Beck'scher Online- *Kommentar zur Einkommensteuergesetz*, hrsg. v. Kirchhof, G., Ratschow, E., Edition 1, Stand: 01.07.2018 (zitiert: BeckOK AO/Bearbeiter)

Brunckhorst A., Sterzinger, C. (2018): *Ertragsteuerliche Beurteilung von Bloggern, Podcastern und YouTubern*, DStR 2018, S. 1689.

Ebling, K. (Hrsg.), Schulze, M. (2012). *Handbuch des Kunstrechts*, 2. Aufl., München: C.H. Beck Verlag

Frotscher, G. (Hrsg.), Geurts, M. (Hrsg.) (2008). *Kommentar zur Einkommensteuer*, Freiburg: Haufe-Lexware Verlag

Grossmann, M. (1992). *Die Besteuerung des Künstlers und Sportler im internationalen Verhältnis*, Bern: Paul Haupt

Heuermann, B. (Hrsg.), Brandis, P. (Hrsg.) (2018). Blümich-*Kommentar zur Einkommensteuer*, 142. Aufl., Berlin: Otto-Schmidt Verlag

---

[313]BMF-Schreiben v. 05.10.1990 IV B 6 – 2332 – 73/90, a. a. O.; weitere Anwendbarkeit bestätigt durch BMF- Schreiben v. 29.03.2007- IV C 6 – O – 1000/07/0018.

Maaßen, W. (2001). *Kunst oder Gewerbe*, 3. Aufl., Heidelberg: C.F. Müller Verlag

Mody, D. (1994). *Die deutsche Besteuerung international tätiger Künstler und Sportler*, Baden-Baden: Nomos Verlagsgesellschaft

Rüping, H. (2008). *Anpassung des Steuerrechts an Recht und Rechtsprechung der Europäischen Union durch Änderung der §§ 50, 50a EStG im Entwurf des Jahressteuergesetzes 2009*, in: IStR 2008, S. 575–581

Weber-Grellet, H. (Hrsg.) (2018): Schmidt-*Kommentar zur Einkommensteuer*, 37. Aufl., München: CH Beck Verlag

Umsatzsteuer

2

2.1 Allgemeines

Gerade im Bereich der Umsatzsteuer gibt es bei der Zielgruppe zahlreiche Besonderheiten, was u. a. die Anwendung von Steuerbefreiungen, den Ansatz des ermäßigten Steuersatzes und das Besteuerungsverfahren angeht.

Und diese Besonderheiten können weitgreifende Folgen haben. Denn soweit der falsche Umsatzsteuersatz erhoben wurde oder rückwirkend eine Steuerbefreiung festgestellt wird, die zum Ausschluss vom Vorsteuerabzug führt, kann es zu aufwendigen Korrekturhandlungen kommen, die unter Umständen – soweit keine Korrektur mehr möglich ist – auch finanzielle Nachteile mit sich bringen. Vom Grundsatz her ist die Umsatzsteuer für Unternehmen ein Nullsummenspiel. Sind aber Privatpersonen bzw. öffentlich-rechtliche Anstalten mit im Spiel oder ist ein vorheriger Auftraggeber nicht mehr zu ermitteln, können Fehler Geld kosten.

Insoweit liegt es an den Medientreibenden, sich frühzeitig und umfassend zu informieren. Auch wenn an dieser Stelle erwähnt werden muss, dass die Sachverhalte häufig nicht eindeutig und interpretationswürdig sind und teilweise von Finanzämtern und Gerichten unterschiedlich behandelt werden.

Zunächst ist festzustellen, dass zahlreichen Künstlern auf den ersten Blick erst mal gar nicht der Gedanke kommt, dass sie umsatzsteuerliche Unternehmer sind.

Nach Gesetzesdefinition[1] ist Unternehmer, wer eine

- gewerbliche oder berufliche Tätigkeit,
- selbstständig,
- nachhaltig und
- mit Einnahmenerzielungsabsicht

ausübt.

---

[1] § 2 Abs. 1 Sätze 1 und 2 UStG.

Die Leistungen müssen dabei im Rahmen des Unternehmens erfolgen. So stellt beispielsweise die Veräußerung einer klar und eindeutig abgegrenzten und nicht im Betriebsvermögen befindlichen Musiksammlung eines Musikproduzenten eine nicht umsatzsteuerbare Leistung dar.

Gerade der Begriff **„selbstständig"** führt im Medienbereich immer wieder zu Diskussionen, da das Arbeits-, Sozialversicherungs- und Steuerrecht diesen Begriff zum Teil unterschiedlich definiert bzw. der Begriff „selbstständig" von den Medienschaffenden verschieden und zum Teil falsch verstanden wird.

Selbstständig im Sinne des Steuerrechts ist, wer

- auf eigene Rechnung und
- auf eigene Verantwortung

arbeitet. Ob Selbstständigkeit oder Unselbstständigkeit anzunehmen ist, richtet sich grundsätzlich nach dem Innenverhältnis zum Auftraggeber. Dabei kommt es nicht allein auf die Art der Tätigkeit oder die Form der Entlohnung an. Entscheidend ist das Gesamtbild der Verhältnisse und nicht, wie die Tätigkeit im Vertrag bezeichnet wurde.

Selbstständig sind demnach beispielsweise die „voll freien" Redakteure im Rundfunkbereich, die ohne feste Einbindung in die Redaktion als Externe zuarbeiten und von außen Beiträge produzieren. Soweit eine Abrechnung über die Lohnsteuerkarte erfolgt, wie häufig bei „arbeitnehmerähnlichen Freien" im Rundfunkbereich oder aber bei Schauspielern und anderen Filmschaffenden und Beiträge zur gesetzlichen Renten- und Arbeitslosenversicherung sowie Lohnsteuer abgeführt werden, liegt keine Selbstständigkeit im Sinne des Steuergesetzes vor und es ist daher keine Umsatzsteuer abzuführen. So kann die Frage der Selbstständigkeit für die Umsatzsteuer und die Lohnsteuer nur einheitlich entschieden werden.[2]

Die selbstständige Tätigkeit muss auf die Erzielung von Einnahmen gerichtet sein. So reicht im Umsatzsteuerrecht, im Gegensatz zum Einkommensteuergesetz, bereits die Absicht, Einnahmen erzielen zu wollen, aus. Somit kann im Einzelfall die umsatzsteuerliche Unternehmerschaft erhalten bleiben, auch wenn die Tätigkeit nach Ansicht des Finanzamtes rein aus persönlichen Gründen, also ohne Gewinnerzielungsabsicht, ausgeübt wird. Das bedeutet, dass der Künstler die Verluste zwar nicht in seiner Einkommensteuererklärung geltend machen kann, Umsatzsteuer aber abführen muss. Einher geht dies allerdings mit dem Recht, die Vorsteuer aus den Kosten geltend zu machen. Und die sollte in Verlustfällen in der Regel überwiegen, was bedeutet, dass der Künstler bei Abgabe der Umsatzsteuererklärung Geld vom Finanzamt zurückerhält.[3]

---

[2]Vgl. Plückebaum- Malitzky, USt, §§ 1–3 Rz. 121 mit Hinweise auf höchstrichterliche Rechtsprechung.

[3]BMF- Schreiben v. 14.07.2000, DStR 2000, S. 1264.

2.2   Kleinunternehmer

Unter den Voraussetzungen des § 19 UStG können Umsätze inländischer Medientreibender von der Erhebung der Umsatzsteuer ausgenommen sein. Man spricht von der sog. Kleinunternehmerregelung. Um die Regelung anwenden zu können, darf der

- Umsatz des Vorjahres nicht über EUR 17.500,00 und
- der Umsatz des laufenden Jahres voraussichtlich nicht über EUR 50.000,00

liegen.

Sind die **beiden** Grenzen unterschritten, wird der Kleinunternehmer – soweit er nicht zur Umsatzsteuer optiert – von der umsatzsteuerlichen Besteuerung freigestellt.

Beispiel

Schwankende Umsätze: Ein Musiker hatte folgende Einnahmen

Kalenderjahr	2014	2015	2016	2017	2018
Umsatz EUR	8.500,00	19.500,00	10.000,00	13.000,00	14.000,00

Der BFH[4] hat entschieden, dass die einmalige Überschreitung einer Umsatzgrenze (hier 2015) dazu führt, dass im Jahr 2016 (auch nur für dieses Jahr!) Umsatzsteuer abgeführt werden muss. Ab dem Jahr 2017 ist er wieder Kleinunternehmer.

Der Vorteil, keine Umsatzsteuer zu erheben, bedeutet auf der anderen Seite aber auch, keine Vorsteuer geltend machen zu können. Auf der Rechnung wird der Hinweis „Aufgrund des § 19 UStG (Kleinunternehmerregelung) wird keine Umsatzsteuer erhoben" angeführt.

Neben dem geringeren Verwaltungsaufwand (u. a. entfällt die Erstellung der Umsatzsteuer-Voranmeldungen), ist die Kleinunternehmerregelung vorteilhaft, soweit Umsätze mit Privatpersonen bzw. nicht vorsteuerabzugsberechtigten Sendern erzielt werden. Da bei diesen die Umsatzsteuer keinen durchlaufenden Posten darstellt, ist die Festsetzung von Umsatzsteuer eine echte Mehrbelastung. Von einem Kleinunternehmer kann die Leistung daher entsprechend günstiger angeboten werden. Sind auf der anderen Seite höhere Investitionen notwendig oder fallen hohe Betriebsausgaben mit Vorsteuern an, kann es vorteilhaft sein, auf die Kleinunternehmerregelung zu verzichten. Es bedarf daher einer sorgfältigen Abwägung, was sinnvoller ist.

Es ist dringend zu raten, mit Ablauf eines jeden Jahres die Grenze zu kontrollieren. Soweit der Umsatz von EUR 17.500,00 überschritten wird, besteht ab dem Folgejahr Umsatzsteuerpflicht. Die Beratungspraxis zeigt, dass vereinzelt von Medientreibenden

---

[4]BFH v. 16.10.1998 – V B 56/98, BFH/NV 1999, S. 227.

die Grenze nicht zeitnah überprüft wird und dann erst spät im Nachhinein, aufwendig Umsatzsteuer von den Auftraggebern nacherhoben werden muss bzw. gar nicht mehr nachträglich eingefordert werden kann und der Medientreibende diese sodann auch nicht mehr zusätzlich erhält. Wird festgestellt, dass die Grenze überschritten wird, sollte das Finanzamt kontaktiert werden und darum gebeten werden, dass ab sofort ein Umsatzsteuersignal gesetzt wird. Ab diesem Zeitpunkt besteht dann auch die Verpflichtung Umsatzsteuer-Voranmeldungen einzureichen.

Nicht in die Umsatzgrenze zählen Umsätze, die aufgrund anderer gesetzlicher Vorschriften steuerbefreit sind.

Beispiel

Ein Journalist hat im Jahr 2018 Einnahmen aus journalistischer Tätigkeit i. H. v. EUR 15.000,00 und Einnahmen aus Dozententätigkeit an einer Hochschule i. H. v. EUR 10.000,00 erzielt.

Zwar ist die Grenze von EUR 17.500,00 im Jahr 2018 überschritten worden. Dennoch kann der Journalist im Jahr 2019 weiterhin Kleinunternehmer sein, da die Einnahmen aus der Dozententätigkeit aufgrund des § 4 Nr. 21 b UStG steuerbefreit sind.

Sofern der Medientreibende auf die Anwendung der Kleinunternehmerregelung verzichtet, ist er an diese Entscheidung 5 Jahre gebunden.

2.3   Steuerbarer Umsatz

Das Umsatzsteuerrecht unterscheidet in Lieferungen und sonstige Leistungen. Die Unterscheidung hat u. a. Auswirkung darauf, wo der Ort der Leistung liegt und ob diese sodann in Deutschland steuerbar oder nicht steuerbar ist. Medientreibende erbringen in ihrer Vielfältigkeit beide Arten von Leistungen. Fällt der Verkauf von Kunstwerken und anderen Werken unter die Lieferung nach § 3 Abs. 1 UStG, sind typische Auftrittsleistungen oder die Übertragung von Rechten sonstige Leistungen im Sinne des § 3 Abs. 9 UStG.

2.3.1   Lieferungen

Lieferungen eines Unternehmers sind

„Leistungen, durch die er oder in seinem Auftrag ein Dritter den Abnehmer oder in dessen Auftrag einen Dritten befähigt, im eigenen Namen über einen Gegenstand zu verfügen."[5]

---

[5]§ 3 Abs. 1 UStG.

Soweit Lieferungen gegen Entgelt im Inland erbracht werden, unterliegen sie der deut-schen Umsatzbesteuerung.

Wird der Gegenstand befördert oder versendet, gilt die Lieferung dort ausgeführt, wo die Beförderung oder Versendung an den Abnehmer oder in dessen Auftrag an einen Dritten beginnt.[6]

Wird der Gegenstand hingegen nicht befördert oder versendet, wird die Lieferung dort ausgeführt, wo sich der Gegenstand im Zeitpunkt der Verschaffung der Verfügungsmacht befindet.[7]

Wird ein Kunstwerk ins Ausland geliefert, liegt der Ort der Lieferung in Deutschland, da hier die Lieferung beginnt. Ob diese Lieferung dann aber tatsächlich steuerpflichtig ist und ob somit Umsatzsteuer anfällt, ist im zweiten Schritt zu prüfen, da gegebenenfalls der Umsatz steuerbefreit ist. Dies kann unter anderem der Fall sein, wenn die Lieferung an ein ausländisches Unternehmen ins Ausland erfolgt. Unter weiteren Voraussetzungen kann es sich dann um eine innergemeinschaftliche Lieferung handeln, die umsatzsteuerbefreit ist.

2.3.2 Sonstige Leistung

Bei der vorliegenden Zielgruppe sind häufiger sonstigen Leistungen anzutreffen. Hierbei handelt es sich um

„Leistungen, die keine Lieferungen sind. Sie können auch in einem Unterlassen oder im Dulden bestehen."[8]

Typische Beispiele für eine sonstige Leistung sind Dienstleistungen (z. B. journalistische Tätigkeit), Gebrauchs- und Nutzungsüberlassungen, Werkleistungen sowie die Über-tragung von Rechten.

Die in der Praxis teilweise schwierige Abgrenzung zwischen Lieferungen und sonsti-gen Leistungen ist aufgrund unterschiedlicher umsatzsteuerlicher Konsequenzen zwin-gend erforderlich.

Als Lieferungen beurteilte der BFH unter anderem:

- die Überlassung von Lichtbildern zu Werbezwecken,[9]
- die Veräußerung von Modellskizzen,[10]
- die Übertragung eines Verlagsrechts,[11]

---

[6]§ 3 Abs. 6 Satz 1 UStG.

[7]§ 3 Abs. 7 UStG.

[8]§ 3 Abs. 9 Sätze 1 und 2 UStG.

[9]BFH v. 12.01.1956 – V 272/55 S, BStBl. III 1956, S. 62.

[10]BFH v. 26.10.1961 – V 307/59. HFR 1962, S. 118.

[11]BFH v. 16.07.1970 – V R 95/66, BStBl. II 1970, S. 706.

- die Überlassung sendefertiger Filme durch einen Filmhersteller im Sinne von § 94 UrhG,
- sogenannte „Auftragsproduktionen"[12] und
- die Überlassung von Fotografien zur Veröffentlichung durch Zeitungs- und Zeitschriftenverlage[13]

Häufig sind bei einer Leistung Elemente einer Lieferung und einer sonstigen Leistung anzutreffen. Da zur Bestimmung des Ortes der Leistung ausschlaggebend ist, ob eine einheitliche Leistung oder mehrere getrennt zu beurteilende selbstständige Einzelleistungen vorliegen, ist das Wesen des Umsatzes zu ermitteln, um festzustellen, ob der Unternehmer dem Abnehmer mehrere selbstständige Hauptleistungen oder eine einheitliche Leistung erbringt.

Es ist zu beachten, dass ein einheitlicher wirtschaftlicher Vorgang umsatzsteuerrechtlich nicht in mehrere Leistungen aufgeteilt werden darf. Dies gilt auch in dem Fall, wenn sich die Abnehmer dem leistenden Unternehmer gegenüber mit einer solchen Aufspaltung einverstanden erklären.

In der Regel ist jede Lieferung und jede sonstige Leistung als eigene selbstständige Leistung zu betrachten. Daher können auch nicht zusammenhängende Vorgänge bereits deshalb schon als einheitliche Leistung angesehen werden, weil sie einem einheitlichen wirtschaftlichen Ziel dienen oder auf einem einheitlichen Vertrag beruhen und für die Leistung ein Gesamtentgelt entrichtet wird. Entscheidend ist der wirtschaftliche Gehalt der erbrachten Leistungen.

Bei einer Leistung, die sowohl Lieferungselemente als auch Elemente sonstiger Leistungen aufweist, hängt die Qualifizierung als einheitliche Lieferung oder sonstige Leistung demnach davon ab, welche Leistungselemente den wirtschaftlichen Gehalt der Leistung bestimmen.

Im Zusammenhang mit Tonaufnahmen hat der BFH[14] entschieden, dass soweit die ausübenden Künstler Darbietungen zur Herstellung von Tonaufnahmen erbringen und dem Verlag alle urheberrechtlich relevanten Rechte zum Zwecke der eigenen Rechtsausübung übertragen, hierin eine einheitliche untrennbare Leistung zu sehen ist, deren wirtschaftlicher Gehalt nicht durch die Darbietung, sondern durch die Einwilligung in die Aufnahme der Darbietung auf Tonträgern und die weitere Einwilligung in die Vervielfältigung bestimmt wird.

Nach Ansicht des BFH rechtfertigt sich dies aus der Erkenntnis, dass Darbietungen von Werken der Tonkunst ohne körperliche Festlegung vergänglich sind. So sind sie selbst unter völlig gleichen Bedingungen nicht wiederholbar. Ohne körperliche Festlegung erschöpft sich die Darbietung in sich selbst und erzielt kein den Schaffensvorgang des Künstlers überdauerndes „Leistungsergebnis".

---

[12]BFH v. 19.02.1976 – V R 92/74, BStBl. II 1976, S. 515.

[13]BFH v. 12.05.1977 – V R 111/73, BStBl. 1977, S. 88.

[14]BFH v. 22.03.1979 – V R 128/70, BStBl. II 1958, S. 598.

2.3.3   Ort der sonstigen Leistung

Sonstige Leistungen gelten grundsätzlich an dem Ort als aufgeführt, an dem der Leistungsempfänger sein Unternehmen betreibt. Wird die sonstige Leistung an einer Betriebsstätte ausgeführt, gilt der Ort der Betriebsstätte als Leistungsort.

Die allgemeine Ortsbestimmung des § 3a Abs. 1 UStG kommt jedoch nur dann zur Anwendung, wenn keine Sondervorschriften greifen. Die bis einschließlich des Jahres 2010 geltende Ausnahmeregelung bei künstlerischer Tätigkeit wurde aufgehoben (bis einschließlich zum Jahr 2010 galt der Umsatz an Unternehmer als dort ausgeführt, wo der Auftritt stattfand) und seitdem ist in der Regel auch bei künstlerischen Leistungen die allgemeine Ortsbestimmung zu berücksichtigen.

Die Leistungen werden insoweit dort ausgeführt und sind dort steuerbar, wo der Leistungsempfänger seinen Sitz hat.

Beispiel

Ein deutscher Künstler tritt in den Niederlanden auf. Seine Leistung rechnet er gegenüber einem deutschen Konzertveranstalter ab. Da der Konzertveranstalter Unternehmer im Sinne des Umsatzsteuergesetzes ist und seinen Sitz in Deutschland hat, ist die Rechnung mit deutscher Umsatzsteuer zu stellen. Dass der Auftritt in den Niederlanden stattfand ist hier unbeachtlich.

Zu beachten ist, dass die Regelung allerdings nur dann Anwendung findet, wenn die Leistung an einen umsatzsteuerlichen Unternehmer erbracht wird. Tritt also eine Band im Ausland auf einer privaten Geburtstagsfeier auf, liegt der Leistungsort im Ausland und für die Band besteht das Problem der umsatzsteuerlichen Registrierungspflicht im Ausland.

Auch liegt der Ort der sonstigen Leistung weiterhin im Ausland, wenn der Medientreibende selber als Veranstalter im Ausland auftritt. Verkauft der Auftretende zugleich auch im eigenen Namen und auf eigene Rechnung die Eintrittsberechtigung, steht nicht seine Auftritts-, sondern seine Veranstaltungsleistung im Vordergrund.[15]

Bei Rechnungen an ausländische Unternehmer sind Besonderheiten zu beachten. Soweit ein Medientreibender eine Leistung an einen ausländischen Unternehmer erbringt, ist die Leistung in Deutschland nicht steuerbar, mit der Folge, dass der Medientreibende die Rechnung ohne Umsatzsteuer auszustellen hat. Eine Vorschrift, welcher Nachweis zu erbringen ist, um zu beweisen, dass es sich beim Auftraggeber um einen Unternehmer handelt, wurde dabei gesetzlich nicht näher bestimmt. Bei europäischen Auftraggebern ist dies noch leicht. Man lässt sich hier die Umsatzsteuer-Identifikationsnummer des Auftraggebers vorlegen, die man auch für Zwecke der Zusammenfassenden

---

[15]BFH v. 18.01.1995 – V R 60/93, BStBl. II 1995, S. 348; BFH v. 26.04.1995 – XI R 20/94, BStBl. II 1995, S. 519.

Meldung benötigt. Bei Unternehmern im Drittland ist dies vereinzelt schon schwieriger, da es hier keine einheitliche Form gibt. Zumeist wird auf eine „Unternehmerbescheinigung" der ausländischen Finanzbehörde zurückgegriffen.

Auf der Rechnung des Medientreibenden ist der Hinweis „Reverse Charge" (Umkehr der Steuerschuld) sowie bei EU-Fällen die Umsatzsteuer-ID-Nr. des Auftraggebers aufzunehmen, was signalisiert, dass der ausländische Auftraggeber die Umsatzsteuer für den Medientreibenden im Ausland anzumelden und abzuführen hat. So ist der Umsatz, da er nicht in Deutschland umsatzsteuerbar ist, im Ausland entsprechend zu versteuern.

Im Rahmen seiner Umsatzsteuer-Voranmeldung meldet der deutsche Künstler diesen Umsatz als „nicht steuerbare sonstige Leistung" (Zeile 41 der Umsatzsteuer-Voranmeldung). Weiterhin ist eine Meldung im Rahmen der Zusammenfassenden Meldung vorzunehmen. So wurden durch das Mehrwertsteuerpaket 2010 auf europäischer Ebene die Vorschriften zur Umsatzsteuer bei Dienstleistungen geändert, um eine Harmonisierung unter den Mitgliedstaaten zu erreichen und einen besseren Datenabgleich über die Landesgrenzen sicherzustellen.

2.4   Weiterberechnung von Nebenkosten

Berechnet ein Medientreibender Nebenkosten an seinen Auftraggeber weiter, erhöhen diese die Bemessungsgrundlage und somit die Umsatzsteuer. Die Nebenleistungen teilen dabei das Schicksal der Hauptleistung.

Besteht die Leistung insoweit in einer Übertragung von Nutzungsrechten und wird diese mit 7 % Umsatzsteuer besteuert, werden auch die weiterberechneten Nebenkosten dem ermäßigten Umsatzsteuersatz unterworfen.

Beispiel

Ein Musiker berechnet die Fahrtkosten für die Anreise zum Konzert weiter an den Konzertveranstalter.

Honorar	10.000,00 EUR
Fahrkarte	100,00 EUR
Netto	10.100,00 EUR
+7 % Umsatzsteuer	707,00 EUR
Rechnungsbetrag	10.807,00 EUR

Ein durchlaufender Posten, der das Entgelt nicht erhöht und auf welchen somit auch keine Umsatzsteuer erhoben wird, liegt gem. § 4 Abs. 3 Satz 2 EStG i. V. m. § 10 Abs. 1 Satz 6 UStG hingegen dann vor, wenn der Medientreibende Beträge

- im Namen und für Rechnung
- eines anderen
- vereinnahmt und verauslagt.

Ein durchlaufender Posten verlangt, dass zwischen dem Zahlungsverpflichteten und dem Zahlungsempfänger eine unmittelbare Rechtsbeziehung besteht.

2.5   Nicht steuerbarer Umsatz

Zahlungen, bei denen kein Leistungsaustausch vorliegt, unterliegen nicht der Umsatzsteuer. So sind z. B. Zahlungen, durch die lediglich eine aus allgemein- strukturpolitisch oder volkswirtschaftlichen Gründen erwünschte Tätigkeit des Medientreibenden gefördert werden soll, kein Entgelt für eine steuerbare Leistung. Hierzu zählen unter anderem

- echte Zuschüsse: eine echte Zuwendung liegt vor, wenn der Zuwendungsgeber (also die Behörde, die fördert) die Gelder ohne eine Gegenleistung des Empfängers (also z. B. das Theater, der Regisseur oder ein anderer Akteur) zur Verfügung stellt, z. B. Kunstfördermittel, Ausbildungsstipendien
- Filmförderdarlehen[16]
- Zuschüsse zur freiwilligen Krankenversicherung unständig beschäftigter Mitarbeiter (hingegen ist der Zuschuss zur privaten Altersvorsorge, der auf Grundlage eines Tarifvertrags gezahlt wird, umsatzsteuerpflichtig)
- Kulturpreise
- Schadenersatzleistungen
- Unerlaubte Nutzung urheberrechtlich geschützter Werke

Als Indiz für die Beurteilung der Frage, ob der Leistende seine Aktivitäten durchführt, um ein Entgelt zu erzielen, dient u. a. der Zweck, den der Zuschusszahlende mit der Zahlung verfolgt. Soll der Empfänger mit dem Zuschuss rein unterstützt werden, damit er seine Tätigkeit ausüben kann, fehlt es an der erforderlichen Verknüpfung von Leistung und Zuschusszahlung zu einem steuerbaren Umsatz.[17]

---

[16]U. a. OFD München v. 12.02.2008 – S 7100-38-St-44-32.

[17]BFH v. 25.01.1996 – V R 61/94, BFH/NV 1996, S. 715; BFH v. 22.07.1999 – V R 74/98, BFH/NV 2000, S. 240.

2.6   Umsatzsteuerbefreiungen

Soweit der Ort der Lieferung bzw. sonstigen Leistung im Inland liegt und die Leistung steuerbar im Sinne des Umsatzsteuergesetzes ist, muss weiter geprüft werden, ob die Leistung aufgrund einer Sonderregelung steuerbefreit ist. Die wichtigsten Steuerbefreiungen von sonstigen Leistungen für den Medienbereich haben wir nachfolgend zusammengestellt.

2.6.1   Steuerbefreiung nach § 4 Nr. 20 Buchst. a UStG

Nach § 4 Nr. 20 Buchst. a UStG sind steuerfrei die Umsätze folgender Einrichtungen des Bundes, der Länder, der Gemeinden oder Gemeindeverbände:

- **Theater, Orchester, Kammermusikensembles, Chöre, Museen, botanische Gärten, zoologische Gärten, Tierparks, Archive, Büchereien sowie Denkmäler der Bau- und Gartenbaukunst.**

Das gleiche gilt für die Umsätze gleichartiger Einrichtungen anderer Unternehmen, wenn die zuständige Landesbehörde bescheinigt, dass sie die gleichen kulturellen Aufgaben, wie die bezeichneten Einrichtungen, erfüllt. Dazu können auch private Unternehmer wie Ensembles und Solisten gehören.[18]

2.6.1.1 Orchester, Chöre, Musikbands

Ein Orchester wird als ein aus einer großen Zahl von Instrumenten zusammengesetzter Klangkörper definiert; 1980 wurde der Anwendungsbereich der Vorschrift auf Kammermusikensembles und Chöre ausgeweitet, weil diese Einrichtungen ähnliche kulturelle Aufgaben erfüllen wie die Orchester. Seitdem zählen zu den umsatzsteuerbefreiten Einrichtungen alle Musikgruppen mit zwei oder mehr Mitwirkenden.[19]

Mit Urteil vom 03.04.2003[20] entschied der Europäische Gerichtshof schließlich, dass der Begriff der „gleichartigen Einrichtungen" auch Solokünstler umfasst. Im Fall hatte er über den Auftritt dreier Solisten zu entscheiden. Nach Ansicht des EuGHs verstößt es gegen den Grundsatz der steuerlichen Neutralität, wenn Ensembles anders zu behandeln wären als solo auftretende Musiker. Im Jahr 2010 hatte der BFH darüber zu entscheiden, ob ein Schlagzeuger sowie alleiniger Inhaber und Betreiber eines Orchesters die Steuerbefreiung in Anspruch nehmen kann. Der BFH stellte dabei noch einmal fest, dass der

---

[18]EuGH v. 03.04.2003 – C-144/00, BStBl. II 2003, S. 679; BFH v. 18.02.2010 – V R 28/08, BStBl. II 2010, S. 876.

[19]Sölch/Ringleb/Oelmaier UStG § 4 Nr. 20 Rn. 14.

[20]Ebenda.

eindeutige Wortlaut des § 4 Nr. 20 Buchst. a UStG die Einbeziehung einzelner Personen nicht zulässt. Nach der Rechtsprechung des EuGHs ist Deutschland allerdings nicht berechtigt, bei der Definition der kulturellen Dienstleistungen danach zu differenzieren, ob eine kulturelle Leistung im Bereich der Musik durch einen oder mehrere Musiker erbracht wird. So hatte der EuGH, wie oben beschrieben, die Leistungen einzelner Musiker als steuerfrei beurteilt. Es greift daher das europäische Recht.

Die Abgrenzung erfolgt tätigkeitsbezogen und nicht nach der Rechtsform, in der die Tätigkeit ausgeübt wird. Deshalb kommt es nach Ansicht des EuGHs auch nicht darauf an, wem gegenüber die Tätigkeit ausgeübt wird, sondern nur auf die Anerkennung der Tätigkeit als kulturelle Dienstleistung.

2.6.1.2 Theater

Ein Theater im Sinne des Umsatzsteuergesetzes liegt vor, wenn so viele künstlerische und technische Kräfte sowie die zur Aufführung von Theateraufführungen notwendigen technischen Voraussetzungen unterhalten werden, dass die Durchführung eines Spielplans aus eigenen Kräften möglich ist.[21] Es genügt, dass ein Theater die künstlerischen und technischen Kräfte nur für die Spielzeit eines Stückes verpflichtet. Ein eigenes oder gemietetes Theatergebäude muss nicht vorhanden sein.[22] Nach Ansicht des Bundesverwaltungsgerichtes lassen dabei weder der Wortlaut noch der Zweck von § 4 Nr. 20 Buchst. a UStG den Schluss zu, dass die Steuerbefreiung nur solchen Einrichtungen zugutekommen soll, die „professionell" und auf einem hohen Niveau arbeiten und deshalb Laieneinrichtungen ausgeschlossen sind. Das künstlerische Niveau muss nicht dem der Theater öffentlich-rechtlicher Gebietskörperschaften gleichen. Es kann sich nicht nur dadurch ergeben, dass die Mitwirkenden professionell ausgebildet sind oder angeleitet werden. Auch Amateurtheater können der Öffentlichkeit Theaterstücke in einer Form und auf einer Ebene nahebringen, die eine Auseinandersetzung mit dem aufgeführten Stück erlaubt, zum Nachdenken anregt und unterhält.[23] Zu den Theatern gehören auch Freilichtbühnen, Wanderbühnen, Zimmertheater, Heimatbühnen, Puppen-, Marionetten- und Schattenspieltheater sowie literarische Kabaretts. Hingegen fallen Filmvorführungen, Varietéaufführungen und sonstige Veranstaltungen der Kleinkunst nicht unter die Steuerbefreiung.

Neben den typischen Theaterleistungen sind auch die damit verbundenen Nebenleistungen Umsätze.[24] Eine mit einer Theaterleistung üblicherweise verbundene Nebenleistung ist gegeben, wenn sie im Vergleich zur Hauptleistung nebensächlich ist, mit ihr eng (im Sinne einer wirtschaftlich gerechtfertigten Abrundung und Ergänzung) zusammenhängt und üblicherweise in ihrem Gefolge vorkommt.[25]

---

[21]Sölch/Ringleb/Oelmaier UStG § 4 Nr. 20 Rn. 11.

[22]Informationen des Niedersächsischen Ministerium für Wissenschaft und Kultur.

[23]BVerwG v. 31.07.2008 – 9 B 80.07, NJW 2009, S. 793.

[24]BFH v. 18.05.1988 – X R 11/82, BStBl. II 1988, S. 799.

[25]BFH v. 18.12.1980 – V B 24/80, BStBl. II 1981, S. 197.

Der BFH entschied, dass die Herstellung bzw. Umarbeitung von Kostümen, Requi-
siten und Bühnenbildern durch die Bühnenwerkstatt als Lieferung von Gegenständen
zu beurteilen ist, die zumindest einen Teil der künstlerischen und technischen Voraussetzungen für eine Theateraufführung bilden und die deshalb für die Theatervorstellung
unerlässlich sind.

Gastronomieumsätze im für jedermann zugänglichen Gastronomiebetrieb eines Theaters haben einen eigenen vom Theaterbesuch unabhängigen Zweck. Sie sind zur Durchführung kultureller Dienstleistungen für die Theateraufführung nicht unerlässlich und
stellen daher auch keine Nebenleistung dar. Zwar ist die Abgabe von kleinen Speisen,
Getränken und Süßwaren an Theaterbesucher nach den heutigen Anforderungen an den
äußeren Rahmen einer Theaterveranstaltung üblich und werden vom Besucher erwartet.
Dass solche zusätzlichen Angebote von vielen Besuchern gerne in Anspruch genommen
werden, rechtfertigt nach Ansicht des Bundesfinanzhofes allein jedoch nicht schon deren
Beurteilung als Nebenleistung.[26]

Vorsicht ist bei sogenannten **Dinner-Shows** geboten, deren Eintrittspreis das Menü
beinhaltet. Die Frage, ob dabei eine oder mehrere trennbare Leistungen vorliegen und ob
eine Steuerermäßigung infrage kommt, war in der Vergangenheit oft Streitthema vor den
Finanzgerichten und dem Bundesfinanzhof. In einem aktuellen Urteil[27] stellte der BFH
fest, dass ein Leistungsbündel aus Unterhaltung und kulinarischer Versorgung der Gäste
jedenfalls dann dem Regelsteuersatz unterliegen, wenn es sich um eine einheitliche,
komplexe Leistung handelt. Eine Aufspaltung in eine kulinarische und eine künstlerische
Einzel(Haupt-)Leistung ist angesichts der gewünschten Verbindung von Menü und Show
ebenso lebensfremd wie die Annahme, das Menü ist eine Nebenleistung zur Show oder
die Show Nebenleistung zum Menü. Show und Menü sind aufeinander abgestimmt und
greifen in zeitlicher Hinsicht ineinander. Durch die Verflechtung kann die Leistung nur
insgesamt in Anspruch genommen werden.

Weiter sind als umsatzsteuerfreie Theaterleistungen auch solche Leistungen anzusehen, die gegenüber einem gastgebenden Theater ausgeführt werden, z. B. die Zur-
verfügungstellung eines Ensembles.[28] Nicht unter die Befreiungsvorschrift fallen
hingegen die Leistungen von Künstlern ohne unmittelbare Bühnenpräsenz. So betreibt
ein Regisseur nach Ansicht des BFH kein Theater, und er stellt selbst auch keine solche Einrichtung dar. Eine Umsatzsteuerbefreiung kommt bei einem ausübenden Künstler
demnach nur dann in Betracht, wenn der Künstler in irgendeiner Weise auf einer Bühne
vor einem Publikum ein Stück zur Aufführung bringt.[29] Es lässt sich daher zumindest
vermuten, dass der BFH einem Schauspieler, der unmittelbar gegenüber dem Publikum

---

[26]BFH v. 18.08.2005 – V R 20/03, BStBl. II 2005, S. 910.

[27]BFH v. 13.06.2018 – XI R 2/16.

[28]BFH v. 14.02.2006 – V R 57/03, BFH/NV 2006, S. 1121.

[29]BFH v. 04.05.2011 – X I R 44/08, BStBl. II 2014, S. 200.

auftritt, die Vergleichbarkeit mit einem Theater zubilligen würde. Daher scheint der gängigen Praxis, als selbstständiger Schauspieler Vorsteuern geltend zu machen, ein Riegel vorgeschoben zu sein. Der umsatzsteuerliche Status sollte vom Schauspieler insoweit mit der Landeskulturbehörde geklärt werden, um unliebsame Überraschungen zu vermeiden.

2.6.1.3   Umsätze gleichartiger Einrichtungen

Das Gleiche gilt für die Umsätze gleichartiger Einrichtungen anderer Unternehmer, wenn die zuständige Landesbehörde bescheinigt, dass sie die gleichen kulturellen Aufgaben, wie die vorgenannten Einrichtungen, erfüllen. Hiermit soll der Zweck verfolgt werden, zwischen den Einrichtungen der Gebietskörperschaften und den gleichartigen Einrichtungen Wettbewerbsneutralität zu gewährleisten.

Zunächst war aufgrund der Formulierung („wenn durch eine Bescheinigung der zuständigen Landesbehörde nachgewiesen wird") ein Wahlrecht des Unternehmers gefolgt worden. Eine Gesetzesänderung zum 01.01.1980 stellte jedoch durch ihre Formulierung („wenn die zuständige Landesbehörde bescheinigt") klar, dass die Einschaltung der für die Erteilung der Bescheinigung zuständigen Landesbehörde nicht an die Person des Unternehmers gebunden ist. Der Landesbehörde verbleibt, wenn sie durch das Ersuchen des Finanzamtes um entsprechende Prüfung in das Besteuerungsverfahren eingebunden ist, kein Handlungsermessen. Die Bescheinigung ist vielmehr zwingend zu erteilen, wenn die gesetzlichen Voraussetzungen des § 4 Nr. 20 Buchst. a Satz 2 UStG vorliegen.[30]

Die genannten Voraussetzungen der Gleichartigkeit dürfen die Finanzbehörden jedoch nicht in eigener Zuständigkeit prüfen, sondern sie sind darauf angewiesen, das Fachwissen der Verwaltungsbehörde für sich nutzbar zu machen. So zählen Fragen der Wissenschaft zur Kernkompetenz der Landesbehörde und nicht zu der eines Finanzbeamten.

Aus diesem Grund wirkt sich die Vorschrift für das Finanzamt als eine spezialgesetzliche Ermittlungsbeschränkung aus.

Gem. Abschn. 4.20.5 i. V. m. Abschn. 4.21.5 Abs. 2 UStAE kann die für die Erteilung der Bescheinigung zuständige Landesbehörde nicht nur vom Unternehmer, sondern auch von Amts wegen eingeschaltet werden.[31]

Diese Regelung führt zu Gefahren, denn durch die gesetzliche Funktion als Grundlagenbescheid kann die Bescheinigung vier Jahre bezogen auf den Ablauf des Kalenderjahres bzw. solange noch keine Festsetzungsverjährung eingetreten ist, zurückwirken. Es scheint in letzter Zeit so, als wenn dieses Mittel von Umsatzsteuersonderprüfern gezielt eingesetzt wird und die Bescheinigungen von Amts wegen beantragt wird. So kommt es bei den betroffenen Unternehmen häufig zu einem Vorsteuerüberhang, da die erbrachten Leistungen häufig mit 7 % Umsatzsteuer abzurechnen sind. Der Vorsteuerabzug erfolgt allerdings aus den Eingangsrechnungen, die meist 19 % Umsatzsteuer ausweisen. Mit

---

[30]Bunjes/Heidner UStG § 4 Nr. 20 Rn. 30.

[31]Vgl. auch Bunjes/Heidner UStG § 4 Nr. 20 Rn. 5.

der Feststellung, dass die Ausgangsumsätze steuerbefreit sind, entfällt der Vorsteuerabzug. Somit hat der Prüfer des Finanzamtes relativ leicht ein Mehrergebnis „erwirtschaftet". Leider verkommt die Regelung, die eigentlich einmal dazu gedacht war, die Leistungen von Orchestern etc. zu fördern, zum Spielball der Finanzbehörde und zum Risiko im Kulturbereich.

Hinweis: Vereinzelt wird seitens der Finanzbehörde versucht, durch Beantragung einer Bescheinigung auch die Leistung von kommerziellen Musikbands rückwirkend als umsatzsteuerfrei einzustufen und somit den Vorsteuerabzug zu untersagen. Zu beachten ist allerdings, dass ein Gleichstellungsbescheid bezüglich der Erfüllung der „gleichen kulturellen Aufgaben" nicht erteilt werden darf, soweit die kommerzielle Vermarktung von Musik überwiegt. Und das ist bei Rock- und Popkonzerten sowie bei anderen Formen kommerziell vermarkteter Konzerte stets der Fall. Der Bereich dieser Konzerte gehört insoweit nicht in den Aufgabenbereich des § 4 Nr. 20 Buchstabe a UStG. Man sollte gegenüber der Behörde daher stets darauf bestehen, dass diese die Kriterien für die Prüfung der Erfüllung der „gleichen kulturellen Aufgaben" nachvollziehbar darlegt.

Für die Erteilung ist die Landesbehörde zuständig, in deren Zuständigkeitsbereich der Unternehmer steuerlich geführt wird. Bei ausländischen Ensembles ist die Landesbehörde zuständig, in deren Zuständigkeitsbereich das ausländische Ensemble erstmals auftritt.

Die zuständige Landesbehörde muss ihre eigene Prüfungshoheit wie folgt wahrnehmen:

- Sie muss feststellen, worin die „kulturellen Aufgaben" der in § 4 Nr. 20 Buchstabe a Satz 1 UStG genannten öffentlich-rechtlichen Kulturträger zu sehen sind, um anhand dieser Kriterien sodann zu beurteilen,
- ob die jeweiligen Tätigkeiten des zur Beurteilung gestellten privatrechtlichen Trägers ebenso zur Erfüllung der – „gleichen" – im Sinne von identischen Aufgaben beitragen.

Die Ausstellung der Bescheinigung ist gebührenpflichtig (z. B. in Berlin bis EUR 600,00). Die Bescheinigung ist ein mit dem Widerspruch anfechtbarer Verwaltungsakt, der in dem Zeitpunkt wirksam wird, in dem er denjenigen, für den er bestimmt ist oder der von ihm betroffen wird, bekannt gegeben wird.

Die Bescheinigung ist gem. § 171 Abs. 10 AO für das Finanzamt und das Finanzgericht verbindlich, soweit es um die Frage geht, ob die Einrichtung als solche die gleichen kulturellen Aufgaben, wie die in § 4 Nr. 20 Buchst. a Satz 1 UStG bezeichneten Einrichtungen, erfüllt. Die Beurteilung, ob der Unternehmer eine Einrichtung betreibt, die den Einrichtungen gleichartig ist, obliegt dagegen der Finanzbehörde. Einzelkünstler sind nach bisheriger Rechtsprechung des BFH keine einem Orchester oder Chor gleichartige Einrichtung. Sie können sich danach aber unmittelbar auf Art. 132 Abs. 1 Buchst. n MwStSystRL berufen.[32]

---

[32]BFH v. 18.2.2010 V R 28/08, BStBl. II 2010, S. 876 zu Art. 13 Abs. 1 Buchst. n der 6. RL.

2.6.2   Steuerbefreiung nach § 4 Nr. 20 Buchst. b UStG

Nach § 4 Nr. 20 Buchst. b UStG sind steuerfrei die Veranstaltungen von Theatervor-
führungen und Konzerten durch andere Unternehmer, wenn die Darbietungen von den
unter § 4 Nr. 20 Buchst. a UStG bezeichneten Theatern, Orchestern, Kammermusikensembles oder Chören erbracht wird.

Haben Unternehmer (Theater, Orchester, Kammermusikensembles oder Chöre) eine
Bescheinigung nach § 4 Nr. 20 Buchst. a UStG und bestreitet eine solche Einrichtung
ausschließlich die Veranstaltung, liegt eine nach § 4 Nr. 20 Buchst. b UStG steuerfreie
Veranstaltungsleistung vor. Und auch hinsichtlich der Steuerbefreiung nach § 4 Nr. 20
Buchst. b UStG besteht für den Veranstalter kein Wahlrecht. Die einem Künstler ausgestellte Bescheinigung nach § 4 Nr. 20 Buchst. a Satz 2 UStG dürfen von dem Veranstalter nicht ignoriert werden. Bestreitet ein unter die Steuerbefreiung nach § 4 Nr. 20
Buchst. a UStG fallender Künstler allein eine Veranstaltung und erteilt dem Veranstalter
eine Rechnung mit gesondertem Steuerausweis, ist für den Veranstalter der Vorsteuerabzug ausgeschlossen.[33]

Legt ein unter die Steuerbefreiung fallender Künstler dem Veranstalter keine
Bescheinigung vor und der Veranstalter macht die in Rechnung gestellte Umsatzsteuer
als Vorsteuer geltend, hat nach einem Erlass der OFD Frankfurt das für die Umsatzbesteuerung des Veranstalters zuständige Finanzamt das für die Umsatzbesteuerung
des Künstlers zuständige Finanzamt zu kontaktieren und nachzufragen, ob eine
Bescheinigung nach § 4 Nr. 20 Buchst. a UStG vorliegt.[34]

Wird für den Künstler eine Bescheinigung erteilt, die gegebenenfalls auch für rückwirkende Zeiträume gelten kann, ist das für den Veranstalter zuständige Finanzamt zu
unterrichten. Es ist sodann eine Kürzung des Vorsteuerabzugs beim Veranstalter vorzunehmen. Eine Änderung der Umsatzsteuerfestsetzung ist jedoch nur soweit möglich,
als noch keine Bestandskraft eingetreten ist. § 175 AO findet keine Anwendung, da die
nachträgliche Erteilung der Bescheinigung nicht als rückwirkendes Ereignis gilt (§ 175
Abs. 2 Satz 2 AO).

Die OFD Frankfurt führt weiter aus, dass ein Erlass aus sachlichen Billigkeitsgründen
nicht einschlägig sei, da der Veranstalter seine nach § 4 Nr. 20 Buchst. b UStG steuerfreien Umsätze unzutreffend der Umsatzsteuer unterworfen und zudem – entgegen den
Regelungen in Abschn. 15.2 Abs. 3 UStAE – unzulässiger Weise einen Vorsteuerabzug
vorgenommen hat. Persönliche Billigkeitsgründe richten sich nach den Verhältnissen des
jeweiligen Einzelfalls.

---

[33]BFH v. 02.04.1998 – V R 34/97, BStBl. II 1998, S. 695.
[34]OFD Frankfurt am Main v. 12.12.2006 – S-7177-A-006- II 51.

2.6.3   Steuerbefreiung nach § 4 Nr. 21 UStG

Unmittelbar dem Schul- und Bildungszweck dienende Leistungen privater Schulen und anderer allgemein bildender oder berufsbildender Einrichtungen können von der Umsatzsteuer befreit werden, wenn die zuständige Landesbehörde bescheinigt, dass die Einrichtung objektiv geeignet ist, der Berufs- und Prüfungsvorbereitung zu dienen, also für einen Beruf oder eine vor einer juristischen Person des öffentlichen Rechts abzu-legende Prüfung ordnungsgemäß vorbereitet und der Unterricht von entsprechend quali-fizierten Lehrern vermittelt wird.

So kann auch einer Musikschule bzw. einem Einzellehrer eine Bescheinigung erteilt wer-den, wenn nach dem folgenden Kriterienkatalog mindestens drei Voraussetzungen erfüllt sind:

- Abgeschlossenes Hochschulstudium im Fach Musik (Diplom, Examen, Bachelor, Master) oder bei einem nicht abgeschlossenen Hochschulstudium mindestens eine erfolgreich abgeschlossene Zwischenprüfung
- Abgeschlossene Ausbildung an Einrichtungen, die keine Hochschulen sind z. B. Kirchenmusikschulen oder den Nachweis über die erfolgreiche Teilnahme an einer studienvorbereitenden Ausbildung
- Gutachten eines Professors, der im gleichen Fach unterrichtet wie der Antragsteller
- Mindestens fünfjährige Unterrichtspraxis
- Unterrichtstätigkeit an anderen Einrichtungen, z. B. Ergänzungsunterricht an öffentli-chen Schulen, Unterrichtstätigkeit an kommunalen Musikschulen oder an einer priva-ten Einrichtung, die in dem Bereich, in dem die nicht examinierte Lehrkraft über eine begünstigte Bescheinigung nach § 4 Nr. 21 a) bb) UStG verfügt.
- Preise von Schülern, die an Wettbewerben teilgenommen haben, wenn mit dem Preis besondere Leistungen verbunden sind, z. B. Jugend musiziert, Preise auf regionaler oder auf Landes- oder Bundesebene; gilt nicht bei Preisen, die nur für die Teilnahme vergeben werden
- Bescheinigung der Eltern von Schülern, durch die bestätigt wird, dass der Unterricht eine Ergänzung des Schulfaches Musik ist.
- Nachweis über die tatsächliche Vorbereitung eines Schülers zum Musikstudium oder zur instrumentalen Eignungsprüfung zum Lehramtsstudium oder zum Abitur mit Leistungskurs Musik oder zum Berufsmusiker. Eine Vorbereitung, die mehr als ca. 8 Jahre zurückliegt, kann nicht mehr als Begründung herangezogen werden.
- Eigene Berufstätigkeit als Musiker, nachzuweisen durch Programmhefte, Presse-artikel, CD- bzw. Rundfunkproduktionen, Internetadresse etc.

Dem formlosen Antrag sind folgende Unterlagen beizufügen:

- Beschreibung aller Bildungsangebote unter Angabe des Personenkreises an den sie sich richten
- Nachweis, nach welchen Lehrplänen der Unterricht erteilt wird. Der erteilte Unterricht muss den vom Verband deutscher Musikschulen e. V. herausgegebenen Lehrplänen entsprechen
- Nachweise (insbesondere Kopien der Abschlusszeugnisse) über die berufliche Qualifikation aller Lehrkräfte mit beruflichem Werdegang
- Angaben über die Ausstattung des Unterrichtsraumes
- Bei angemieteten Räumen ist ein Mietvertrag vorzulegen
- Programmhefte, Flyer, o. ä.

2.6.4 Steuerfreie Unterrichtsleistungen

Unterrichtsleistungen von selbstständigen Lehrern sind nach § 4 Nr. 21 Buchst. b Doppelbuchst. bb UStG steuerbefreit, wenn sie unmittelbar dem Schul- und Bildungszweck dienen und an privaten Schulen und anderen allgemeinbildenden oder berufsbildenden Einrichtungen erfolgen, denen eine Berufs- oder Prüfungsvorbereitung bescheinigt wird.

Der Unternehmer hat in geeigneter Weise nachzuweisen, dass er an einer Hochschule, Schule oder Einrichtung im Sinne des § 4 Nr. 21 UStG Buchstabe a UStG tätig ist. Der Nachweis ist durch eine Bestätigung der Bildungseinrichtung zu führen, aus der sich ergibt, dass diese die Voraussetzungen des § 4 Nr. 21 Buchstabe a Doppelbuchstabe bb UStG erfüllt und die Unterrichtsleistung des Unternehmers im begünstigten Bereich der Einrichtung erfolgt.

2.7 Steuersatz

Grundsätzlich unterliegen inländische Umsätze dem Regelsteuersatz von derzeit 19 %. Bestimmte künstlerische Leistungen unterliegen dem ermäßigten Steuersatz. Diese Voraussetzungen kommen allerdings nur unter den vom Gesetz bestimmten Voraussetzungen in Betracht. Dabei ist jeder Umsatz im Einzelnen zu prüfen.

2.7.1 Anzuwendende Steuersätze

Artisten
Die Leistungen der Artisten sind i. d. R. nicht vergleichbar mit den Leistungen von Theatern, Orchestern und Chören und unterliegen somit dem Regelsteuersatz. Zauberkünstler hingegen können auch ermäßigt besteuert werden.[35]

---

[35]FG Hessen v. 08.07.2009 – 6 K 3559/08.

Bildjournalisten/Fotografen

Bei Lichtbildwerken und Werken, die ähnlich wie Lichtbildwerke geschaffen werden, besteht ein urheberrechtlicher Schutz. Die Leistungen der

- Bildjournalisten
- Bildberichterstatter
- Bildagenturen und
- Fotodesigner

unterliegen demnach dem ermäßigten Steuersatz. Werden im Rahmen des Auftrags, z. B. Passbilder oder Gruppenaufnahmen, in Rechnung gestellt, handelt es sich nicht um eine Rechteübertragung, sondern eine nicht begünstigte Lieferung, die mit dem allgemeinen Steuersatz zu versteuern ist Dies gilt auch bei gewerblichen Aufnahmen (z. B. Hochzeitsfotografie[36]).

Umsätze aus der Einräumung, Übertragung und Wahrnehmung von Rechten, die sich aus dem Urheberrechtsgesetz ergeben, unterliegen dem ermäßigten Umsatzsteuersatz von aktuell 7 % unter folgenden Voraussetzungen:

1. **Urheberrechtliche Schutzfähigkeit**

Die Arbeiten der Fotografen unterliegen generell dem Urheberrechtsschutz, entweder handelt es sich um eine schöpferische Arbeit (Lichtbildwerk) oder es handelt sich um eine Fotografie, die keine besondere schöpferische Qualität aufweist (Leistungsschutz § 73 UrhG).

2. **Rechteerwerb durch Kunden**

Die Überlassung von Nutzungsrechten ist i. d. R. das zentrale Anliegen des Kunden.

Bühnenbildner

Selbstständig tätige Bühnen- und Kostümbildner verpflichten sich im Regelfall gegenüber der Bühne bzw. dem Theater, eine Konzeption für das Bühnenbild bzw. die Kostüme zu erstellen und aufführungsreife Entwürfe mit den für die Realisierung notwendigen Details abzuliefern. Das Bühnenbild bzw. die Kostüme werden in der Regel von den eigenen Werkstätten der Bühnen angefertigt. Darüber hinaus ist der Auftragnehmer verpflichtet, die Herstellung des Bühnenbildes bzw. der Kostüme zu überwachen und bei Proben anwesend zu sein.

Für die umsatzsteuerrechtliche Beurteilung der Leistungen der selbstständigen Bühnen- und Kostümbildner kommt es entscheidend auf die vertragliche Vereinbarung und

---

[36]FG Schleswig-Holstein v. 18.07.2017 – 4 K 64/16, EFG 2018, S. 155.

deren tatsächliche Durchführung an. Die Einräumung, Übertragung und Wahrnehmung von Rechten, die sich aus dem Urheberrechtsgesetz ergeben, müssen den wesentlichen Inhalt der Vertragsbeziehung ausmachen. Davon kann in der Regel ausgegangen werden, wenn für die Aufführung eines bestimmten Bühnenwerkes eigens ein Bühnen- oder Kostümbildner mit dem Entwurf des Bühnenbildes oder der Kostüme beauftragt wird. In diesen Fällen wird es der Auftrag gebenden Bühne regelmäßig gerade auf die schöpferische Leistung des beauftragten Bühnen- oder Kostümbildners ankommen, sodass ohne die Übertragung von Urheberrechten die Aufführung bzw. Inszenierung des Bühnenstückes in der beabsichtigten Form, nämlich im Rahmen eines eigens hierfür geschaffenen Bühnenbildes bzw. unter Verwendung der speziell hierfür angefertigten Kostüme, rechtlich nicht möglich wäre. In diesen Fällen ist die Übertragung von Urheberrechten als prägender Bestandteil der Vertragsbeziehung anzusehen mit der Folge, dass der ermäßigte Steuersatz nach § 12 Abs. 2 Nr. 7 Buchstabe c UStG Anwendung findet. Erschöpft sich dagegen die Tätigkeit des Bühnen- oder Kostümbildners in der handwerklichen Umsetzung vorgegebener Gestaltungsformen, ist wesentlicher Vertragsinhalt die Herstellung und Lieferung des Bühnenbildes oder der Kostüme, sodass die Steuerermäßigung nach § 12 Abs. 2 Nr. 7 Buchstabe c UStG nicht in Betracht kommt.[37]

Choreograf

Die Entscheidung, ob ein Choreograf steuerermäßigte Umsätze ausführt, ist in der Praxis nicht immer einfach. Das Finanzgericht Düsseldorf[38] entschied in einem Urteil, dass der Choreograf, der an einem Theater selbstständig Leistungen zur Einstudierung und der künstlerischen Umsetzung von Kampfszenen aufführt, nicht den ermäßigten Umsatzsteuersatz von 7 % anwenden konnte. Das Finanzgericht argumentierte, dass die Nutzungsüberlassung seiner Rechte nicht die Hauptleistung des Vertrages darstellte. Auch eine Steuerermäßigung nach § 12 Abs. 2 Nr. 7 Buchst. a UStG kommt nicht in Betracht, da der Choreograf nicht selbst vor einem Publikum in Erscheinung tritt und damit keine dem Theater vergleichbare Leistung erbringt.

Anders dagegen entschied das Sächsische Finanzgericht[39]. Nach deren Ansicht kann davon ausgegangen werden, dass die Einräumung, Übertragung und Wahrnehmung von Rechten, die sich aus dem Urheberrecht ergeben, dann den wesentlichen Inhalt der Vertragsbeziehung ausmachen, wenn für die Aufführung eine Choreografie eigens durch die Auftrag gebende Bühne beauftragt wird, sofern ein urheberrechtlich geschütztes Werk vom Auftraggeber nur durch die Ausnutzung von Rechten an diesem Werk bestimmungsgemäß verwendet werden kann und ihm daher die entsprechende Nutzungsrechte eingeräumt und übertragen werden. Im entschiedenen Fall wurde die Rechteüberlassung des Choreografen als Hauptleistung eingestuft.

---

[37]Vgl. BMF v. 07.02.2014 – IV D 2 – S – 7240/11/10.002.

[38]FG Düsseldorf v. 27.01.2010 – 5 K 1072/08U.

[39]Vgl. FG Sachsen v. 23.07.2015 – 6 K 1157/12.

Dirigenten

Die Leistungen von Dirigenten unterliegen dem ermäßigten Steuersatz, soweit die Leistungen nicht steuerbefreit sind.[40]

Grafik-Designer

Der ermäßigte Steuersatz kann für die Übertragung von urheberrechtlichen Nutzungsrechten sowie der Nebenleistungen, die im engen Zusammenhang stehen (z. B. Entwurfsarbeiten) geltend gemacht werden.[41] Wenn ausnahmsweise nur Entwürfe gefertigt werden und keine Nutzungsrechte übertragen werden, fehlt es an der erforderlichen Hauptleistung und es ist der reguläre Umsatzsteuersatz anzuwenden.

Eine persönlich geistige Leistung liegt nicht vor, wenn der Inhalt des Bildwerks weitgehend vorgegeben ist (z. B. Säulen- oder Kreisdiagramme nach statistischen Daten) und nicht die individuelle Leistung sichtbar wird. Eine Anwendung des ermäßigten Steuersatzes kommt insoweit nicht in Betracht, wenn ein Grafik-Designer aufgrund eines Werkvertrages zur Erstellung von grafischen Darstellungen verpflichtet ist, auch wenn mit dieser Verpflichtung ausdrücklich die Überlassung der Verwertungsrechte verbunden ist.

Ein vereinfachtes Verfahren, wie bei Journalisten, bei denen einheitlich der ermäßigte Steuersatz berücksichtigt werden kann, lehnt die Finanzbehörde mit der Begründung ab, dass zwischen den beiden Berufsgruppen erhebliche Unterschiede hinsichtlich der tatsächlichen und rechtlichen Gegebenheit bestehen.[42] Die OFD Koblenz weist die Finanzämter an, den Regelsteuersatz anzuwenden, soweit nicht nachgewiesen wird, dass die von ihm geschaffenen Werke ausnahmsweise als Werke der angewandten Kunst einzustufen seien.[43]

Intendanten

Da die Tätigkeit in der organisatorischen, finanziellen und personalwirtschaftlichen Leitung von Theaterbetrieben, Musik- oder Theaterfestivals liegt, führen Intendanten keine Leistungen der darstellenden Kunst aus, die dem ermäßigten Steuersatz unterliegen. Es ist insoweit der Regelsteuersatz anzuwenden.

Journalisten

Zu den begünstigten Leistungen nach Abschn. 12.7 UStAE von Journalisten zählen u. a.

- Kommentare zu politischen, wissenschaftlichen, technischen und religiösen Ereignissen sowie
- Reportagen, die über den bloßen Bericht hinaus eine kritische Würdigung des Ereignisses vornehmen.

---

[40]Vgl. OFD Frankfurt am Main v. 14.02.2014 – S-7238 A – 6 – St 16.

[41]Vgl. BeckOK UStG/Ehrt UStG § 12 Abs. 2 Nr. 7c Rn. 49–51.

[42]BMF Schreiben v. 04.06.1982 – IV A 1-S7210-61/82.

[43]OFD Koblenz v. 20.09.1984, UR 1985, S. 209.

Bei Tatsachennachrichten besteht hingegen kein urheberrechtlicher Schutz, ausgenommen, sie haben durch eine individuelle Gestaltung Wertcharakter erlangt.

Zur Vermeidung von Abgrenzungsschwierigkeiten zwischen urheberrechtlich geschützten Werken und bloßen Tatsachennachrichten wird aus Vereinfachungsgründen zugelassen, dass Journalisten auf ihre Leistungen insgesamt den ermäßigten Steuersatz anwenden.

Lediglich bei Journalisten, die Daten sammeln und ohne redaktionelle Bearbeitung weiterleiten (z. B. Börsennotizen, Wettervorhersagen) haben ihre Leistungen nach dem allgemeinen Steuersatz zu versteuern.

Karikaturisten
Die Leistungen von Karikaturisten, Pressezeichnern und Cartoonisten unterliegen den urheberrechtlichen Schutzbestimmungen und insoweit ist der ermäßigte Steuersatz anzusetzen.

Maskenbildner
Zur Hauptleistung des Maskenbildners gehört der Umgang mit Haaren, die Erstellung von Perücken, die Anfertigung von Masken aus verschiedenen Materialien, das Anfertigen von Teilen, die zur Änderung des Darstellers einer Rolle entsprechend dienen und das Schminken selbst.

Ein Maskenbildner kann in der Regel nicht den ermäßigten Steuersatz geltend machen. Hiergegen sprach in dem vom Finanzgericht Hamburg entschiedenen Fall nicht, dass der Maskenbildner nach der Vereinbarung mit dem Auftraggeber „nur" die ihm zustehenden Nutzungsrechte an seinen eigenschöpferischen Leistungen übertragen hatte. Im Falle eines typischen Maskenbildners handelt es sich bei der Übertragung von Nutzungsrechten lediglich um eine unselbstständige Nebenleistung, die gegenüber der eigentlichen Tätigkeit in den Hintergrund tritt.[44]

Musiker
Die Leistungen eines Musikers, der mit einem Veranstalter einen Vertrag abschließt, wonach er den Konzertauftritt eines Ensembles schuldet, und der zur Erfüllung dieses Vertrags weitere Solisten engagiert, ist als Orchesterleistung ermäßigt zu besteuern. Die Leistungen der einzelnen Solisten an den Musiker sind in diesem Fall ebenfalls als Orchester vergleichbare Leistungen anzusehen und unterliegen dem ermäßigten Steuersatz.

Pressedienst
Bei der Einräumung oder Übertragung der Verwertungsrechte an dem enthaltenen Material (Pressedienste und Presseagenturen) ist der ermäßigte Steuersatz zu berücksichtigen. Werden die journalistischen Leistungen über eine Datenbank vertrieben, handelt es sich um einen Pressedienst, bei dem Folgendes zu beachten ist:

---

[44]FG Hamburg v. 30.05.2007 – 8 V 45/07.

- Die Einräumung oder Übertragung von Verwertungsrechten an Bildmaterial führt zur Anwendung des ermäßigten Steuersatzes
- Bei sonstigen Pressediensten kann es zu unterschiedlicher Beurteilung der geschützten Beiträge kommen. Aus Vereinfachungsgründen ist auf die Leistungen insgesamt der ermäßigte Steuersatz anzuwenden.

Regisseure und weitere Filmschaffende

Die Leistungen der Regisseure, Tontechniker, Beleuchter oder Souffleusen unterliegen dem allgemeinen Steuersatz, da diese als Solisten nicht fähig sind, ein Kunstwerk zu transportieren oder sich künstlerisch auszudrücken.[45]

Rundfunkmoderatoren

Nach dem Urheberrechtsgesetz gehören zu den geschützten Werken nach § 2 Abs. 1 UrhG die Leistungen aus dem Bereich der Literatur, Wissenschaft und Kunst insbesondere auch Sprachwerke wie Schriftwerke und Reden. Urheber eines Sprachwerks ist nach § 7 UrhG der Schöpfer des Werks.

Nach einem Urteil des BFH muss ein Sprachwerk, um Werkqualität zu erlangen, eine eigene geistige Schöpfung erkennen lassen. Dies sei gegeben, wenn Redebeiträge eine schöpferische Eigentümlichkeit aufweisen und sich Moderationen „von der Masse alltäglichen Geplauders durch eine gefällige Form abheben" sowie bei Interviews mit Frageformulierungen und geschickter Fragestellung soweit sie ein Einfühlungsvermögen auf den Gesprächspartner erkennen lassen.[46]

Ein Rundfunkmoderator für Musiksendungen, die er selbst zusammenstellt, deren Moderation er verfasst und in der er selbst die von ihm entworfenen Texte spricht, genießt Schutz für die von ihm geschaffenen Werke, sofern die Moderationen interpretierenden Charakter haben.[47]

Dabei stellen die vorbereitenden Tätigkeiten zur jeweiligen Sendung, die Moderation der Sendung und die Rechteeinräumung an den einzelnen Sprachwerken einheitliche Leistungen dar.[48] So hatte der BFH unter Bezugnahme auf die Rechtsprechung des EuGHs erkannt, dass eine wirtschaftlich einheitliche Dienstleistung nicht künstlich in Teilleistungen aufgespalten werden darf. Liegt ein Leistungsbündel vor, ist zu prüfen, ob es sich um eine einheitliche Leistung handelt.[49]

---

[45]OFD Hannover v. 21.10.2005 – S-7238-18-StO 184.

[46]BFH v. 14.11.1980 – I ZR 73/78, BGHZ 1979, S. 340.

[47]LG Hamburg v. 05.10.1990 – 74 S 12/87, ZUM 1995, S. 340.

[48]FG Köln v. 18.10.2006 – 4 K 3006/04.

[49]BFH v. 18.08.2005 V R 42/03, BStBl. II 2006, S. 44 unter Bezugnahme auf EuGH v. 25.02.1999 – C-349/96 slg. 1999, I-973.

Schriftsteller

Für Schriftsteller kommt die Steuerermäßigung in Betracht, soweit sie einem anderen Nutzungsrechte an urheberrechtlich geschützten Werken einräumen. Zu den geschützten Sprachwerken gehören z. B. Romane, Epen, Sagen, Erzählungen, Märchen, Fabeln, Biografien, Reiseberichte etc. Mit der Veräußerung eines Manuskripts wird im Zweifel dem Erwerber ein Nutzungsrecht nicht eingeräumt. Auf die bloße Lieferung des Manuskripts ist deshalb grundsätzlich der allgemeine Steuersatz anzuwenden. Eine begünstigte Leistung ist nur dann anzunehmen, wenn zugleich mit der Veräußerung des Werkoriginals dem Erwerber aufgrund einer besonderen Vereinbarung Nutzungsrechte an dem Werk eingeräumt werden.[50]

Signierstunden

Honorare, die für Signierstunden gezahlt werden, unterliegen dem allgemeinen Steuersatz. Dies gilt auch, wenn beispielsweise ein Schriftsteller aus seinen Werken liest oder mit bestimmten Personengruppen sein Werk diskutiert.

Wird die Lesung jedoch von einer Rundfunk- oder Fernsehanstalt veranstaltet und gesendet, so führt der Schriftsteller eine Leistung aus, deren wesentlicher Inhalt in der Einräumung urheberrechtlicher Nutzungsrechte besteht und somit dem ermäßigten Steuersatz unterliegt. Unerheblich ist es, ob die Lesung als Live-Sendung gesendet wird oder zunächst auf Bild- und Tonträgern aufgenommen wird und später gesendet wird. Die Ermäßigung kann auch in Anspruch genommen werden, wenn nur Teile der Lesungen oder Ausschnitte aus dem Gespräch gesendet werden oder eine Sendung tatsächlich unterbleibt.

Sportveranstaltung

Der ermäßigte Steuersatz findet bei einer Sportveranstaltung Anwendung, wenn die Sport-Show als Varieté-Theateraufführung anzusehen ist.

Synchronsprecher

Durch die – spätestens seit 01.01.2017 – geänderte Abrechnung von Synchronsprechern als unständig Beschäftigte ist zu beachten, dass die Bemessungsgrundlage die Gage vor Abzug des Arbeitnehmerbeitrags zur Kranken-, Pflege- und Rentenversicherung ist.

Ein Synchronsprecher ist als unständig Beschäftigter tätig. Er erhält eine Gage von 432,00 EUR, wovon die Produktionsgesellschaft Beiträge zu Kranken-, Pflege- und Rentenversicherung auf dem Gagenschein einbehält. Die Abrechnung ist in Tab. 2.1 dargestellt.

Die Umsatzsteuer bemisst sich auf die Gage von EUR 432,00, was bedeutet, dass die Produktionsgesellschaft (EUR 432,00 * 7 % Umsatzsteuer=) EUR 30,24 Umsatzsteuer an den Synchronsprecher auszahlt. Im Rahmen seiner Gewinnermittlung bzw. Umsatzsteuererklärung hat der Synchronsprecher EUR 462,24 (EUR 432,00+EUR 30,24) als Brutto-Betriebseinnahmen anzumelden. Die gezahlten Beiträge zur Kranken-, Pflege- und Rentenversicherung kann er im Rahmen seiner Vorsorgeaufwendungen in der Einkommensteuererklärung geltend machen. Diese Beiträge beeinflussen allerdings nicht den Gewinn oder die umsatzsteuerliche Bemessungsgrundlage.

---

[50]Vgl. Abschn. 12.7 UStAE.

Tab. 2.1 Abrechnung
Gagenschein

Gage	432,00 EUR
./. AN-Beitrag Krankenversicherung	34,56 EUR
./. AN-Beitrag Rentenversicherung	40,39 EUR
./. AN-Beitrag Pflegeversicherung	6,59 EUR
Nettogage	350,46 EUR

Theater und vergleichbare Darbietungen

Nach § 12 Abs. 2 Nr. 7 Buchst. a UStG unterliegen die Eintrittsberechtigungen für Theater, Konzerte und Museen, sowie die den Theateraufführungen und Konzerten vergleichbaren Darbietungen ausübender Künstler dem ermäßigten Steuersatz, sofern sie nicht nach § 4 Nr. 20 Buchst. a UStG steuerbefreit sind.

Dem Wortsinn entsprechend betrifft die Veranstaltung einer Theatervorführung eine Vorführung, die von oder in einem Theater geboten wird. Maßgebend ist allerdings allein der Inhalt der Vorführung und nicht der Ort oder die sachliche Voraussetzung eines Theaters. Begünstigt sind daher auch Mischformen von Sprech-, Musik- und Tanzdarbietungen.[51] Nicht begünstigt hingegen sind Umsätze aus von Männern dargebotenen Striptease-Shows, zu denen ausschließlich weibliches Publikum zugelassen ist und bei denen ausschließlich die Zurschaustellung des männlichen Körpers im Vordergrund steht.[52]

Unter Konzert in diesem Sinne sind Aufführungen von Musikstücken zu verstehen, bei denen Instrumente und/oder die menschliche Stimme eingesetzt werden. Aufführende können einzelne oder mehrere Personen sein. Weitere Voraussetzung für die Annahme eines Konzerts ist, dass das Konzert den eigentlichen Zweck der Veranstaltung ausmacht.[53]

Eine Begünstigung mit dem ermäßigten Steuersatz tritt nur dann in Kraft, wenn Leistungen anderer Art, die mit dieser Veranstaltung erbracht werden, von so untergeordneter Bedeutung sind, dass dadurch der Charakter als Konzert nicht beeinträchtigt wird. Nicht begünstigt sind insoweit gesangliche oder musikalische Darbietungen im Rahmen einer Tanzbelustigung, einer sportlichen Veranstaltung oder zur Unterhaltung der Besucher in Gaststätten.

Bei der Beurteilung ist dabei nur auf die Leistung des jeweiligen Unternehmens, nicht auf die seines Auftraggebers abzustellen.

Beispiel[54]

Eine Kapelle mit zwei Mitwirkenden tritt bei verschiedenen sportlichen Veranstaltungen auf, um Unterhaltungs- und Tanzmusik vorzutragen. Eine Bescheinigung nach § 4 Nr. 20 a UStG liegt nicht vor.

---

[51]BFH v. 09.10.2003 – V R 86/01, BFH/NV 2004, S. 984.

[52]FG Baden-Württemberg v. 26.01.2005 – 12- K-459/00.

[53]BFH v. 26.04.1995 – CIR 20/94, a. a. O.

[54]Entnommen aus: Hessisches Finanzministerium für Finanzen v. 19.04.2005 – S-7238 A-8-II 5a.

Die Leistung der Kapelle an den Veranstalter unterliegt als Orchesterleistung dem ermäßigten Steuersatz. Die Leistung des Veranstalters – sofern steuerbar und steuerpflichtig – an die Besucher, stellt eine nicht begünstigte Leistung anderer Art dar, die nicht mehr den Charakter eines Konzerts hat. § 12 Abs. 2 Nr. 7 Buchst. a 2. Halbsatz UStG kommt hier nicht zur Anwendung.

Beispiel

Ein Industrieunternehmen veranstaltet einen Liederabend, bei dem verschiedene Solisten auftreten.

Die Leistungen der Solisten an das Industrieunternehmen unterliegen dem ermäßigten Steuersatz nach § 12 Abs. 2 Nr. 7 Buchst. a 1. Halbsatz UStG, weil sie Leistungen erbringen, die mit denen der Theater, Orchester, Kammermusikensembles oder Chören vergleichbar sind. Die Leistung des Industrieunternehmens an die Gäste stellt eine begünstigte Konzertveranstaltung nach § 12 Abs. 2 Nr. 7 Buchst. a 2. Halbsatz UStG dar.

Beispiel

Eine Konzert- und Gastspieldirektion stellt für einen Auftraggeber ein Programm für ein Konzert zusammen. Sie übernimmt gegenüber diesem Auftraggeber außerdem die Durchführung des Konzerts und verpflichtet die mitwirkenden Künstler im eigenen Namen. Der Auftraggeber tritt den Besuchern gegenüber als Veranstalter auf. Die Veranstaltung wird im Rahmen eines „Bunten Abends" erbracht.

Die Musiker erbringen, sofern nicht nach § 4 Nr. 20 a UStG befreit, eine steuerermäßigte Leistung nach § 12 Abs. 2 Nr. 7 Buchst. a 1. Halbsatz UStG an die Konzert- und Gastspieldirektion und diese wiederum eine steuerbegünstigte Veranstaltung eines Konzerts an den Auftraggeber (§ 12 Abs. 2 Nr. 7 Buchst. a 2. Halbsatz UStG). Die Leistung des Auftraggebers an die Besucher unterliegt in diesem Fall dem Regelsteuersatz, da ein „Bunter Abend", bei dem das gesprochene Wort (Anekdoten, Plaudereien, Witze) im Mittelpunkt steht, welches von musikalischen Darbietungen nur umrahmt wird, keine Konzertveranstaltung darstellt.

Beispiel

Ein als Solist auftretender Unterhaltungskünstler erbringt im Rahmen von Konzerten Gesangs- und Instrumentaldarbietungen. Mit der Saalanmietung, Organisation, Werbung, Plakatierung, dem Kartenverkauf und ähnlichen Leistungen im Zusammenhang mit diesen Konzertveranstaltungen beauftragt er andere Unternehmer (z. B. eine Konzertagentur), die eindeutig nach außen hin in seinem Namen und für seine Rechnung auftreten. Die Einnahmen werden von diesen Unternehmern nach den Veranstaltungen mit dem Solisten abgerechnet. Als Veranstalter tritt nur der Solokünstler in Erscheinung.

Die Leistungen des Solokünstlers unterliegen dem ermäßigten Steuersatz. Dieser hat die Konzerte selber veranstaltet, da er gegenüber den Konzertbesuchern als Veranstalter aufgetreten ist und Ort und Zeit seiner Darbietung selbst bestimmt hat. Die mit der

Organisation beauftragten Unternehmer werden lediglich als selbstständige Vertreter oder Subunternehmer tätig. Der Solokünstler hat die organisatorischen Maßnahmen im eigenen Namen und für eigene Rechnung getroffen. Er wurde nicht von den Konzertagenturen verpflichtet, sondern hat diese vielmehr selbst mit der Organisation beauftragt.[55]

Auf die Leistung des Solokünstlers sind die Vorschriften über die Veranstaltung von Konzerten anzuwenden. Sind die Voraussetzungen nicht erfüllt, unterliegen die gesamten Leistungen des Solokünstlers dem Regelsteuersatz. Die Steuerermäßigungsvorschrift des § 12 Abs. 2 Nr. 7 Buchst. a 1. Halbsatz UStG ist in diesem Fall nicht auf die musikalischen Leistungen des Solokünstlers anzuwenden. Eine Aufteilung der Leistungen des Künstlers kommt nicht in Betracht.

Auch Pop- und Rockkonzerte, die den Besuchern die Möglichkeit bieten, zu der im Rahmen des Konzerts dargebotenen Musik zu tanzen, können Konzerte sein. Außerdem kann für „Mischformen" von Theateraufführung und Konzerten die Steuervergünstigung in Anspruch genommen werden, wenn eine Vorführung entweder als theaterähnlich oder als konzertähnlich einzustufen und eine persönlich geistige Schöpfung in der für einen Urheberrechtsschutzgeforderten geistigen Höhe erkennbar ist.

Das bloße Abspielen eines Tonträgers stellt für den Senat kein Konzert dar. Jedoch bedarf der Begriff „Instrument" angesichts der technischen Entwicklung auf dem Gebiet der Musik einer Präzisierung.

So wird mittlerweile berücksichtigt, dass beispielsweise Musikstücke der „Techno" oder „House" Sparte in wesentlichen Teilen durch Verfremden oder Mischen bestehender Musik komponiert wird. Plattenteller, Mischpulte und CD-Player sind als „Instrumente" anzusehen, mit denen die Musik im Rahmen eines Konzerts dargeboten wird.

> „Die Erzeugung einer Klangfolge mit eigener Prägung liege auch bei der von den DJs erbrachten Darbietung fremder und/oder eigener Tonträger unter laufender Veränderung der Abspielgeschwindigkeit (Scratching) sowie der Vermischung verschiedener Tonträger und Medien (mixen) vor."[56]

Bei Technokonzerten ist insoweit der ermäßigte Steuersatz anzusetzen, da die andere Musiktechnik keine Differenzierung beim Steuersatz rechtfertigt.

Anders sieht es jedoch bei sogenannten Disco-Partys aus. Die unterliegen auch dann dem vollen Steuersatz, wenn diese von bekannten Radio-Moderatoren mit verschiedenen Einlagen (Ansagen, Gags, Klamauk, Interviews, Wettspielen) begleitet werden.[57]

---

[55]BFH v. 18.01.1995 – V R 60/93, a. a. O.

[56]BFH v. 18.08.2005 V R 50/04, BStBl. II 2006, S. 101.

[57]BFH v. 12.01.2006 – V R 67/03, BFH/NV 2006, S. 1360.

Ticket-Eigenhändler
Werden bei Theateraufführungen und Konzerten mehrere Veranstalter tätig, kann wie bei der Steuerbefreiung nach § 4 Nr. 20 Buchstabe b UStG jeder Veranstalter die Steuerermäßigung in Anspruch nehmen. Bei Tournee-Veranstaltungen steht deshalb die Steuerermäßigung sowohl dem Tournee-Veranstalter als auch dem örtlichen Veranstalter zu. Dem ermäßigten Steuersatz unterliegen daher ebenfalls die Umsätze von Ticket-Eigenhändlern aus dem Verkauf von Eintrittsberechtigungen. Auf Vermittlungsleistungen ist die Steuerermäßigung hingegen nicht anzuwenden.[58]

Übersetzungen und andere Bearbeitungen
Die Übersetzer fremdsprachiger Werke räumen urheberrechtliche Nutzungsrechte ein, wenn die Werke in der Übersetzung z. B. veröffentlicht oder aufgeführt werden. Unerheblich ist es dabei, ob ein Sprachwerk einzeln (z. B. als Buch) oder in Sammlungen (z. B. Zeitschriften) veröffentlicht wird.

Urheberrecht
Ermäßigt besteuert wird die Einräumung, Übertragung und Wahrnehmung von Rechten, die sich aus dem Urheberrechtsgesetz (UrhG) ergeben. Das Urheberrecht als solches ist nicht übertragbar. Das Urheberrechtsgesetz schützt denjenigen, der ein Werk durch persönliche geistige Schöpfung geschaffen hat.

Dabei werden jedoch nur persönlich geistige Schöpfungen (§ 2 Abs. 2 UrhG) geschützt. Hierzu zählen insbesondere Sprachwerke wie Schriftwerke, Reden und Computerprogramme, Werke der bildenden Künste einschließlich der Werke der Baukunst, Filmwerke und ähnliche Werke sowie Darstellungen wissenschaftlicher oder technischer Art.

Die Übertragung der urheberrechtlichen Nutzungsrechte muss dabei Hauptbestandteil der einheitlichen Gesamtleistung sein. Es reicht nicht aus, wenn die urheberrechtlichen Nutzungsrechte nur als Nebenfolge eingeräumt werden. So wurde entschieden, dass die Tätigkeit eines Trauerredners auch dann nicht dem ermäßigten Steuersatz unterliegt, wenn dem Auftraggeber zusätzlich die Befugnisse zu Ton- und Bildaufnahmen von der Trauerfeier eingeräumt werden und ihm ein Abdruck des Redemanuskripts zur Verfügung gestellt wird, da im Mittelpunkt der Tätigkeit die Trauerfeier steht.[59]

Des Weiteren unterliegen dem ermäßigten Steuersatz die Umsätze der Verwertungsgesellschaften, die nach dem Urheberrechtswahrnehmungsgesetz Nutzungsrechte, Einwilligungsrechte oder Vergütungsansprüche wahrnehmen. Diese Leistung muss die Hauptleistung darstellen.[60]

---

[58]BMF-Schreiben v. 10.06.2011 – IV D 2-7238/10/100001.
[59]FG Schleswig-Holstein v. 12.12.2007 – 4-K 103/03.
[60]BFH v. 19.11.1998 – V R 19/98, BFH/NV 1999, S. 836.

Vorträge, Reden

Vorträge und Reden unterliegen grundsätzlich dem Regelsteuersatz, da mit dem Halten des Vortrags oder der Rede keinem anderen ein urheberrechtliches Nutzungsrecht eingeräumt wird.

Weiter liegt eine Einräumung von Nutzungsrechten nicht vor, wenn der Inhalt oder der Text des Vortrags oder der Rede Teilnehmern übergeben wird. Das gleiche gilt für Vorlesungen, das Abhalten von Seminaren, die Erteilung von Unterricht sowie die Beteiligung an Aussprachen.

Eine Ausnahme und somit ein Ansatz des ermäßigten Steuersatzes liegen hingegen vor, wenn der Vortrag oder die Rede in einer Fachzeitschrift veröffentlicht wird, da hierin wiederum eine Einräumung von urheberrechtlichen Nutzungsrechten zu sehen ist. Auch kommt der ermäßigte Steuersatz in Betracht, wenn der Vortrag von Rundfunkanstalten gesendet wird.

Kunstgegenstände

Nach § 12 Abs. 2 Nr. 1 Satz 1 UStG in Verbindung mit Nr. 53 der zugehörigen Anlage ist bei bestimmten Lieferungen von Kunstgegenständen der ermäßigte Steuersatz anzuwenden. Der Grund, weshalb der Zolltarif für „Kunstgegenstände" Zollfreiheit (mit der Folge der Anwendung des ermäßigten Steuersatzes) vorsieht, besteht darin, dass diese Gegenstände wirtschaftlich weder untereinander noch mit anderen Gegenständen im Wettbewerb stehen.

Zu beachten ist, dass die Lieferung eines Kunstgegenstandes und nicht etwa die Lieferung durch einen Künstler begünstigt ist.

Gemälde und Zeichnungen, vollständig von Hand geschaffen, sowie Collagen und ähnliche dekorative Bildwerke der Position 97.01 des Zolltarifs.

Die Position umfasst vollständig mit der Hand geschaffene Gemälde und Zeichnungen ohne Rücksicht darauf, ob es sich um alte oder moderne Werke handelt. Die Werke können sich dabei auf Stoffen aller Art befinden. Es ist auch unerheblich, ob die Erzeugnisse in einer bestimmten überkommenen Technik – wie Malen, Zeichnen oder Drucken mit handgearbeiteten Platten- oder in einer davon abweichenden, zeitgenössischen Technik hergestellt sind, solange sie nur vollständig mit der Hand geschaffen worden sind.

Zur Gruppe der Collagen und ähnlich dekorativen Bildwerke gehören zweidimensionale Werke, die aus Stücken und Stückchen verschiedener Stoffe so zusammengesetzt worden sind, dass ein Bild oder ein dekoratives Motiv entstanden ist, das auf eine Unterlage, z. B. aus Holz, Papier oder ein textiles Material geklebt oder auf andere Weise befestigt worden ist.

Die Qualität der Arbeiten kann sich dabei nach Ansicht der Finanzverwaltung von billig hergestellten Serienerzeugnissen (z. B. als Reiseandenken) bis hin zu Waren, die große handwerkliche Fähigkeiten erfordern und echte Kunstwerke sein können, erstrecken. Der EuGH hingegen stellte klar, dass eine Zollfreiheit und somit eine Berücksichtigung des ermäßigten Steuersatzes nicht für Gegenstände gerechtfertigt seien, die sich in einer zumindest potenziellen wirtschaftlichen Wettbewerbssituation mit anderen ähnlichen Erzeugnissen industrieller oder handwerklicher Herstellung befinden.

Da sich die Finanzämter bei der Beurteilung nur auf objektive Kriterien stützen können, die sich aus den äußeren Merkmalen der Waren ergeben, sollen diese, auch wenn sie von Künstlern handgefertigt sind, immer dann als Handelswaren angesehen werden, wenn sie nach ihrer äußeren Gestaltung vergleichbaren, industriell oder handwerklich hergestellten Erzeugnissen ähneln. Die Herstellungsmethode und der tatsächliche Verwendungszweck (im Entscheidungsfall ging es um die Einordnung einer Puppe) können nicht als Kriterien für eine Beurteilung herangezogen werden, da sie sich nicht aus den äußeren Merkmalen ergeben und daher von der Behörde nicht leicht beurteilt werden können. Weiter ist auch nicht der höhere Preis im Vergleich zur Massenproduktion ein Kriterium.

Originalerzeugnisse der Bildhauerkunst, aus Stoffen aller Art der Position 97.03 des Zolltarifs.

Sie umfasst alle dreidimensionalen künstlerischen Produktionen, ungeachtet der angewendeten Technik und des verwendeten Materials. Allerdings gehören zu dieser Position nicht Bildhauerarbeiten, die den Charakter einer Handelsware haben (Serienerzeugnisse, Abgüsse und handwerkliche Erzeugnisse), selbst wenn die Waren von Künstlern entworfen oder gestaltet wurden. Bildhauerarbeiten im Sinne der Position sind höchstpersönliche Schöpfungen, mit denen der Künstler einem ästhetischen Ideal Ausdruck verleiht.

Begünstigt sind nur Originale. Dem Regelsteuersatz unterliegen hingegen Radierungen, Kunstfotografien und künstlerische, vom Künstler eigenhändig signierte Siebdrucke, auch wenn sie nur in einer begrenzten Auflage hergestellt wurden.

In der Praxis führen häufig Siebdrucke zu Abgrenzungsproblemen, da nur Werke begünstigt sind, denen eine persönliche geistige Schöpfung zugrunde liegt.

In Streitfällen ist die künstlerische Leistung darzulegen. Dies kann beispielsweise durch Hinweis auf Materialien oder besondere Herstellungstechnik erfolgen.

Die aufgeführten Positionen beziehen sich auf die klassischen Arten des Kunstmarktes und werden bislang nicht an die Neuerungen, wie z. B. Videokunst, angepasst. Hier ist ein großer Schwachpunkt der Regelung anzusehen. Weiter ist nicht nachzuvollziehen, warum bei der Einräumung von Rechten geringere Anforderung an die Qualität des jeweiligen Erzeugnisses gestellt wird.

Kunstfotografie gehört bislang nicht zu den steuerbegünstigten Gegenständen. Wie der BFH in einem Urteil darlegte, ist die Differenzierung zwischen den begünstigten, objektiv bestimmten Kunstgegenständen und Kunstfotografien dabei nicht willkürlich. Auch die Kunstfreiheitsgarantie werde hierdurch nicht verletzt: die Besteuerung wirke sich nicht nennenswert prohibitiv gegen den Handel mit Kunstfotografien aus.

Der EuGH hat ausgesprochen, dass selbst wenn der Fotograf durch die Wahl des Gegenstandes und durch die angewandten Techniken seinem Werk einen künstlerischen Wert verleihen könne, sei das „Original" immer das Ergebnis eines technischen Verfahrens, „dass das Abbild der Gegenstände durch Lichteinwirkung auf einer empfindlichen Oberfläche festhält."

Der Gesetzgeber ist von Verfassungswegen bislang nicht gehalten gewesen, eine steuerliche Begünstigung allen Bereichen künstlerischen Schaffens gleichermaßen zugutekommen zu lassen, etwa „Kunstgegenstände" schlechthin steuerlich zu begünstigen; er kann, vor allem im Hinblick auf die Schwierigkeit, den Begriff „Kunst" eindeutig festzulegen, genau bestimmte Kunstgegenstände wie Originalerzeugnisse der Bildhauerkunst begünstigen, handwerkliche Erzeugnisse, auch solche individueller „künstlerischer" Fertigung aber unbegünstigt lassen.

Nach der Neufassung der EU-Mehrwertsteuer-Richtlinie wird die Fotografie im Anhang IX unter den Kunstgegenständen aufgeführt und gleichzeitig eine Begriffsbestimmung geliefert, was darunter zu verstehen ist:

vom Künstler aufgenommene Fotografien, die von ihm oder unter seiner Überwachung abgezogen wurden und signiert sowie nummeriert sind; die Gesamtzahl der Abzüge darf, alle Formate und Trägermaterialien zusammengenommen, 30 nicht überschreiten.

Entsprechend des Art. 311 Abs. 2 der EU-Mehrwertsteuer-Richtlinie können Mitgliedstaaten jedoch vorsehen, dass Fotografien nicht als Kunstgegenstände gelten. Im Umkehrschluss eröffnet sich damit die Möglichkeit, der Richtlinie zu folgen und künstlerische Fotografien als Kunstgegenstand anzusehen.

Die künftige Rechtsprechung ist insoweit angehalten, in Form einer weiten Auslegung der gesetzlichen Regelungen zugunsten des Steuerpflichtigen zu entscheiden.

2.7.2 Anwendung falscher Steuersatz

In Zweifelsfällen ist davon abzuraten, aus Sicherheitsgründen generell den Regelsteuersatz von 19 % zu berücksichtigen, da beim Leistungsempfänger ein Vorsteuerabzug besteht. So hat der BFH klargestellt, dass der Vorsteuerabzug nur in Höhe der gesetzlich geschuldeten Steuer möglich ist. Dies führt dazu, dass nicht nur der Leistende, sondern auch der Leistungsempfänger auf die zutreffende Besteuerung der Lieferung oder sonstigen Leistung achten sollte.

Berichtigung

Ein unrichtiger Steuerausweis liegt vor, wenn in einer Rechnung eine Steuer gesondert ausgewiesen wird, der ausgewiesene Betrag aber nicht dem gesetzlich für den ausgeführten Umsatz geschuldeten Umsatzsteuerbetrag entspricht.

Der Rechnungssteller schuldet die gesetzlich entstehende Steuer für den Umsatz gem. § 14 c Abs. 1 UStG unabhängig von der Ausstellung einer Rechnung. Durch die Ausstellung einer Rechnung mit einer höheren Steuer entsteht in Höhe des Unterschiedsbetrags eine zusätzliche Verpflichtung zur Zahlung.

Beispiel

Der Journalist stellt seine journalistische Tätigkeit i. H. v. EUR 1.000,00 einer Zeitung in Rechnung. Da er sich nicht sicher ist, ob die Tätigkeit dem ermäßigten Steuersatz unterliegt, berechnet er 19 % = EUR 190,00 Umsatzsteuer.

Durch den Ausweis einer höheren Steuer entsteht eine weitere Umsatzsteuerschuld i. H. v. EUR 120,00 (EUR 190,00./. EUR 70,00).

Die Zeitung kann grundsätzlich die in Rechnung gestellte Umsatzsteuer als Vorsteuer abziehen. Das gilt nicht für Steuerbeträge, die höher sind als die tatsächlich geschuldete Steuer. Es ist nur die Vorsteuer abzugsfähig, die gesetzlich für den ausgeführten Umsatz geschuldet wird.

Die Vorschrift des § 14c Abs. 1 Satz 2 UStG lässt die Berichtigung des in der Rechnung ausgewiesenen Umsatzsteuersatzes zu. Notwendig für die Berichtigung ist eine schriftliche oder elektronische Erklärung, in der die ursprüngliche Rechnung nicht mehr als verbindlich bezeichnet wird. Dies kann beispielsweise in Form von Stornierung, durch berichtigte Rechnung oder durch Rückgabe der fehlerhaften Rechnung erfolgen. Eine mündliche Korrektur reicht nicht aus. Auch eine Zusammenfassung mehrerer Korrekturen ist zulässig, soweit der Empfänger erkennen kann, um welche Korrekturen es sich im Einzelnen handelt.

Bei einer wirksamen Berichtigung der fehlerhaften Rechnung ist in Anwendung des § 17 Abs. 1 UStG die Steuerschuld wegen des Mehr- oder Minderbetrags zu korrigieren. Die Berichtigung ist dabei für den Zeitraum vorzunehmen, in dem die berichtigte Rechnung erteilt wurde. Eine Rückwirkung der Rechnung kommt nicht in Betracht.

2.8 Vorsteuerabzug

Die Abziehbarkeit von Vorsteuern nach § 15 Abs. 1 S. 1 Nr. 1 UStG ist u. a. davon abhängig, dass der Unternehmer im Besitz einer nach §§ 14, 14a UStG ausgestellten Rechnung mit den Pflichtangaben nach § 14 Abs. 4 UStG ist und dass die Leistung für sein Unternehmen ausgeführt wurde.

Eine Rechnung, die den Vorsteuerabzug ermöglicht, muss nachfolgende Angaben enthalten:

- Vollständiger Name und vollständige Anschrift des leistenden Unternehmers und des Leistungsempfängers
- Steuernummer oder Umsatzsteuer-Identifikationsnummer (USt-Id-Nr.) des leistenden Unternehmers
- Ausstellungsdatum der Rechnung
- Rechnungsnummer (fortlaufende Nummer)
- Menge und Art der gelieferten Gegenstände bzw. Umfang und Art der sonstigen Leistung

- Zeitpunkt der Lieferung oder der sonstigen Leistung
- Vereinbartes Entgelt sowie bereits vereinbarte Minderungen des Entgelts (Skonto, Boni)
- Anzuwendender Steuersatz sowie der durch die Anwendung des Steuersatzes errechnete Betrag oder eine anzuwendende Steuerbefreiung

Das Vorliegen einer ordnungsgemäßen Rechnung, die die vorgenannten Angaben enthält, ist Voraussetzung für den Vorsteuerabzug. Dabei sind die Rechnungen auf Papier oder elektronisch zu übermitteln. Zu beachten ist, dass bei elektronisch übermittelten Rechnungen die Echtheit und die Unversehrtheit der Rechnung gewährleistet sein muss.

Soweit Angaben auf den Rechnungen fehlen, ist der Vorsteuerabzug zunächst ausgeschlossen.

Gutschriften

Unter anderem im Bereich des Journalismus erteilt häufig nicht der Leistende dem Leistungsempfänger, sondern umgekehrt der Leistungsempfänger dem Leistenden eine Abrechnung (Gutschrift). Als Gutschrift gilt jedes Dokument, mit dem ein Unternehmer über eine Lieferung oder sonstige Leistung abrechnet, die an ihn ausgeführt wird. Auf die Bezeichnung des Dokuments als Gutschrift kommt es nicht an.

Der Gutschriftempfänger darf der ihm übermittelten Gutschrift nicht widersprochen haben. Übermittlung bedeutet, dass die Gutschrift dem leistenden Unternehmer so zugänglich gemacht wird, dass er von ihrem Inhalt Kenntnis nehmen kann. Umgekehrt ist ein Widerspruch gegen eine empfangene Leistung nur dann wirksam, wenn er dem Aussteller der Gutschrift tatsächlich zugegangen ist. Mit dem Widerspruch verliert die Gutschrift die Wirkung als Rechnung.

Die Ausübung des Vorsteuerabzugs setzt voraus, dass der Leistungsempfänger einen nach den §§ 14, 14a UStG ausgestellte Gutschrift besitzt. Diese Gutschrift muss alle in §§ 14, 14a UStG geforderten Angaben enthalten. Alle Angaben müssen vollständig und richtig sein. Unvollständige Gutschriften oder Gutschriften mit unzutreffenden Angaben dürfen nur vom Aussteller der Gutschrift vervollständigt oder korrigiert werden.

Soweit für die Ausstellung von Rechnungen Erleichterungen geschaffen worden sind, gelten diese auch für Gutschriften. Darüber hinaus muss der Gutschriftaussteller darauf achten, ob der Gutschriftempfänger als der leistende Unternehmer zum gesonderten Steuerausweis in einer Rechnung nach § 14 UStG berechtigt ist.

Der Gutschriftsaussteller lässt sich zweckmäßigerweise eine schriftliche Versicherung des Gutschriftempfängers geben, aus der hervorgeht, dass der Gutschriftempfänger seine Umsätze versteuert. Fehlt die Berechtigung zum gesonderten Steuerausweis, so hat die Abrechnung auch bei gegenteiliger Versicherung des Leistenden nicht die Wirkung einer zum Vorsteuerabzug führenden Rechnung, weil nicht die (für einen Umsatz) gesetzlich geschuldete Umsatzsteuer in Rechnung gestellt wird.

2.9   Durchschnittsverfahren

Bestimmte Berufsgruppen können – aus Vereinfachungsgründen – ihre Vorsteuern pauschal berücksichtigen.

Die Grenzen zwischen den Berufen der Journalisten und Schriftsteller sind nicht immer eindeutig, da auch die Grundlagen des Journalistenberufs eine schriftstellerische oder dieser ähnlichen Betätigung ist. Der Journalist ist – entsprechend der Definition der Finanzbehörden – im Hauptberuf regelmäßig für Zeitungen tätig. Er kann aber auch in Nachrichten- oder Korrespondenzbüros, bei Pressestellen oder auch in der Werbung oder bei Film und Funk arbeiten. Kennzeichnend für den Journalisten ist nach den Umsatz-steuerrichtlinien, dass er überwiegend aktuelle Informationen und Nachrichten entweder mithilfe von Nachrichtenbüros oder durch Reisen, Reportagen, Umfragen usw. sammelt und dieses Nachrichten- und Informationsmaterial in die für den Auftraggeber erforder-liche überwiegend schriftstellerische Form verarbeitet (Tab. 2.2).

Die für Schriftsteller festgesetzten Durchschnittssätze können auch von Komponisten, Liederdichtern und Librettisten angewendet werden, nicht jedoch von Übersetzern.

Die angeführten Berufsgruppen, deren Vorjahresumsatz maximal bis zu EUR 61.356,00 betrug, können im Rahmen der Umsatzsteuererklärung die abziehbaren Vor-steuern nach Durchschnittssätzen berechnen. Neben der Nichtüberschreitung der Vor-jahresumsatzgrenze ist zu beachten, dass keine Buchführungspflicht vorliegen darf (freiwillige Bilanzierung unschädlich).

Tab. 2.2   Vorsteuerpauschsätze für freie Berufe (s. Anlage zu § 70 Abs. 1 UStDV)

Bildhauer	7,0 %
Grafiker (nicht Gebrauchsgrafiker)	5,2 %
Kunstmaler	5,2 %
Selbstständige Mitarbeiter bei Bühne, Film, Funk, Fernsehen, Schallplattenproduzenten[a]	3,6 %
Hochschullehrer	2,9 %
Journalisten	4,8 %
Schriftsteller	2,6 %
Buchbinderei	5,2 %
Druckerei	6,4 %

[a]Zu den selbstständigen Mitarbeitern bei Bühne, Film, Funk usw. können gehören:

Aufnahmeleiter, Bühnenarchitekten, Bühnenbildner, Choreografen, Chorleiter, Conférenciers, Cutter, Dirigenten, Dramaturgen, Grafiker, Kabarettisten, Kameraleute, Kapellmeister, Kostümbildner, Lek-toren, Maskenbildner, Musikarrangeure, Musikberater, Musiker, Produktionsassistenten, Produktions-leiter, Regisseure, Sänger, Schauspieler, Souffleusen, Sprecher, Standfotografen, Tänzer und Tonmeister

Beispiel

Der Netto-Umsatz (Einnahmen ohne Umsatzsteuer) des Journalisten betrug im Jahr 2018 EUR 30.000,00. Die tatsächlich angefallenen Vorsteuerbeträge betrugen EUR 520,00. Der Journalist kann im Rahmen seiner Umsatzsteuererklärung aufgrund der Regelung nunmehr EUR 1440,00 (30.000,00 * 4,8 %) geltend machen. Die Pauschalierung führt im Beispiel somit zu einer Ersparnis von EUR 920,00.

Zur Berücksichtigung der Durchschnittssätze ist es erforderlich, dass der Unternehmer vom Finanzamt die Genehmigung dazu erhalten hat. Dies erfolgt in der Regel konkludent (also ohne ausdrücklichen Verwaltungsakt). Lediglich eine Ablehnung des Antrags auf pauschale Vorsteuerermittlung muss durch ausdrücklichen Verwaltungsakt erfolgen. Es reicht daher aus, wenn im Rahmen der Umsatzsteuer-Voranmeldung bzw. Umsatzsteuerjahreserklärung nicht die tatsächlichen Vorsteuern berücksichtigt werden, sondern die Eintragung im Feld „Vorsteuerbeträge, die nach Durchschnittssätzen berechnet sind § 23 UStG" erfolgt.

Der Antrag kann dabei bis zur formellen Unanfechtbarkeit (bis zum Ablauf der Einspruchsfrist) der Steuerfestsetzung gestellt werden. Weiterhin ist zu beachten, dass der Antrag nur mit Wirkung vom Beginn eines Kalenderjahres an widerrufen werden kann. Eine erneute Besteuerung nach Durchschnittssätzen ist frühestens nach Ablauf von fünf Kalenderjahren zulässig.

Beispiel

Ein Kunstmaler berechnet seine Vorsteuern nach Durchschnittssätzen. Im Jahr 2017 hat er sich einen betrieblichen PKW angeschafft und widerruft beim Finanzamt daher die Besteuerung nach Durchschnittssätzen, da die tatsächlichen Vorsteuern im Jahr 2017 günstiger sind. Einen erneuten Antrag auf Berücksichtigung der Vorsteuern nach Durchschnittssätzen kann er sodann erst wieder im Jahr 2023 (Ablauf von fünf Kalenderjahren) stellen.

Und selbst wenn die pauschal ermittelten Vorsteuern erheblich von den tatsächlichen Vorsteuern abweichen, ist die Anwendung des Durchschnittsatzes nicht zu beanstanden. Das sehen vereinzelt Finanzbeamte anders. Diese Ansicht ist aber durch die Rechtsprechung des Bundesfinanzhofes gedeckt.

Der Zweck der Vorschrift liegt in der Vereinfachung des Besteuerungsverfahrens. So soll den nicht buchführungspflichtigen Unternehmen die Durchführung der Umsatzsteuerabwicklung erleichtert werden.

Hiermit sind sämtliche Vorsteuerbeträge, die mit der Tätigkeit zusammenhängen, abgegolten. Zu einer Berücksichtigung weiterer tatsächlich angefallener Vorsteuerbeträge darf es insoweit nicht kommen. Zu beachten ist, dass die Pauschbeträge nur in Anspruch genommen werden dürfen, wenn der Umsatz im vorangegangenen Kalenderjahr EUR 61.356,00 nicht überstiegen hat (§ 23 Abs. 1 UStG i. V. m. § 69 Abs. 3 UStDV).

2.10   Ausländische Künstler

Sind ausländische Künstler im Inland selbstständig tätig, unterliegen ihre Leistungen grundsätzlich auch der Umsatzsteuer. Die bei Künstlern möglichen Steuerbefreiungen gelten selbstverständlich auch, wenn nicht im Inland ansässige Unternehmer die Leistung erbringen. Die Kleinunternehmerregelung gilt allerdings nur für Unternehmer, die im Inland ansässig sind. Ein im Ausland ansässiger Unternehmer kann sie nicht anwenden.

Erbringen im Ausland lebende Künstler im Inland steuerpflichtige Leistungen, schuldet der Leistungsempfänger, wenn er selbst auch ein Unternehmer oder aber eine juristische Person des öffentlichen Rechts ist, die Steuer für die an ihn erbrachte Leistung.

Er muss die Umsatzsteuer berechnen und an das Finanzamt abführen. Zur Bemessungsgrundlage für die Umsatzsteuer gehört alles, was der Leistungsempfänger aufwendet, um die Leistung zu erhalten. Erhält der ausländische Künstler Anzahlungen, bevor er seine Leistung erbracht hat, ist bereits auch die Anzahlung zu versteuern.

Soweit die Leistung durch einen Kleinunternehmer bezogen wird, ist zu beachten, dass dieser für den ausländischen Künstler die Umsatzsteuer in Deutschland anmelden und abführen muss. Auch wenn er aufgrund seiner Kleinunternehmerregelung selber keine Umsatzsteuer abzuführen hat.

Beispiel

Ein deutscher Musiker, der als Kleinunternehmer tätig ist, beauftragt einen französischen Schlagzeuger, als Gastmusiker aufzutreten. Dabei bezahlt der deutsche Musiker dem französischen Schlagzeuger die Gage.

Der französische Schlagzeuger schreibt somit eine Rechnung ohne Umsatzsteuer, mit Hinweis auf Reverse-Charge, an den deutschen Musiker, der sodann die Umsatzsteuer im Rahmen seiner Umsatzsteuererklärung anmelden und für den Franzosen abführen muss (auch wenn er selber nicht umsatzsteuerpflichtig ist).

Der im Ausland ansässige Unternehmer ist von der Abgabe der Umsatzsteuer-Voranmeldung und Umsatzsteuer-Jahreserklärung befreit, wenn er nur Umsätze ausführt, für die der Leistungsempfänger die Umsatzsteuer nach § 13 b UStG schuldet. Die mit diesen Umsätzen im Zusammenhang stehenden Vorsteuerbeträge kann der ausländische Unternehmer im Vorsteuer-Vergütungsverfahren geltend machen.

Der ausländische Unternehmer muss allerdings bei dem für ihn zuständigen Finanzamt Umsatzsteuer-Voranmeldungen und Umsatzsteuer-Jahreserklärungen abgeben, wenn er selbst als Leistungsempfänger eine Steuer nach § 13b UStG schuldet, er eine Steuer nach § 14c Abs. 1 oder 2 UStG schuldet oder wenn ihn das Finanzamt besonders auffordert eine Umsatzsteuererklärung abzugeben.

Zuständig ist das Finanzamt, in dessen Bezirk der Unternehmer seine Umsätze im Inland ganz oder überwiegend bewirkt. Für Unternehmer aus bestimmten Staaten wurden bundeseinheitlich zuständige Finanzämter bestimmt.

2.11   Voranmeldungen und Steuererklärungen

Medientreibende, die steuerpflichtige Umsätze erzielen und nicht als Kleinunternehmer tätig sind, müssen die abzuführende Umsatzsteuer unterjährig an das Finanzamt melden. Wann dies zu erfolgen hat, ist abhängig von der Umsatzsteuerlast des Vorjahres. Betrug die gesamte Steuerschuld für das vorangegangene Kalenderjahr

- mehr als EUR 7.500,00, ist der Kalendermonat Voranmeldungszeitraum,
- mehr als EUR 1.000,00 aber nicht mehr als EUR 7.500,00, muss die Voranmeldung nur vierteljährlich abgegeben werden (10.04., 10.07., 10.10. und 10.01. ohne Dauerfristverlängerung),
- nicht mehr als EUR 1.000,00 kann das Finanzamt von der Verpflichtung zur Abgabe einer Umsatzsteuer-Voranmeldung befreien (die Werte werden dann im Rahmen der Umsatzsteuerjahreserklärung angemeldet)

Existenzgründer haben kraft Gesetz in den ersten beiden Jahren die Umsatzsteuer-Voranmeldungen monatlich abzugeben. Als Existenzgründer gilt übrigens auch derjenige, der die Kleinunternehmerregelung überschritten hat. Dieser ist in den ersten beiden Jahren seiner Umsatzsteuerpflicht verpflichtet, monatlich eine Voranmeldung einzureichen.

Die Umsatzsteuer-Voranmeldung ist bis zum 10. Tag nach Ablauf eines jeden Voranmeldungszeitraumes anzumelden und an das Finanzamt abzuführen. Dabei sind die Voranmeldungen nach amtlich vorgeschriebenen Datensatz durch Datenübertragung auf elektronischem Weg zu übermitteln. Die Finanzverwaltung bietet hierfür das eigene Portal www.elster.de zur Übermittlung der Daten an.

Das Finanzamt kann auf Antrag die Frist zur Abgabe der Umsatzsteuer-Voranmeldung um einen Monat verlängern. Hierzu muss ein entsprechender Antrag auf Dauerfristverlängerung gestellt werden. Soweit monatliche Abgabeverpflichtung besteht, ist zusätzlich eine Sondervorauszahlung zu leisten. Diese beträgt 1/11 der Umsatzsteuerschuld des Vorjahres und wird in der Anmeldung für den Monat Dezember wieder entsprechend angerechnet. Soweit vierteljährliche Abgabepflicht besteht, ist keine Sondervorauszahlung zu leisten und der Antrag auf Dauerfristverlängerung ist nur einmal – und nicht wie bei der monatlichen Abgabepflicht jährlich – zu stellen.

Nach Ablauf des Kalenderjahres ist eine Umsatzsteuer-Jahreserklärung beim Finanzamt einzureichen. Seit dem Veranlagungsjahr 2011 hat dies ebenfalls elektronisch zu erfolgen. Übrigens müssen auch Kleinunternehmer dieser Pflicht nachkommen.

Zusammenfassende Meldung
Damit die ausländische Finanzbehörde kontrollieren kann, ob der Auftraggeber seiner Pflicht zur Meldung nachkommt, ist der Medientreibende bei Leistungen an europäische Auftraggeber verpflichtet, diesen Umsatz zusätzlich im Rahmen der sogenannten „Zusammenfassenden Meldung" zu melden. Bei den gängigen Buchhaltungsprogrammen

sollte eine solche Meldung einfach erfolgen können. Übermittelt der Medientreibende seine Umsatzsteuer-Voranmeldung selber über das Elster-Portal der Finanzbehörden, muss er zusätzlich eine Meldung über die Seite des „Bundesamtes für Finanzen" vornehmen. In der Zusammenfassenden Meldung sind die Höhe des Rechnungsbetrages sowie die Umsatzsteuer-ID-Nr. des Leistungsempfängers anzugeben.

Die Zusammenfassende Meldung ist in der Regel bis zum 25. Tag nach Ablauf des Kalendervierteljahres zu übermitteln, in dem Rechnungen an ausländische Auftraggeber gestellt wurden. Zu beachten ist, dass aufgrund der meist gewährten Dauerfristverlängerungen für die Abgabe der Umsatzsteuer-Voranmeldung hingegen ein verlängerter Abgabezeitraum bis zum 10. des Folgemonats verbleibt. Vom Medientreibenden sind hier insoweit zwei Fristen zu beachten. Missachten sollte man die Meldung allerdings nicht. Soweit der Pflicht nicht oder verspätet nachgekommen wird, kann ein Bußgeld von bis zu 5.000,00 EUR festgesetzt werden.

Weitere Literatur

Beck'scher Online- *Kommentar zur Umsatzsteuer*, hrsg. R. Weymüller, Edition 18, Stand: 17.09.2018 (zitiert: BeckOK USt/Bearbeiter)

Bunjes, J. (Hrsg.) (2018). *Kommentar zur Umsatzsteuer*, 17. Aufl., München: C.H. Beck Verlag

Plückebaum, K. (Hrsg.), Malitzky, H. (Hrsg.) (2008). *Kommentar zur Umsatzsteuer*, 174. Lfg., Köln: Carl Heymanns Verlag

Wagner, W. (Hrsg.) (2018). *Kommentar zur Umsatzsteuer*, 83. Aufl., München: C.H. Beck Verlag

Künstlersozialkasse

3

3.1   Allgemeines

Die Beratungspraxis zeigt, dass dieses Kapitel einen immer größeren Stellenwert in der Arbeit des Steuerberaters, der Mandanten aus den Bereichen berät, einnimmt. Wie nachfolgend gezeigt wird, betrifft die Künstlersozialabgabe jedoch nicht nur diesen Bereich, sondern nahezu jeden Unternehmer.

In der Vergangenheit wurde das Thema Künstlersozialkasse aufgrund der geringen Gefahr von Betriebsprüfungen durch die Künstlersozialkasse bzw. wohl zum größeren Teil aufgrund von Unwissenheit bei den Unternehmern sowie bei ihren Beratern nicht entsprechend beachtet.

Durch Inkrafttreten des Dritten Gesetzes zur Änderung des Künstlersozialversicherungs-gesetzes wurde ab 01.07.2007 die Prüfung, ob Unternehmen die Künstlersozialabgaben zu entrichten haben, auf die Deutsche Rentenversicherung und ihre rund 3.600 Mitarbeiter übertragen, die im Rahmen ihrer 4-jährigen Turnus-Prüfungen Abgabepflicht und die Höhe der Abgabe bei Arbeitgebern prüfen.

Neben den typischen Verwertern (Verlage, Theater-, Konzert- und Gastspieldirektionen, Werbeagenturen etc.) sind alle Unternehmen zur Künstlersozialabgabe verpflichtet, sofern sie nicht nur gelegentlich Aufträge an selbstständige Künstler und Publizisten vergeben und durch diese Leistungen Einnahmen erzielt werden. Es handelt sich insoweit um ein Thema, welches nicht nur bei den typischen Medienberufen vorkommen kann, sondern bspw. auch beim Steuerberater, der regelmäßig einen selbstständigen Designer zur Gestaltung seines Kanzlei-Briefpapiers beauftragt.

Wie die ersten Ergebnisse der Betriebsprüfungen durch die Deutsche Rentenversicherung zeigen, kann es zum Teil zu sehr hohen Nachzahlungen kommen, für die die Mandanten keineswegs Rücklagen geschaffen haben. Da häufig eine Erstfestsetzung für

© Springer Fachmedien Wiesbaden GmbH, ein Teil von Springer Nature 2019   133
R. Schaar et al., *Medienberufe und Steuern*,
https://doi.org/10.1007/978-3-658-25308-0_3

die letzten fünf Jahre erfolgt, kann die Verbindlichkeit in dem einen oder anderen Fall zu ernsten Liquiditätsproblemen beim Unternehmen führen.

Zur Aufgabe des Steuerberaters sollte es zukünftig auch gehören, die Mandanten speziell in diesem Bereich aufzuklären.

Seiten des selbstständigen Künstlers/Publizisten gibt es ebenfalls einen hohen Beratungsbedarf. Häufig ist ihm die Möglichkeit der Versicherung über die Künstlersozialkasse nicht bekannt bzw. tritt häufig der Fall ein, dass aufgrund von Unwissenheit eine Ablehnung seitens der Künstlersozialkasse erfolgt oder aber Versicherungsverhältnisse aufgehoben werden.

Da der Personenkreis, für den Versicherungspflicht besteht, nicht abschließend festgelegt ist, soll durch Darlegung diverser Urteile aus diesem Bereich eine Richtung aufgezeigt werden, die zur Argumentation vor der Künstlersozialkasse hilfreich sein wird.

3.2   Soziale Absicherung

Das am 01.01.1983 in Kraft getretene Künstlersozialversicherungsgesetz (KSVG) soll selbstständigen Künstlern und Publizisten als Pflichtversicherte in der gesetzlichen Renten-, Kranken- und Pflegeversicherung sozialen Schutz bieten.

Hintergrund ist, dass Künstler bei der Vermarktung ihrer Tätigkeit auf Ihre Verwerter (Galerien, Verlage, Theater usw.) angewiesen sind und sich insoweit in einer Situation befinden, die mit einem Arbeitnehmer vergleichbar ist. Weiter dient sie dem Schutz der Künstler/Publizisten, deren Einkünfte für eine gesicherte Versorgung oder Altersvorsorge oftmals nicht ausreichen.

Wie Arbeitnehmer tragen daher die selbstständigen Künstler und Publizisten die Hälfte der Sozialversicherungsbeiträge, die andere Hälfte wird von der Künstlersozialkasse übernommen. Die hierzu erforderlichen finanziellen Mittel werden zum einen durch einen Zuschuss des Bundes und zum anderen aus den abgeführten Künstlersozialabgaben der Verwerter aufgebracht.

Die Verwerter werden an der Finanzierung beteiligt, da nur durch die Zusammenarbeit des selbstständigen Künstlers und des Verwerters die Leistungen dem Endabnehmer zugänglich gemacht werden können.

3.3   Versicherungspflicht

Nach § 1 KSVG ist Voraussetzung für die Versicherungspflicht, dass eine

- künstlerische oder publizistische Tätigkeit
- selbstständig und
- erwerbsmäßig und
- nicht nur vorübergehend ausgeübt wird

Keine Versicherungspflicht liegt hingegen vor, wer

- wie ein Unternehmer mehr als einen Arbeitnehmer beschäftigt, es sei denn die Beschäftigung erfolgt zur Berufsausbildung oder ist geringfügig im Sinne des § 8 SGB IV
- zu den versicherungsfreien Personen nach § 4 und 5 KSVG gehört oder
- über einen gewissen Zeitraum eine Mindestverdienstgrenze nicht erreicht (EUR 3.900,00)

Die künstlerische oder publizistische Tätigkeit muss mindestens auch zum Zweck des Broterwerbs ausgeübt und nicht nur zum Zweck einer reinen Liebhaberei betrieben werden.[1] Fehlt es an einer Erwerbsmäßigkeit der künstlerischen Betätigung, besteht kein Anspruch auf Versicherung. So genügte bei einem selbstständigen Maler auch nicht die Auflistung von Ausstellungen, an deren er teilgenommen hat, um eine erwerbsmäßige Betätigung nachzuweisen. Gleiches gilt für die Internetpräsentation, die auch nur den Namen des Antragstellers innerhalb einer größeren Gruppe anderer Künstler aufführt.[2]

Ob die Voraussetzungen erfüllt sind, wird von der Künstlersozialkasse anhand eines Fragebogens überprüft. Im Zusammenhang mit dem Fragebogen müssen diverse Unterlagen bei der Künstlersozialkasse eingereicht werden, anhand derer die Tätigkeit nachgewiesen werden soll. Die Möglichkeiten der einzureichenden Unterlagen reichen von Nachweisen über künstlerische oder publizistische Ausbildung, Verträgen mit Auftraggebern, Abrechnungen, Werbematerial bis hin zu Bescheinigungen über die Mitgliedschaft in berufsständischen Interessenverbänden. Der Fragebogen enthält eine ausführliche Erläuterung.

Anhand dieses Fragebogens prüft die Künstlersozialkasse weiterhin, ob gegebenenfalls Ausnahmetatbestände (z. B. Versicherungsfreiheit in der Krankenversicherung) zu beachten sind.

Sind alle Versicherungsvoraussetzungen erfüllt, erteilt die Künstlersozialkasse einen Feststellungsbescheid und nimmt gegenüber derjenigen gesetzlichen Krankenversicherung, die der Versicherte gewählt hat, und gegenüber der Datenstelle des Rentenversicherungsträgers die Anmeldung vor.

Der Zeitpunkt, an dem die Versicherungspflicht beginnt, hängt vom Zeitpunkt der Aufnahme der selbstständigen künstlerischen/publizistischen Tätigkeit und vom Datum der Meldung bei der KSK ab. Ist der Künstler oder Publizist zum Zeitpunkt der Meldung bereits selbstständig tätig, so beginnt die Versicherungspflicht frühestens mit dem Tag der Meldung bei der KSK. Anderenfalls ist der frühestmögliche Zeitpunkt ab Aufnahme der selbstständigen Tätigkeit.

---

[1]Finke in; Finke/Brachmann/Nordhausen, KSVG, 3. Aufl. 2008, § 1 Rn. 21.
[2]LSG v. 05.08.2008 – L-11-KR-1559/08.

Beispiel
Ein selbstständiger Künstler reicht am 01.08.2018 seinen Antrag auf Aufnahme in einer Künstlersozialkasse ein. Das Verfahren zieht sich aufgrund diverser Anforderungen, weitere Unterlagen vorzulegen, bis zum 15.11.2018. Während des Zeitraumes vom 01.08.2018 bis 15.11.2018 hat sich der Künstler freiwillig gesetzlich krankenversichert und die Beträge alleine entrichtet. Mit Vorlage des Feststellungsbescheides bei seiner Krankenversicherung, werden ihm diese Beiträge erstattet. Auf der anderen Seite hat der Künstler die aufgelaufenen Beträge zur Kranken-, Pflege- und Rentenversicherung für den Zeitraum vom 01.08.2018 bis 15.11.2018 an die Künstlersozialkasse zu zahlen.

Beendet ein Versicherter seine selbstständige künstlerische/publizistische Tätigkeit, so endet auch seine Versicherungspflicht nach dem KSVG. Der Versicherte ist verpflichtet, eine Änderung seiner Tätigkeit unverzüglich anzuzeigen.

3.3.1 Selbstständige Künstler
Künstler im Sinne des § 2 Künstlersozialversicherungsgesetzes ist,

▶ Wer Musik, darstellende oder bildende Kunst schafft, ausübt oder lehrt.

Eine weitergehende Definition enthält das KSVG nicht. In der Begründung zum Gesetzesentwurf[3] wurde erwähnt, dass gezielt darauf verzichtet wurde, im Wege der Aufzählung von Berufsbezeichnungen die künstlerische oder publizistische Tätigkeit im Einzelnen zu definieren. Demnach steht einer solchen Aufzählung die Vielfalt, Komplexität und Dynamik der Erscheinungsformen künstlerischer und publizistischer Berufstätigkeiten entgegen.[4]

Der Gesetzgeber geht davon aus, dass die im Künstlerbericht der Bundesregierung aus dem Jahr 1975 erfassten Berufsgruppen[5] sowie alle im Bereich Wort tätigen Autoren in die Regelung einbezogen sind. Im Anhang dieses Buches befindet sich ein Katalog, der eine Übersicht über die Berufsgruppen, die u. a. vom KSVG erfasst werden (vgl. Künstlerkatalog im Anhang).

▶   **Hintergrundinformation**
     Es bedarf insoweit immer einer Einzelfallbetrachtung und der Darlegung von Gründen, dass es sich bei der Tätigkeit um eine künstlerische oder publizistische Tätigkeit handelt.
         Insbesondere aufgrund neuer Berufsbilder ist die Künstlereigenschaft zu überprüfen. Mangels Zuordnung von Berufsgruppen wird die Zuordnung zu künstlerischen/publizistischen Tätigkeiten immer wieder zu Streitigkeiten führen.

---

[3]BT-Drucksache 9/26 v. 01.08.1981, S. 18.
[4]Künstlersozialkasse, Informationsschrift Nr. 6, S. 1.
[5]Drucksache 7/3071 v. 13.01.1975, S. 7.

3.3.1.1 Definition Künstler nach KSVG

Das Bundessozialgericht hat in vielen Fällen entschieden, ob eine künstlerische Tätigkeit vorliegt, die insoweit zu einer Versicherungspflicht nach dem KSVG führt. Die Ein-
teilung in den Bereich Musik ist unproblematisch – Probleme ergeben sich meist in den
Bereichen „darstellende Kunst" und „bildende Kunst".

3.3.1.1.1 Musik

Die im Künstlerbericht im Bereich „Musik" aufgeführten Tätigkeiten sind als künstlerische Tätigkeit anerkannt. Hierunter zählen unter anderem:[6]

- Komponisten (Komponist, Text, Musikbearbeiter)
- Dirigenten (Kapellenmeister, Chorleiter, Tonmeister für Musik und Sprache)
- Instrumentalist (Instrumental-Solist in der „ernsten Musik")
- Sänger (Oper-, Operetten-, Musical-, Chorsänger)
- Unterhaltungsmusiker (Sänger in Unterhaltungsmusik, Show, Tanz- und Popmusiker)

3.3.1.1.2 Darstellende Kunst

Bei der darstellenden Kunst handelt es sich um einen Überbegriff für Formen der Kunst,
zu denen folgende klassische Formen zählen:

- Tänzer (u. a. Balletttänzer, Choreografen)
- Schauspieler (u. a. Schauspieler, Sprecher, Moderatoren)
- Unterhaltungskünstler
- Regisseure (u. a. Regisseure, Produktionsleiter)
- Künstlerisch-technische Mitarbeiter (u. a. Maskenbildner, Cutter im Bereich TV,
  sonstige künstlerisch-technische Mitarbeiter)

Wie der Rechtsprechung zu entnehmen ist, differenzieren die Gerichte bei neuerlichen
Entscheidungen zwischen Unterhaltungskunst und sonstigen – nicht künstlerischen
Unterhaltungsformen.

Demnach muss es sich um eine Form der Unterhaltung handeln, bei der

„eine freie schöpferische Gestaltung der Darbietung zumindest in Ansätzen erkennbar
ist, wobei allerdings die Anforderungen an die schöpferische Gestaltung niedrig zu
bemessen sind.

Maßgebend für die Zuordnung einer Darbietung zur Unterhaltungskunst oder
zu sonstigen – nicht künstlerischen – Arten der Unterhaltung ist – da die individuelle Kunstauffassung sehr unterschiedlich sein kann – im Zweifel die allgemeine
Verkehrsauffassung."[7]

---

[6]Auszug aus dem Künstlerbericht 1975, BT-Drucksache 7/3071, S. 7.
[7]BSG v. 26.11.1998 – B 3 KR 12/97 R, BSGE, 83, S. 160.

Einzelfallentscheidungen

Sportveranstaltungen zählen trotz ihres häufig unterhaltenden Werts ebenso wenig zur Unterhaltungskunst[8] wie sonstige Veranstaltungen, in denen „Sensationen, Raritäten und Absurditäten" geboten werden, die Akteure aber keine Unterhaltungskunst im herkömmlichen Sinne darbieten und für ihre Vorführung auch keinen künstlerischen Anspruch erheben. Unter anderem kann daher das Berufsringen nicht der Unterhaltungskunst zugeordnet werden.[9] Eine Versicherungspflicht nach dem KSVG scheidet somit aus.

Hinsichtlich der Tätigkeit von **Artisten** werden nur die klassischen Formen der Artistik (Jongleure, Trapezkünstler, Zauberer, Feuerschlucker, Clowns) unter das KSVG erfasst. Neuere Tätigkeitsformen wie beispielsweise Jahrmarktboxer oder Rodeoreiter, werden nicht als „künstlerisch" angesehen.[10] Ebenfalls nicht als künstlerisch wird die Tätigkeit von **Zirkuspädagogen** und **Klinikclown** angesehen, da hier der therapeutische Zweck im Vordergrund steht und nicht die künstlerische Gestaltung.[11] In diesen Fällen scheidet eine Versicherungspflicht nach dem KSVG aus.

Zu beachten ist, dass zum künstlerischen Personal nicht nur die auf der Bühne oder vor der Kamera stehenden Personen gezählt, sondern auch alle, die zum Gelingen eines künstlerischen Werkes nicht unerheblich beitragen.[12]

Nicht hingegen gelten sogenannte **Location Scouts** als Künstler i.S. des KSVG, da es sich zum einen um keine traditionell anerkannte künstlerische Tätigkeit handelt. Zum anderen setzt sich die Tätigkeit einerseits aus einer technischen und organisatorischen Tätigkeit und andererseits auch aus einer kreativen-gestalterischen Tätigkeit zusammen. Bei einem solchen, aus unterschiedlichen Tätigkeiten zusammengesetzten Berufsbild kann von einem künstlerischen Beruf jedoch nur ausgegangen werden, wenn die künstlerischen Elemente das Gesamtbild prägen. Nach Ansicht des Landessozialgerichts Berlin ist dies bei einem Location Scout nicht der Fall und eine Versicherungspflicht nach dem KSVG scheidet aus.[13]

3.3.1.1.3 Bildende Kunst

Zu den klassischen Formen bildender Kunst zählen unter anderem:

- Maler/Bildhauer (experimentelle Künstler, Portrait-, Landschaftsmaler)
- Grafik-Designer (Layouter, Karikaturist, Trick- und Comiczeichner)
- Industrie-Designer

---

[8]BSG v. 25.10.1995 – 3 RK 24/94, BSGE 77, S. 21; BSG v. 16.04.1998 – B 3 KR 7/97 R, BSGE 82, S. 107 – zur Veröffentlichung bestimmt – zum Fallschirmspringen.

[9]BSG v. 26.11.1998 – B3 KR 12/97 R, a. a. O.

[10]BSG v. 26.11.1998 – B 3 KR 12/97 R, a. a. O.

[11]SG Kassel v. 23.05.2007 – S 12 KR 139/05.

[12]BSG v. 28.01.1999 – B3 KR 2/98 R, BSGE 83, S. 246.

[13]LSG Berlin v. 21.02.2007 L 9 KR 132/04.

- Foto-Designer/Bildjournalist (künstlerischer Fotograf, Lichtbildner, Kameramann, Bildberichterstatter, Pressefotograf)
- Kunsthandwerker (Restaurator, Keramiker, Glasgestalter, Goldschmied – soweit künstlerisch[14])
- Kunstpädagoge (soweit in größerem Umfang freiberuflicher Tätigkeit)

Die Rechtsprechung kam zum Teil zu überraschenden Ergebnissen.

Bei der Versicherungspflicht von **Fotografen** ist es nach einem Urteil[15] des BSG zunächst entscheidend, ob dem Schaffen eines Fotografen eine schöpferische Leistung in einem Umfang zugrunde liegt, die über das in diesem Beruf durch eine schöpferische bzw. gestalterische Komponente bereits gekennzeichnete Handwerkliche deutlich hinausgeht. Kennzeichnend für eine künstlerische Fotografie sind die Motivwahl und die Motivgestaltung nach ästhetischen Gesichtspunkten (Ausdruck, Komposition, Licht, Schattenwurf, Perspektive etc.). Allerdings wird wer sich auf dem herkömmlichen Berufsfeld eines Handwerkers bewegt, nicht allein dadurch zum Künstler, dass seine Leistungen einen eigenschöpferischen, gestalterischen Charakter aufweisen, weil ein solcher bei bestimmten Handwerksbetrieben schon typisch ist. Als Künstler ist er vielmehr erst dann einzuordnen, wenn er das typische handwerkliche Berufsfeld verlässt, sich mit seinen Produkten in einem künstlerischen Umfeld bewegt und in künstlerischen Kreisen als gleichrangig oder ebenbürtig anerkannt wird. Allerdings ist selbst vom Standpunkt eines einzelnen Betrachters mit seinem individuellen Kunstverständnis nicht genau zu sagen, wo die Grenze verläuft, da die Kriterien nicht messbar und die Übergänge fließend sind.[16]

Ein **Modellbauer** ausgestorbener prähistorischer Tiere unterliegt der Versicherungspflicht nach dem KSVG, da er mit der Rekonstruktion nicht nur eine handwerkliche, sondern auch eine künstlerische Leistung erbringt.[17]

Ein **Restaurator** ist hingegen trotz ausdrücklicher Nennung im Künstlerbericht regelmäßig kein Künstler im Sinne des KSVG[18], da er nicht mit seinen Werken in freier Gestaltung eine ideell-ästhetische Wirkung zu erreichen versucht, sondern lediglich ein bereits existierendes Werk wieder herstellt.[19]

Ein **Feintäschner**, der Handtaschen nach eigenen Entwürfen fertigt, ist nicht dem KSVG zuzuordnen, sondern es hat eine Zuordnung zum (Kunst-) Handwerk zu erfolgen.[20]

---

[14]BSG v. 20.03.1997 – 3 RK 15/96, BSGE 80, S. 136–140.

[15]BSG v. 24.06.1998 – B 3 KR 11/97, afp 1999, S. 207.

[16]LSG Baden- Württemberg v. 23.03.2010 – L 11 KR 5550/08.

[17]BSG v. 30.01.2001 – B 3 KR 11/00 R, SozR 3-5425 § 2 Nr. 13.

[18]BSG v. 25.09.2001 – B 3 KR 18/00 R, NZS 2002, S. 323.

[19]Im Steuerrecht hingegen wird diese Tätigkeit unter bestimmten Voraussetzung als künstlerische Tätigkeit angesehen.

[20]BSG v. 24.06.1998 – B 3 KR 13/97 R, NJW 1999, S. 1990.

Ein **Klavier- und Cembalobauer** übt nur ausnahmsweise eine künstlerische Tätigkeit im Sinne des KSVG aus, wenn der Klavierbauer einen eigenschöpferischen Anteil an der Gestaltung der Musik hat bzw. er mit seinen Instrumenten im Programmheft oder auf Tonträgern aufgeführt wird und es sich dabei nicht um eine bloße Verkaufswerbung für die Instrumente handelt.[21]

Tätowierer gehören regelmäßig ebenfalls nicht zu den Künstlern im Sinne des KSVG. Eine Berücksichtigung könnte allenfalls dann gegeben sein, wenn seine Arbeit in Fachkreisen der Kunst Anerkennung erlangt hat. Eine hohe Wertschätzung bei Kollegen reicht hierbei nicht aus.[22]

Ein mit der Planung und Konzeption von Naturausstellungen und Umweltprogrammen beschäftigter **Ausstellungsgestalter** ist nicht künstlerisch tätig.[23]

Eine **Visagistin**, die ihre Tätigkeit über Agenturen anbietet und überwiegend in einem Team von Modell, Stylist und Fotograf zusammenarbeitet und ihre Ideen kreativ umsetzt, übt eine künstlerische Tätigkeit aus.[24]

Die Tätigkeit von **Webdesignern** ist als künstlerisch einzustufen, ohne dass es darauf ankommt, ob ihm ein kunsttypischer eigenschöpferischer Gestaltungsspielraum zur Verfügung steht.[25] Die Tätigkeit des **Webmasters** hingegen liegt in der Betreuung und Strukturierung hinsichtlich Funktionalität, Aktualität und Benutzerfreundlichkeit des Internetauftrittes. Diese Tätigkeit ist dem technischen Bereich zuzuordnen und unterliegt insoweit nicht den Regelungen des KSVG.

Die Tätigkeit eines **Grafik-Designers** wird im Künstlerbericht der Bundesregierung und in § 2 Abs. 2 Nr. 9 der Durchführungsverordnung zum KSVG den künstlerischen Tätigkeiten zugeordnet. Werden jedoch nach vorgegebenen Entwürfen ausschließlich Reinzeichnungen angefertigt, betätigt sich der Grafik-Designer als Reinzeichner, der nicht zu den Künstlern im Sinne des § 2 KSVG gehört.

Eine diplomierte **Modedesignerin**, die im Schwerpunkt Braut- und Festmoden entwirft, übt keine künstlerische Tätigkeit aus und unterliegt nicht der Versicherungspflicht nach dem KSVG. Ihre Klage vor dem Sozialgericht Halle[26] und dem Landessozialgericht Sachsen-Anhalt[27] gegen die Ablehnung der Aufnahme in die Künstlersozialkasse war zwar erfolgreich, das BSG urteilte jedoch anders.[28] Das BSG führte aus, dass ihre Tätigkeit weder der Tätigkeit einer Designerin im Sinne des KSVG entspricht, noch hat sich

[21]BSG v. 20.03.1997 – B 3 KR 15/96, a. a. O.

[22]BSG v. 28.02.2007 – B 3 KS 2/07 R, BSGE 98, S. 152.

[23]BSG v. 26.01.2006 – B 3 KR 1/05 R, NZS 2006, S. 490.

[24]BSG v. 12.05.2005 – B 3 KR 39/04 R.

[25]BSG v. 07.07.2005 – B 3 KR 37/04 R, SozR 4-5425 § 2 KSVG Nr. 5 S. 21/22.

[26]SG Halle v. 07.05.2007 – 13 RA 322/04.

[27]LSG Sachsen-Anhalt v. 27.01.2011 – L 1 R 226/07.

[28]BSG v. 21.06.2012 – B 3 KS 1/11 R, DStR 2012, S. 13, Nr. 41.

die Modedesignerin aus dem angestammten Bereich des Kunsthandwerks gelöst und ist als anerkannte Künstlerin in Kunstkreisen angesehen. Als Designer gilt derjenige, der seine Entwürfe ganz oder überwiegend durch die Vergabe von Lizenzen verwertet. Wer hingegen die Güter nach eigenen Entwürfen selbst fertigt oder im eigenen Namen fertigen lässt und die anschließend entweder selbst an die Endverbraucher veräußert oder an ein Handelsunternehmen oder sonstige Dritte, ist nach Wertung des KSVG als Hersteller bzw. als Produzent und nicht als Designer anzusehen.

Vermehrt wurde seitens der Künstlersozialkasse versucht, die Tätigkeit von Künstlern aufgrund mangelnder „Anerkennung in Fachkreisen" abzulehnen, womit sie teilweise jedoch bei Gerichten scheiterte.

> „Wäre allein die Anerkennung in Fachkreisen Voraussetzung für eine Einstufung als Künstler im Sinne der Künstlersozialversicherung, liefe dies dem Schutzgedanken dieser Versicherungsgemeinschaft zuwider. Gerade auch in Fachkreisen nicht allgemein anerkannte Künstler bedürfen in besonderem Maße des vom Gesetzgeber beabsichtigten Schutzes in der Künstlersozialversicherung; denn im Gegensatz zu bereits anerkannten Künstlern sind diese Personen sozial besonders schutzbedürftig, weil regelmäßig erst bei der Anerkennung in Fachkreisen die Tätigkeit auch wirtschaftlich erfolgreich wird."[29]

3.3.1.1.4 Publizistik (Wort)
Publizist ist

▶ Wer als Schriftsteller, Journalist oder in anderer Weise publizistisch tätig ist oder Publizistik lehrt.[30]

Nach § 3 Satz 2 KSVG ist Leitbild publizistischer Tätigkeit das Berufsbild des Schriftstellers oder Journalisten, bei dessen Vorliegen nicht weiter nach der Qualität der eigenschöpferischen Leistung unterschieden wird.[31] Da der Gesetzgeber auf eine Definition verzichtet hat, wird eine Begrenzung des Begriffs des Schriftstellers oder Journalisten nicht vorgenommen. Vielmehr wurde eine Öffnungsklausel „oder in anderer Weise publizistisch tätig" eingeführt.

In der Begründung ging man davon aus, dass „alle im Bereich Wort tätigen Autoren, insbesondere Schriftsteller und Journalisten, in die Regel einbezogen sind."[32] Wie der Verordnung zur Durchführung des KSVG vom 23.05.1984[33] zu entnehmen ist, werden hier die Bezeichnung „Journalist und Redakteur" aufgeführt. Ob es sich hierbei auch um „technische Redakteure" handeln kann, bleibt offen.

---

[29]SG Mannheim v. 13.05.2003.

[30]§ 2 S. 2 KSVG.

[31]BSG v. 30.01.2001 – B 3 KR 7/00 R, B 3 KR 7/00 R.

[32]BR-Drucks. 260/79 S. 21.

[33]Verordnung zur Durchführung des Künstlersozialversicherungsgesetzes, BGBl. I 1984, S. 709.

Dies führte dazu, dass ein **Verfasser von Handbüchern** und **Bedienungsanleitungen** für technische Geräte als in „anderer Weise publizistisch tätig" eingestuft wurde und insoweit als Publizist im Sinne des KSVG anzusehen ist.[34]

Dagegen ist die wortgetreue Übersetzung von Werbebroschüren und Bedienungsanleitungen keine publizistische Leistung im Sinne des KSVG. Vielmehr liegt hier eine handwerkliche Tätigkeit vor.[35]

Der Vorschrift des § 2 KSVG lässt sich keine Beschränkung auf Wortautoren entnehmen.[36]

Weiter kann bei wissenschaftlichen Autoren, die Ergebnisse ihrer Forschung einem Publikum zur Kenntnis bringen, eine publizistische Tätigkeit angenommen werden.[37] Auch sind Verfasser von Biografien Künstler, da im entschiedenen Fall die verfasste Biografie über das Internet bestellt werden konnte und somit einem weiter gefassten Kreis zur Verfügung steht.[38]

Die Tätigkeit eines Journalisten umfasst das Sammeln von Informationen über das Zeitgeschehen in allen seinen Facetten. Der Begriff des **Journalisten** begrenzt sich insoweit nicht nur auf Wortbeiträge, sondern kann auch in Form von Bildberichterstattungen erfolgen.[39] Ob die Bildbeiträge schriftlich durch selbst konzipierte Texte erläutert werden, ist dabei unerheblich.[40] Zur Publizistik gehört grundsätzlich jede Tätigkeit zur textlichen und bildlichen Gestaltung von Massenkommunikationsmitteln.[41]

Die erstellten Schriftstücke müssen für die „Öffentlichkeit" bestimmt sein. § 6 Abs. 1 des Urheberrechtsgesetzes (UrhG) legt fest, dass ein Werk veröffentlicht – und somit publiziert im vorgenannten Sinne ist – wenn, es mit Zustimmung des Berechtigten der Öffentlichkeit zugänglich gemacht worden ist. Eine zahlenmäßige Bestimmung des Begriffs „Öffentlichkeit" erfolgt nicht.[42]

Die erforderliche Öffentlichkeit liegt nach einem Urteil des BSG bspw. bei einem **Trauerredner** vor,[43] da die Trauerrede nicht auf den engen Familienkreis begrenzt ist, sondern durch die Möglichkeit des offenen, unbegrenzten Zugangs von Teilnehmern gekennzeichnet ist.

---

[34]BSG v. 30.01.2001 – B 3 KR 7/00 R, a. a. O.

[35]BSG v. 07.12.2006 – B 3 KR 2/06 R, NZS 2007, S. 500.

[36]Vgl. Schmidt, ZfS 1988, 161, 165.

[37]BSG v. 23.03.2003 – B 3 KR 13/05 R.

[38]SG Münster v. 24.01.2007.

[39]BSG v. 27.03.1996 – 3 RK 10/95, BSGE 78, 118.

[40]Vgl. Schmidt, ZfS 1988, 161, 166.

[41]Vgl. Finke/Brachmann/Nordhausen, Komm zum KSVG, § 34 Rn. 44,46; BSG SozR 5425 § 2 Nr. 1 für die textliche Gestaltung einer Zeitschrift, Bröckel, KSVG S. 64.

[42]BSG v. 30.01.2001 – B 3 KR 7/00 R.

[43]BSG v. 23.03.2006 – B 3 KR 9/05 R.

Wie das Bundessozialgericht feststellte, gehört zu den berücksichtigungsfähigen Einnahmen „aus" einer publizistischen Tätigkeit nicht nur die in einem unmittelbaren Zusammenhang mit einer publizistischen Tätigkeit erzielten Einnahmen, sondern auch die in einem mittelbaren Zusammenhang mit der publizistischen Tätigkeit stehenden Einnahmen aus dem Verkauf von Werbeflächen auf der eigenen Webseite. Dabei muss zwischen aus dem Verkauf von Werbeflächen erzielten Einnahmen und der primären publizistischen Arbeiten ein untrennbarer wirtschaftlicher und inhaltlicher Zusammenhang bestehen. Dies ist im Falle eines Blogs der Fall. Das Gericht wies in seiner Urteilsbegründung darauf hin, dass die in den Steuerbescheiden vorgenommene Einstufung der Einnahmen aus dem Verkauf der Werbefläche als Einnahmen aus Gewerbebetrieb aus sozialversicherungsrechtlicher Pflicht nicht zutreffend sei und aufgrund der abweichenden Zweckbestimmung der Künstlersozialversicherungsgesetzes die Sozialgerichte auch nicht binden würde.[44]

Gem. § 2 KSVG ist auch der **Publizist** i.S.d. Gesetzes, der Publizistik lehrt. Dies lässt sich damit rechtfertigen, dass „derjenige, der Kunst lehrt, in aller Regel selbst noch ausübender Künstler ist oder ausübender Künstler gewesen ist. Die Zuständigkeit der Künstlersozialkasse entfällt dann nicht bereits dadurch, dass der Künstler seine eigenschöpferische Tätigkeit aufgibt und sich nur noch darauf beschränkt, sein Erfahrungswissen durch eine Lehrtätigkeit weiter zu vermitteln".[45]

Die Regelung bezieht sich jedoch nur auf solche Lehrtätigkeiten, die der aktiven Kunstausübung der Teilnehmer dienen. Es ist notwendig, dass „Gegenstand der Lehrtätigkeit die Vermittlung praktischer oder theoretischer Kenntnisse ist, die sich auf die Fähigkeiten und Fertigkeiten der Auszubildenden bei der Ausübung der Kunst auswirken."[46] Es reicht auch aus, Laien für eine laienhafte Kunstausübung zu unterrichten.

Hierunter fällt nach Ansicht des Landessozialgericht Baden-Württemberg auch das Konzept eines **Musik-Gartens** für Babys ab 6 Monaten, denn das vermittelte praktische Erfahrungswissen durch Rhythmus- und Klangübungen mit Instrumenten ist als ausreichend für die Lehre von Musik angesehen worden.[47]

Eine **Sprachgestalterin** übt dann eine künstlerische Tätigkeit, wenn diese Bestandteil einer schauspielerischen Ausbildung ist und hierdurch eine gute Aussprache und künstlerische Ausdrucksweise vermittelt wird.[48]

Eine **Eurythmie-Lehrerin** ist Künstlerin, da ihr Unterricht darauf abzielt, die in Sprache und Musik liegenden Bewegungstendenzen durch Bewegen des Körpers sichtbar zu machen.[49]

---

[44]BSG v. 21.07.2011 – B 3 KS 5/10 R, afp 2012, S. 103.

[45]BSG v. 24.06.1998 – B 3 KR 10/97 R, NZS 1999, S. 149.

[46]Ebenda.

[47]LSG Baden-Württemberg v. 15.07.2008 – L-11-KR-5543/07.

[48]BSG v. 10.10.2000 – B 3 KR 30/99 R, AuS 2000, S. 59.

[49]BSG v. 12.12.1994 – 3/12 RK 62/93 – SozR 3-5425 § 2 KSVG Nr. 2.

Die Tätigkeit als **Tanzlehrer** für „Tango Argentino" ist dem Bereich „Sport" zuzuordnen, da Turniertanzsport in Sportverbänden organisiert ist[50]. Die Erteilung von Unterricht in Jazztanz und Hip-Hop kann dagegen unter die Künstlersozialversicherungspflicht fallen.[51] Auch wenn Afro-Dance und Afro-Caribean-Dance im Rahmen von Workshops angeboten wird, handelt es sich nach der Verkehrsauffassung um eine künstlerische Tätigkeit im Sinne des KSVG, da es sich hierbei um keine anerkannte Sportart handelt.[52]

3.3.1.2 Selbstständige Tätigkeit

Selbstständig ist jede Tätigkeit, die nicht im Rahmen eines abhängigen Beschäftigungsverhältnisses ausgeübt wird.[53] Abweichend hiervon entschied das LSG Berlin- Brandenburg. So sind bei einer Gesellschaft angestellte Musiker als selbstständig anzusehen, wenn an sie ein Anteil von 97 % des Gewinns durchgereicht wird. In einem solchen Fall ist es nach Ansicht der Richter unerheblich, wenn der zwischen der Gesellschaft und den Musikern geschlossene Vertrag Elemente einer abhängigen Beschäftigung (hier: Urlaubsanspruch, Weisungsgebundenheit, mit Prämien verrechnetes Festgehalt) aufweist. Die von der Gesellschaft an die Musiker gezahlten Honorare stellen die Bemessungsgrundlage für Beiträge an die Künstlersozialversicherung dar.[54]

3.3.1.2.1 Erwerbsmäßigkeit

Die künstlerische Tätigkeit darf nicht nur vorübergehend, sondern muss erwerbsmäßig ausgeübt werden: Nur wer seine künstlerische/publizistische Tätigkeit zumindest auch zum Zwecke des Broterwerbs ausübt, soll versichert werden können, nicht hingegen derjenige, der seine künstlerische/publizistische Tätigkeit aus reiner Liebhaberei betreibt.[55]

In Anlehnung an die Zeitgrenzen des § 8 Abs. 1 Nr. 2 SGB IV kann von einer nicht nur vorübergehenden Tätigkeit ausgegangen werden, wenn sie länger als zwei Monate andauert.[56]

3.3.1.2.2 Versicherungsfreiheit

Gemäß § 3 KSVG liegt eine Versicherungsfreiheit vor, wenn das voraussichtliche Arbeitseinkommen die Geringfügigkeitsgrenze von **EUR 3.900** im Jahr nicht übersteigt. Die Versicherungsfreiheit bezieht sich dabei auf alle drei Zweige der Versicherung.

---

[50]BSG v. 07.12.2006 – B 3 KR 11/06 R.

[51]BSG v. 25.11.2015 – B 3 KS 3/14 R.

[52]Prof. Dr. Berndt, „Die Künstlersozialversicherung in der Betriebsprüfung der Rentenversicherungsträger", S. 38.

[53]Vgl. § 7 SGB IV.

[54]LSG Berlin-Brandenburg v. 14.01.2010 – L 9 KR 142/0.

[55]Finke/Brachmann/Nordhausen, KSVG, § 1 Rn. 21.

[56]Finke/Brachmann/Nordhausen, KSVG, § 1 Rn. 22.

Für die Beurteilung kommt es darauf an, dass die Geringfügigkeitsgrenze voraussichtlich nicht überschritten wird. Diese Prognose ist vom Künstler bis spätestens 01.12. eines Jahres der Künstlersozialkasse zu melden. Nach Ansicht der Künstlersozialkasse sollte der im letzten Einkommensteuerbescheid ausgewiesene Gewinn als Anhaltspunkt für das voraussichtliche Arbeitseinkommen herangezogen werden. Jedoch sollten hierbei zwingend aktuelle Einkommensveränderungen berücksichtigt und gemeldet werden.

Die Künstlersozialkasse überprüft nach Maßgabe des § 13 KSVG stichprobenartig die tatsächlichen Einkommensverhältnisse der Versicherten. Eine jährliche Zufallsauswahl der Versicherten erhält hierzu einen Fragebogen, der zusätzliche Angaben und Belege abfragt. Mitte des Jahres 2008 wurden Seitens der KSK erste Bußgeldverfahren wegen zu niedriger Einkommensangaben eingeleitet. Es bleibt abzuwarten, wie die Gerichte hier entscheiden werden. Denn eine Einstufung des Gewinns vor Beginn des Wirtschaftsjahres erscheint nach unserer Meinung insbesondere bei der Berufsgruppe sehr schwierig.

Erweist sich das vom Künstler im Vorfeld geschätzte Einkommen später als zu hoch oder zu niedrig kann eine Anpassung ab dem Folgemonat bei der KSK beantragt werden. Eine rückwirkende Beitragsanpassung wird seitens der Künstlersozialkasse nicht vorgenommen.

Bei der Ermittlung des Einkommens sind u. a. folgende Einnahmen zu berücksichtigen:

- alle Einnahmen in Geld oder Geldeswert, die unmittelbar aus der selbstständigen künstlerischen/publizistischen Tätigkeit resultieren (z. B. Gagen, Verkaufserlöse, Tantiemen, Lizenzen und auch Ausfallhonorar und Sachleistungen); nicht jedoch Leistungen der Agentur für Arbeit wie z. B. Gründungszuschuss
- urheberrechtliche Vergütungen (z. B. GEMA, VG-Wort)
- Stipendien, soweit Einkommensteuerpflicht gegeben ist

Als Betriebsausgaben können alle Ausgaben, die mit der selbstständigen Tätigkeit in Zusammenhang stehen, geltend gemacht werden. Nicht abzugsfähig sind Beiträge zur Künstlersozialkasse oder weitere Sonderausgaben.

Die Versicherungspflicht bleibt bestehen, solange das Arbeitseinkommen nicht mehr als zweimal innerhalb von sechs Kalenderjahren die Geringfügigkeitsgrenze nicht übersteigt.[57]

3.3.1.2.3 Berufsanfänger

Für Berufsanfänger sieht das Gesetz im § 3 Abs. 2 KSVG einen besonderen Schutz vor. Demnach werden Berufsanfänger auch dann versichert, wenn sie mit ihrem Arbeitseinkommen die Geringfügigkeitsgrenze von **EUR 3.900,00** voraussichtlich nicht überschreiten werden. Dies bedeutet, dass Berufsanfänger bis zum Ablauf von drei Jahren

---

[57]§ 3 Abs. 3 KSVG.

nach erstmaliger Aufnahme einer künstlerischen/publizistischen Tätigkeit stets versicherungspflichtig sind.

Die Dreijahresfrist verlängert sich, wenn die Versicherungspflicht durch Kindererziehung, Wehrdienst oder ein zwischenzeitliches Beschäftigungsverhältnis unterbrochen wurde sowie um Zeiten, in denen Versicherungsfreiheit nach § 5 Abs. 1 Nr. 8 (ordentlich Studierende an einer Hochschule) vorlag.

Für Antragsteller, die ihre Tätigkeit vor dem 01.07.2001 aufgenommen haben, gilt eine verlängerte Berufsanfängerzeit von 5 Jahren, die jedoch nicht durch Unterbrechungszeiten verlängert werden kann.

3.3.1.2.4 Versicherungsfreiheit – Rentenversicherung

In der Rentenversicherung werden selbstständige Künstler, die daneben ein zusätzliches Einkommen aus abhängiger Beschäftigung erzielen, nicht versicherungspflichtig, wenn

- sie aufgrund dieser Tätigkeit versicherungsfrei sind (z. B. Beamte) oder
- ihr Einkommen als Arbeitnehmer oder aus anderen selbstständigen Tätigkkeiten die halbe Beitragsbemessungsgrenze in der Rentenversicherung erreicht bzw. überschreitet (West: $78.000,00 \times 50\,\% = 39.000,00$ EUR/Ost: $69.600,00 \times 50\,\% = 34.800,00$ EUR im Jahr 2018)

Nach § 4 Nr. 3 und 4 KSVG ist weiter in der Rentenversicherung versicherungsfrei, wer

- als Gewerbetreibender in Handwerksbetrieben versicherungspflichtig ist,
- Landwirt im Sinne des § 1 des Gesetzes über die Alterssicherung der Landwirte ist, bzw. als ehemaliger Landwirt eine Altersrente oder nach Vollendung des 60. Lebensjahres eine Landabgaberente nach dem Gesetz über die Alterssicherung der Landwirte bezieht,
- eine Vollrente wegen Alters aus der gesetzlichen Rentenversicherung bezieht bzw. das 65. Lebensjahr vollendet hat und bisher nicht rentenversichert war oder
- als Wehr- oder Zivildienstleistender in der gesetzlichen Rentenversicherung versichert ist.

3.3.1.2.5 Versicherungsfreiheit – Krankenversicherung

Auch für den Bereich der Krankenversicherung gibt es Ausnahmen von der Versicherungspflicht. Wird neben der selbstständigen künstlerischen Tätigkeit eine **sozialversicherungspflichtige** abhängige Beschäftigung ausgeübt, ist von der zuständigen Krankenkasse anhand der Tätigkeit eine Entscheidung zu treffen, bei welcher es sich um die Haupttätigkeit handelt.

Wird bspw. festgestellt, dass die abhängige Beschäftigung die Haupttätigkeit ist, ist die Krankenversicherung nach dem KSVG hinfällig.

Wird neben der künstlerischen Tätigkeit eine andere selbstständige oder gewerbliche Tätigkeit ausgeübt, besteht keine Versicherungsmöglichkeit über die KSVG, soweit mit der anderen selbstständigen Tätigkeit ein Jahresgewinn über EUR 5.400,00 erzielt wird.

Weiterhin ist nicht nach dem KSVG krankenversichert, wer

- das 55. Lebensjahr vollendet hat und in den letzten fünf Jahren zu keiner Zeit gesetzlich krankenversichert gewesen ist,
- bereits nach anderen gesetzlichen Bestimmungen krankenversicherungspflichtig ist (z. B. aufgrund eines Leistungsbezuges von der Agentur für Arbeit),
- nach den allgemeinen Vorschriften über die Krankenversicherung versicherungsfrei ist (z. B. wegen Überschreitung der Jahresarbeitsentgeltgrenze als Arbeitnehmer oder wegen einer Berufstätigkeit als Beamter oder Soldat) oder wer bereits durch Bescheid einer gesetzlichen Krankenversicherung von der gesetzlichen Krankenversicherungspflicht befreit worden ist,
- Wehr- oder Zivildienstleistender ist,
- die selbstständige künstlerische/publizistische Tätigkeit erst nach Vollendung des 65. Lebensjahres aufgenommen hat oder
- ordentlich Studierender ist und die selbstständige Tätigkeit nur als Nebentätigkeit ausübt.[58]

3.3.1.2.6 Versicherungsfreiheit bei der Krankenversicherung auf Antrag

Berufsanfänger können sich bis zum Ablauf von drei Jahren nach erstmaliger Aufnahme einer künstlerischen/publizistischen Tätigkeit zugunsten einer privaten Krankenversicherung von der Versicherungspflicht befreien lassen.

Der Berufsanfänger muss dabei nachweisen, dass er und seine Familienangehörigen, die bei Versicherungspflicht in der gesetzlichen Kranken- und der Pflegeversicherung nach dem KSVG versichert wären, Vertragsleistungen einer privaten Versicherung beanspruchen können, die der Art nach den Leistungen der gesetzlichen Krankenversicherung bei Krankheit entsprechen.[59]

Eine Familienversicherung für den Ehegatten, den Lebenspartner und die Kinder von Mitgliedern ist möglich, wenn diese Familienangehörigen[60]

- ihren Wohnsitz oder gewöhnlichen Aufenthalt im Inland haben,
- nicht nach § 5 Abs. 1 Nr. 1 bis 8, 11 oder 12 SGB V oder nicht freiwillig versichert sind,
- nicht versicherungsfrei oder nicht von der Versicherungspflicht befreit sind; dabei bleibt die Versicherungsfreiheit nach § 7 SGB V außer Betracht,

---

[58]KSVG, Merkblatt Versicherungspflicht.

[59]§ 6 Abs. 1 S. 2 KSVG.

[60]§ 10 SGB V.

- nicht hauptberuflich selbstständig tätig sind und
- kein Gesamteinkommen haben, das regelmäßig im Monat ein Siebtel der monatlichen Bezugsgrenze nach § 18 SGB IV überschreitet; bei Renten wird der Zahlbetrag ohne den auf Entgeltpunkte für Kindererziehungszeiten entfallenden Teil berücksichtigt; für geringfügig Beschäftigte nach § 8 Abs. 1 Nr. 1, § 8a SGB IV beträgt das zulässige Gesamteinkommen EUR 450,00 (monatlich).

Der Antrag ist binnen 3 Monaten nach Erteilung des Feststellungsbescheids über die Versicherungspflicht nach dem KSVG zu stellen. Zu beachten ist, dass es sich hierbei um eine Ausschlussfrist handelt. Bei Fristversäumnis ohne Verschulden kommt gegebenenfalls eine Wiedereinsetzung in den vorigen Stand in Betracht.[61]

Bei aufeinander folgender dreimaliger Überschreitung der Jahresarbeitsentgeltgrenze kann sich der selbstständige Künstler von der Kranken- und Pflegeversicherung befreien lassen.[62] Der Antrag kann dabei bereits im Feststellungsverfahren gestellt werden. Es ist auch eine Antragstellung bis zum 31.12. des auf den Dreijahreszeitraum folgenden Kalenderjahres möglich.[63] Bei Fristversäumnis kann der Antrag auf Befreiung frühestens im nächsten Jahr wiederholt werden, soweit die Voraussetzungen noch vorliegen. Eine erteilte Befreiung kann nicht widerrufen werden. Der Wiedereintritt in die gesetzliche Kranken- und Pflegeversicherung ist insoweit unter Gesichtspunkten der KSVG ausgeschlossen.

Auf Antrag gewährt die KSK selbstständigen Künstlern, die von der Krankenversicherungspflicht befreit sind, einen Zuschuss zur privaten Krankenversicherung. Die Höhe des Zuschusses bemisst sich dabei nach dem Arbeitseinkommen und den Aufwendungen zur privaten Krankenversicherung. Die Zuschusshöhe ist nach oben durch die Hälfte der Prämienaufwendungen für die private Versicherung begrenzt.[64]

Wer als Berufsanfänger befreit ist, erhält Zuschüsse nur zu einer privaten Kranken- und Pflegeversicherung. Wer als Höherverdienender befreit ist, kann auch Zuschüsse zu einer freiwilligen gesetzlichen Kranken- und Pflegeversicherung beantragen.

3.3.2   Versicherungspflicht und weitere Erwerbstätigkeit

Werden neben der künstlerischen/publizistischen Tätigkeit weitere Erwerbstätigkeiten ausgeübt, können sich je nach Umfang und rechtlicher Einordnung unterschiedliche Konsequenzen ergeben:

---

[61] § 27 SGB X.
[62] § 12 Abs. 6 SGB V.
[63] § 7 Abs. 2 KSVG.
[64] § 10 KSVG.

3.3.2.1 Geringfügige Beschäftigung oder geringfügige selbstständige Tätigkeit

Eine geringfügige Beschäftigung wirkt sich auf die Versicherung nach dem KSVG nicht aus. Eine Beschäftigung wird geringfügig ausgeübt, wenn das Arbeitseinkommen monatlich EUR 450,00 nicht übersteigt[65] oder die Beschäftigung innerhalb eines Kalenderjahres auf längstens zwei Monate oder 50 Arbeitstage nach ihrer Eigenart begrenzt ist oder im Voraus vertraglich begrenzt ist, es sei denn, dass die Beschäftigung berufsmäßig ausgeübt wird und ihr Entgelt EUR 450,00 im Monat übersteigt.[66]

3.3.2.2 Abhängige Beschäftigung

Wenn neben der künstlerischen/publizistischen Tätigkeit ein abhängiges Beschäftigungsverhältnis ausgeübt wird, besteht grundsätzlich Versicherungspflicht für beide Arten der Erwerbstätigkeit. Der Arbeitgeber behält wie üblich die Sozialversicherungsbeiträge ein und führt diese an die Krankenversicherung ab. Daneben besteht aufgrund der selbstständigen Tätigkeit grundsätzlich eine Beitragspflicht bei der KSK.

Eine doppelte Beitragserhebung zu den Versicherungszweigen Kranken- und Pflegeversicherung erfolgt jedoch nicht. Die Beiträge beruhen ausschließlich auf der hauptberuflichen Erwerbstätigkeit,[67] die sich nach der wirtschaftlichen Bedeutung (Arbeitszeit und Vergütung/Gewinn) bemisst. Bei der Rentenversicherung hingegen kommt es zu einer doppelten Beitragserhebung.

Die nachfolgenden Beispiele sollen die möglichen Konstellationen aufzeigen:[68]

Beispiel

a) Selbstständige künstlerische Tätigkeit mit einem Gewinn von EUR 7.000,00 pro Jahr (monatlich EUR 583,34) und mit einem Arbeitszeitaufwand von 18 h in der Woche. Daneben Beschäftigung als Arbeitnehmer mit einem Monatsverdienst von EUR 800,00 (brutto) und ebenfalls 18 Wochenstunden. Die Haupttätigkeit ist die Angestelltentätigkeit aufgrund des höheren Verdienstes bei gleicher Arbeitszeit.

Rechtsfolge: Vollständige soziale Absicherung einschließlich Kranken-, Pflege- und Arbeitslosenversicherung über das Beschäftigungsverhältnis. Aufgrund der selbstständigen künstlerischen/publizistischen Tätigkeit besteht daneben Versicherungspflicht nach dem KSVG lediglich in der Rentenversicherung.

---

[65]§ 8 Abs. 1 Nr. 1 SGB IV (Minijob).

[66]§ 8 Abs. 1 Nr. 2 SGB IV (kurzfristige Beschäftigung).

[67]§ 5 Abs. 1 Nr. 1 KSVG i.V.m. § 5 Abs. 5 SGB V.

[68]angelehnt an: Informationsschrift Künstlersozialkasse, Versicherung bei der KSK trotz (Neben-) Job? 10/2016.

b) Wie Beispiel a) nur beträgt das Arbeitseinkommen aus selbstständiger-selbst-
   ständiger künstlerischer Tätigkeit EUR 12.000,00 pro Jahr (monatlich EUR
   1.000,00). In diesem Fall ist die selbstständige künstlerische/publizistische Tätigkeit als hauptberuflich anzusehen.
   Rechtsfolge: Über die KSK besteht Versicherungspflicht in der Renten-, Kranken-
   und Pflegeversicherung. Das nebenberufliche Beschäftigungsverhältnis ist ebenfalls
   sozialversicherungspflichtig, nicht jedoch in den Versicherungszweigen Kranken-
   und Pflegeversicherung. Das heißt für diese beiden Versicherungszweige braucht
   der Arbeitgeber keine Sozialversicherungsbeiträge an die Krankenkasse abzuführen.
c) selbstständige künstlerische/publizistische Tätigkeit mit einem Arbeitseinkommen
   von EUR 15.000,00 pro Jahr. Daneben Beschäftigung als Arbeitnehmer mit einem
   Monatsverdienst von EUR 3.000,00 (brutto) monatlich.
   Rechtsfolge: Die soziale Absicherung erfolgt ausschließlich auf der Grundlage
   des Beschäftigungsverhältnisses. Die selbstständige künstlerische/publizistische
   Tätigkeit bleibt versicherungsrechtlich unberücksichtigt. Für das hieraus erzielte
   Einkommen können keine Rentenanwartschaften erworben werden, weil der
   Gesetzgeber insoweit die soziale Schutzbedürftigkeit der betroffenen Personen
   verneint.

3.3.2.3 Unständige Beschäftigte

Unständig ist eine Beschäftigung, die auf weniger als eine Woche entweder von der Natur
der Sache beschränkt zu sein pflegt oder im Voraus durch Arbeitsvertrag beschränkt ist.[69]

Als Woche ist dabei nicht die Kalenderwoche, sondern die Beschäftigungswoche zu
verstehen. Die Beschäftigungswoche ist ein Zeitraum von sieben aufeinander folgenden
Kalendertagen, beginnend mit dem ersten Tag der Beschäftigung. Beschäftigungsfreie
Samstage, Sonn- und Feiertage sind bei der Dauer der Beschäftigung mitzuzählen. Dies
bedeutet, dass Beschäftigungen, die jeweils z. B. von Montag bis Freitag bzw. bis Samstag
oder auch z. B. von Donnerstag bis Mittwoch der folgenden Woche ausgeübt werden, keine
unständigen Beschäftigungen darstellen. Wie lange an jedem einzelnen Arbeitstag gearbeitet
wird, ist unerheblich.

Unständige Beschäftigungen kommen häufig bei Rundfunk-/Fernsehanstalten oder
Film-/Fernsehproduktionsfirmen vor, die in der Regel eine tageweise Abrechnung vornehmen. Unständig Beschäftigte sind versicherungspflichtig in allen Zweigen der Sozialversicherung, mit Ausnahme der Arbeitslosenversicherung.[70]

Zu beachten ist, dass unständige Beschäftigungen, die sich innerhalb von drei Wochen
an eine vorangegangene unständige Beschäftigung anschließen, als eine durchgehende
Beschäftigung bzw. Versicherungszeit anzusehen sind.

---

[69]§ 27 Abs. 3 Nr. 1 SGB III.
[70]Ebenda.

3.3.2.4 Selbstständige Tätigkeit

Wird eine nicht künstlerische/nicht publizistische selbstständige Nebentätigkeit ausgeübt und hiermit die Beitragsbemessungsgrenze überschritten (Gewinn über EUR 5.400,00), ist eine Versicherung in der Kranken- und Pflegeversicherung über die KSK nicht möglich. Dies gilt selbst dann, wenn die künstlerische/publizistische Tätigkeit wirtschaftlich bedeutender ist als die andere, nicht künstlerische, Tätigkeit.[71]

Beispiel

Selbstständige künstlerische/publizistische Tätigkeit mit einem Arbeitseinkommen von EUR 12.000,00 pro Jahr. Daneben eine weitere selbstständige Tätigkeit (z. B. Betreiben eines Aufnahmestudios) mit einem Einkommen von EUR 7.500,00.

Rechtsfolge: Versicherungspflicht nach dem KSVG aufgrund der selbstständigen künstlerischen/publizistischen Tätigkeit nur in der gesetzlichen Rentenversicherung, nicht jedoch in der Kranken- und Pflegeversicherung. Der Betroffene muss sich freiwillig oder privat versichern und die Kranken- und Pflegeversicherungsbeiträge allein tragen.

Die Rentenversicherungspflicht besteht fort, sofern das Arbeitseinkommen aus der weiteren selbstständigen Tätigkeit die Hälfte der Beitragsbemessungsgrenze in der gesetzlichen Rentenversicherung unterschreitet (Werte 2018: West = EUR 39.000,00/ Ost = EUR 34.800,00). Bei Überschreitung besteht weder Renten- noch Kranken- und Pflegeversicherungspflicht nach dem KSVG.

3.3.2.5 Vorübergehende Aufgabe der selbstständigen künstlerischen/ publizistischen Tätigkeit

Ein „Ruhenlassen" der Versicherung ist bei Aufgabe der künstlerischen/publizistischen Tätigkeit zugunsten einer anderweitigen Berufsausübung nicht möglich. Wird die selbstständige/publizistische Tätigkeit wiederaufgenommen, ist eine erneute Meldung bei der Künstlersozialkasse notwendig.

3.3.3 Wahl einer gesetzlichen Krankenkasse

Die Künstlersozialkasse ist selber keine Krankenversicherung. Ihre Aufgabe besteht nur darin, die Versicherungspflicht festzustellen, die Versicherungsbeiträge einzuziehen und an den Gesundheitsfond weiterzuleiten.

---

[71]Informationsschrift Künstlersozialkasse, Versicherung bei der KSK trotz (Neben-) Job? 10/2016.

Damit eine Anmeldung bei der Krankenversicherung vorgenommen werden kann, ist dem Fragebogen zur Feststellung der Versicherungspflicht eine Mitgliedsbescheinigung gem. § 175 SGB V beizufügen.

Künstler/Publizisten, die bisher überhaupt noch nicht krankenversichert gewesen sind, können in der Regel mit Aufnahme in der KSK Mitglied in einer gesetzlichen Krankenkasse werden. Hierzu ist eine vorläufige Mitgliedsbescheinigung vorzulegen.

3.3.3.1 Wechsel von der privaten in die gesetzliche Krankenversicherung

Aus Anlass der Feststellung der Versicherungspflicht nach dem KSVG ist ein Wechsel von der privaten Krankenversicherung zur gesetzlichen Krankenversicherung im Regelfall möglich.

Bis zur Erteilung eines rechtsverbindlichen Bescheids über die gesetzliche Krankenversicherungspflicht sollte die private Krankenversicherung aufrechterhalten werden. Nach Erhalt der Bescheinigung sollte das Versicherungsverhältnis unverzüglich durch Kündigungserklärung gegenüber der Versicherung beendet werden, um eine Überschneidung von privater und gesetzlicher Krankenversicherung zu vermeiden. Die allgemeinen Kündigungsfristen bestehen dabei nicht, sondern es liegt ein außerordentliches Kündigungsrecht vor.

3.3.3.2 Übergang freiwillige in gesetzliche Pflichtversicherung

Liegt zum Zeitpunkt der Meldung bei der KSK bereits eine freiwillige Mitgliedschaft bei einer gesetzlichen Krankenversicherung vor, erfolgt nach Feststellung der Versicherungspflicht eine Ummeldung als Pflichtmitglied.

Bei einer zeitlichen Überschneidung zwischen freiwilliger Versicherung und Pflichtversicherung werden auf Antrag die bereits gezahlten freiwilligen Beiträge an den Versicherten erstattet. Zu beachten ist, dass keine Verrechnung zwischen der Krankenkasse und der KSK erfolgt.

3.3.3.2.1 Krankenkassenwechsel

Ein Wechsel der gesetzlichen Krankenkasse ist möglich (zu beachten ist lediglich die 18-monatige Bindungsfrist). Sofern die Krankenkasse ihren Beitragssatz erhöht, gilt diese Frist jedoch nicht, sondern es besteht eine Sonderkündigungsmöglichkeit.

Innerhalb der Kündigungsfrist ist der KSK die Mitgliedsbescheinigung der neu gewählten Krankenkasse vorzulegen, da anderenfalls keine Abmeldung bei der bisherigen Krankenkasse erfolgen darf. Die Mitgliedschaft bestünde sodann weiter fort, wodurch es zu keinem Wechsel kommen würde.

3.3.3.2.2 Beitragsverfahren

Selbstständige Künstler und Publizisten sind verpflichtet, monatliche Beiträge an die KSK abzuführen. Bemessungsgrundlage ist das voraussichtliche Arbeitseinkommen[72] aus der selbstständigen künstlerischen/publizistischen Tätigkeit.

Unter Arbeitseinkommen ist der nach den allgemeinen Gewinnermittlungsvorschriften des Einkommensteuerrechts ermittelte Gewinn aus der selbstständigen künstlerischen bzw. publizistischen Tätigkeit zu verstehen.

Zu beachten ist, dass es hierbei auf das voraussichtliche Jahresarbeitseinkommen aus künstlerischer/publizistischer Tätigkeit und somit theoretisch auf eine Schätzung ankommt.

Als Grundlage ist regelmäßig der im letzten Einkommensteuerbescheid ausgewiesene Gewinn zu berücksichtigen. Aktuelle Entwicklungen sind bei der Schätzung zu beachten.

Handelt es sich um einen Existenzgründer, so ist die Bemessungsgrundlage frei zu schätzen.[73] Erweist sich die Schätzung zu hoch/zu niedrig, besteht die Möglichkeit, der KSK ein geändertes voraussichtliches Arbeitseinkommen mitzuteilen. Zu beachten ist, dass hierdurch jedoch nur der künftige Beitrag angepasst wird. Eine Beitragskorrektur bereits abgelaufener Monate findet nicht statt.[74]

Beispiel

Das voraussichtliche Jahreseinkommen für 2018 eines kinderlosen Musikers beträgt EUR 10.000,00.

Monatlicher Beitrag Rentenversicherung 77,50 EUR

Monatlicher Beitrag Krankenversicherung 60,83 EUR

Monatlicher Beitrag Pflegeversicherung 12,71 EUR

Monatsbeitrag Künstlersozialkasse 151,04 EUR

3.3.4 Internationales Künstlersozialversicherungsrecht

In der Berufsgruppe sind Auslandsaufenthalte häufig anzutreffen. Zur Regelung der Sachverhalte zwischen verschiedenen Staaten wurden insoweit entsprechende Sozialversicherungsabkommen geschlossen.

---

[72]§ 12 Abs. 1 KSVG.

[73]§ 12 Abs. 2 KSVG.

[74]§ 12 Abs. 3 KSVG.

Tab. 3.1 EU-Länder ohne
Auswirkung auf Absicherung

Belgien	Niederlanden
Bulgarien	Nordirland
Dänemark	Norwegen
Estland	Österreich
Finnland	Polen
Frankreich	Portugal
Griechenland	Rumänien
Großbritannien	Schweden
Kroatien	Schweiz
Irland	Slowakei
Island	Slowenien
Italien	Spanien
Lettland	Tschechien
Liechtenstein	Ungarn
Litauen	Zypern
Luxemburg	
Malta	
Mazedonien	

Europäische Union
Vorübergehende berufsbedingte Auslandsaufenthalte in den in Tab. 3.1 aufgeführten
Ländern wirken sich auf die soziale Absicherung nicht aus, sofern sie einen Zeitraum
von bis zu zwei Jahren nicht überschreiten. Die im Ausland erzielten Arbeitseinkünfte
sind insoweit dem Einkommen aus Deutschland hinzuzurechnen.

Ist der Aufenthalt länger als 24 Monate oder ist der Aufenthalt unbefristet, ist die
Rechtsordnung des ausländischen Staates zu beachten. Eine Versicherung über die KSK
ist sodann nicht mehr möglich.

Sofern die Tätigkeit in zwei oder mehr EU bzw. EWR-Ländern ausgeübt wird, gilt
das Recht des Wohnsitzlandes (Lebensmittelpunkt). Wird die Tätigkeit im Wohnsitzland
jedoch nicht ausgeübt, so wird das Recht desjenigen Landes berücksichtigt, in dem überwiegend die Tätigkeit ausgeübt wurde.

> **Beispiel**
>
> Beispiel 1:[75]
>
> Die selbstständige künstlerische/publizistische Tätigkeit wird zu gleichen Teilen in
> Deutschland und Frankreich bei Wohnsitz in Deutschland ausgeübt.
>
> = Versicherungspflicht nach dem KSVG

---

[75]Vgl. Informationsschrift der Künstlersozialkasse – „Auslandsaufenthalt – Auswirkungen auf die
soziale Absicherung".

Beispiel 2:

Die selbstständige/publizistische Tätigkeit wird zu 60 % in Deutschland und zu 40 % in Frankreich bei Wohnsitz in Frankreich ausgeübt.

= keine Versicherungspflicht nach dem KSVG

Beispiel 3:

Die selbstständige künstlerische/publizistische Tätigkeit wird zu 80 % in Frankreich und zu 20 % in Deutschland bei Wohnsitz in Deutschland ausgeübt.

= Versicherungspflicht nach dem KSVG – Wohnsitz entscheidet

Beispiel 4:

Die selbstständige künstlerische/publizistische Tätigkeit wird in Deutschland ausgeübt. Daneben existiert eine abhängige Beschäftigung in den Niederlanden.

= keine Versicherungspflicht nach dem KSVG, es gilt generell das Recht des Landes, in dem die abhängige Beschäftigung ausgeübt wird

Sonstige Staaten

Es kommt auf die Umstände im Einzelfall an, da unterschiedliche zwischenstaatliche Regelungen getroffen wurden. In den meisten Fällen ist der Lebensmittelpunkt sowie die Einkommensteuerpflicht von ausschlaggebender Bedeutung.

3.3.5 GmbH-Geschäftsführer

Soweit ein Künstler/Publizist als Geschäftsführer einer GmbH künstlerisch/publizistisch tätig ist, kommt eine Versicherungspflicht nach dem KSVG in Betracht.

Daneben kann durch die Verwertung der künstlerischen oder publizistischen Tätigkeit des Geschäftsführers durch die GmbH die an den Geschäftsführer gezahlte Vergütung (Geschäftsführergehalt) zur Bemessungsgrundlage der von der GmbH zu entrichtenden Künstlersozialabgabe gehören.

Insoweit ist die in letzter Zeit vermehrt ausgesprochene Empfehlung zur Gründung einer GmbH „unter dem Strich" nicht vorteilhaft. Denn dann wäre die GmbH gehalten, die Künstlersozialabgaben, die sie abzuführen hat, in die Preiskalkulation mit einzubeziehen.

3.3.5.1 Selbstständige Tätigkeit

Eine selbstständige Tätigkeit wird durch das Unternehmerrisiko sowie durch das Recht und die Möglichkeit gekennzeichnet, über die eigene Arbeitskraft, den Arbeitsort und die Arbeitszeit frei zu verfügen.[76]

---

[76]BSG v. 13.12.1960 – 3 RK 2/56, BSGE 13, S. 196.

Ist der Geschäftsführer am Kapital der Gesellschaft beteiligt, ist der Umfang der Kapitalbeteiligung und das Ausmaß des sich hieraus für ihn ergebenden Einflusses auf die Gesellschaft ein wesentliches Merkmal.[77] Für GmbH-Geschäftsführer, die über mindestens die Hälfte des Stammkapitals der Gesellschaft verfügen und damit einen maßgebenden Einfluss auf deren Entscheidungen besitzen, hat die Rechtsprechung stets ein abhängiges Beschäftigungsverhältnis zur GmbH verneint.[78] Der Gesellschafter-Geschäftsführer muss in der Lage sein, aufgrund seiner Beteiligung am Stammkapital oder aufgrund besonderer Vereinbarungen in der Satzung Beschlüsse in der Gesellschaft herbeizuführen oder zu verhindern (Sperrminorität).

Beispiel

Ein Künstler, der mit 55 % am Stammkapital einer GmbH beteiligt und alleinvertretungsberechtigter Geschäftsführer ist, ist nicht Arbeitgeber der Beschäftigten der GmbH und somit nicht von der Versicherungspflicht nach dem KSVG ausgeschlossen.[79]

Der Künstler kann sich somit nicht darauf berufen, dass die GmbH einen oder mehrere sozialversicherungspflichtige Arbeitnehmer beschäftigt.

Dem steht auch nicht entgegen, dass steuerrechtlich eine Zuordnung zu den Einkünften aus nichtselbstständiger Arbeit erfolgt. Im Gegensatz zum Sozialversicherungsrecht stellt das Steuerrecht nicht auf den Umfang der Beteiligung am Gesellschaftskapital und damit auf die soziale Abhängigkeit ab, sondern primär darauf, ob der Gesellschafter vertraglich der Gesellschaft zur Erbringung von Dienstleistungen verpflichtet ist.[80]

Im Gegensatz zur abhängigen Beschäftigung eines GmbH-Geschäftsführers, die alle Zweige der Sozialversicherung betrifft, kommt bei einem selbstständigen GmbH-Geschäftsführer eine Versicherungspflicht nach dem KSVG nur in Betracht, wenn er im Verhältnis zur Gesellschaft künstlerisch/publizistisch tätig ist.

Neben der Beteiligung am Stammkapital kann auch eine gesetzliche Versicherungspflicht entstehen, wenn der Gesellschafter- Geschäftsführer die „geistige Oberhand" hat. Dies ist der Fall, wenn er die Möglichkeit hat, auf Konzepte oder Texte korrigierend einzuwirken.[81]

3.3.5.2 Künstlerische/publizistische Tätigkeit

Soweit auch nur teilweise künstlerische/publizistische Tätigkeiten an die GmbH erbracht werden, wird von der KSK eine Überprüfung vorgenommen, ob es sich insgesamt um

---

[77]BSG v. 16.04.1998 – B3 KR 7/97 R, a. a. O.

[78]BSG v. 08.12.1987 – 7 RAr 14/86, BB 1989, S. 73.

[79]BSG v. 13.03.2001 – B 3 KR 12/00 R, BSGE 1988, S. 1.

[80]Vgl. Huber, in: Personalbuch 1997, Seite 944, Rn. 36.

[81]BSB v. 24.07.2003 – b 3 KR 37/02 R; BSG v. 15.01.2009 – B 3 KS 5/08 B.

eine künstlerische/publizistische Tätigkeit handelt. Hierzu wurde von der KSK ein Fragebogen entworfen (Teil 1 und 2: Sozialversicherungsrechtliche Beurteilung von Gesellschaftern einer GmbH).

Soweit der Geschäftsführer verschiedene Tätigkeiten für die GmbH ausführt, besteht Versicherungspflicht, wenn die künstlerischen/publizistischen Elemente das Gesamtbild prägen. Notwendige Geschäftstätigkeiten, die für eine selbstständige künstlerische/publizistische Tätigkeit typisch sind, wie z. B. Reisen oder Kundenwerbung, stehen einer Wertung als künstlerische/publizistische Tätigkeit nicht entgegen.[82]

Beispiel[83]

Im Bereich Grafik, Design und Layout gehören zu gestalterischen Tätigkeiten auch die damit zusammenhängende Akquisition, die Produktberatung (Markt-Zielgruppenberatung), Beratung und Erarbeitung einer Werbestrategie (Medienauswahl etc.), die Kommunikations- und Vertriebsberatung (Effizienzanalysen, Marktbeobachtung) sowie die Finanzplanung und die Realisation.

Im Bereich Publizistik gehören zur Herstellung eines Beitrags für die elektronischen oder Printmedien auch die Akquisition, die Recherche, die Realisation, Produktion und Nachbereitung.

Nicht zur künstlerischen/publizistischen Tätigkeit zählen die Tätigkeiten, die der kaufmännischen Führung des Unternehmens (Rechnungswesen, Personalwesen, Materialwirtschaft) dienen.

Beispiel

Ein Diplom-Designer betreibt als alleiniger Gesellschafter-Geschäftsführer eine Ein-Mann-Werbeagentur-GmbH. Er entwirft im Rahmen seiner Tätigkeit Werbeprospekte und betreibt Öffentlichkeitsarbeit.

Der Diplom-Designer ist als geschäftsführender Alleingesellschafter der GmbH versicherungspflichtig nach dem KSVG. Die künstlerischen Leistungen prägen das Gesamtbild seiner Geschäftsführertätigkeit.[84] Würde er auf eine Vielzahl von freien und abhängigen Beschäftigten zurückgreifen und insoweit nur für den kaufmännischen und administrativen Teil zuständig, besteht keine Versicherungspflicht.

---

[82]BSG v. 17.06.1999 – B 3 KR 1/98 R, NZS 2000, S. 196.

[83]Vgl. Informationsschrift KSK, Sozialversicherungsrechtliche Beurteilung von GmbH-Geschäftsführern.

[84]BSG v. 17.06.1999 – B 3 KR 1/98 R, a. a. O.

3.4   Künstlersozialabgabe der Verwerter

Hintergrund der Künstlersozialabgabepflicht ist, dass diejenigen Unternehmer zur Künstlersozialabgabe herangezogen werden sollen, die sich durch unmittelbaren Kontakt zum selbstständigen Künstler/Publizisten Eigentums- oder Nutzungsrechte an dessen Werk oder Leistung gegen Entgelt verschafften und diese für sich verwerten.[85]

Zur Künstlersozialabgabe ist ein Unternehmer verpflichtet, der

- ein in § 24 Abs. 1 Satz 1 KSVG genanntes Unternehmen betreibt
- Werbung- oder Öffentlichkeitsarbeit für Zwecke seines eigenen Unternehmens betreibt und dabei nicht nur gelegentlich Aufträge an selbstständige Künstler/Publizisten erteilt
- Nicht nur gelegentlich Aufträge an selbstständige Künstler und Publizisten erteilt, um deren Werke für Zwecke des Unternehmens zu nutzen, wenn im Zusammenhang mit dieser Nutzung Einnahmen erzielt werden (Generalklausel gem. § 24 Abs. 2 KSVG)

3.4.1   Typische Verwerter

Gem. § 24 Abs. 1 Satz 1 KSVG kommt es bei Unternehmen, die typischerweise künstlerische oder publizistische Werke oder Leistungen verwerten, zu einer Abgabepflicht. Das Gesetz nennt folgende Unternehmen:

- **Buch-, Presse- und sonstige Verlage, Presseagenturen** (einschließlich Bilderdienste) Zu den klassischen Verlagsgesellschaften gehören die Buch- und Presseverlage. Als sonstiger Verlag zählen z. B. Bühnenverlage, Musikverlage.
- **Theater** (ausgenommen Filmtheater), **Orchester, Chöre** und **vergleichbare Unternehmen** Voraussetzung ist, dass ihr Zweck überwiegend darauf gerichtet ist, künstlerische oder publizistische Werke oder Leistungen öffentlich aufzuführen oder darzubieten. Darunter fallen alle Formen des Theaters wie z. B. Schauspiel, Ballett und Oper, Marionettentheater etc.
- **Theater-, Konzert- und Gastspieldirektionen** sowie sonstige Unternehmen, deren wesentlicher Zweck darauf gerichtet ist, für die Aufführung oder Darbietung künstlerischer oder publizistischer Werke oder Leistungen zu sorgen,

Hierzu zählen alle Unternehmen, die dafür sorgen, dass ein Theater spielt oder ein Konzert veranstaltet wird. So unterliegen auch die sogenannten Agenturen, Künstlermanager, Tourneeveranstalter und Konzertvermittler der Abgabepflicht.

---

[85]Finke/Brachmann/Nordhause, Künstlersozialversicherung, 3. Auflage 2004, § 24, Rn. 7.

- **Rundfunk, Fernsehen,**
- **Herstellung von bespielten Bild- und Tonträgern** (ausschließlich alleiniger Verviel-fältigung),
- **Galerien, Kunsthandel,**
- **Werbung oder Öffentlichkeitsarbeit für Dritte** (Werbeagenturen),

Nach § 24 Abs. 1 Satz 1 Nr. 7 KSVG sind alle Unternehmen zur Künstlersozialabgabe verpflichtet, die Werbung oder Öffentlichkeitsarbeit für Dritte betreiben. Abgabepflichtig sind demnach Werbeagenturen, Werbeberater, Public Relations-Agenturen, Werbe-gemeinschaften, Verbände. Werbung für Dritte ist unter anderem auch die Werbung einer selbstständigen Tochtergesellschaft für die Muttergesellschaft sowie die Öffentlichkeits-arbeit eines Verbandes für seine Mitglieder.

- **Varieté- und Zirkusunternehmen, Museen,**
- **Aus- und Fortbildungseinrichtungen für künstlerische oder publizistische Tätig-keiten**.

So ist auch ein eingetragener Verein, der eine Aus- und Fortbildungseinrichtung für künstlerische Tätigkeiten betreibt und nach seiner Satzung ausschließlich und unmittel-bar gemeinnützige Zwecke im Sinne des Abschnitts „steuerbegünstigte Zwecke" der Abgabenordnung verfolgt, als Unternehmen einzuordnen, welches zur Künstlersozial-abgabe verpflichtet ist. Es reicht danach aus, dass die Tätigkeit auf das Erzielen von Ein-nahmen gerichtet ist, auch wenn diese nicht kostendeckend sind. Unerheblich ist auch, dass der Unternehmer gemeinnützig ist.[86]

3.4.2   Werbung/Öffentlichkeitsarbeit für eigene Zwecke

Voraussetzung ist, dass[87]

- diese Werbung nach Art und Umfang der Tätigkeit der in § 24 Satz 1 Nr. 7 KSVG genannten Unternehmen (Werbeagenturen, PR-Agenturen, Werbeberater, Werbe-gemeinschaft) entspricht und nicht nur gelegentlich Aufträge an selbstständige Künstler oder Publizisten erteilt werden oder
- Aufträge an Künstler oder Publizisten erteilt werden, die durch ein o. g. Unternehmen vermittelt worden sind.

---

[86]LSG Niedersachsen v. 15.04.2008 – L-4-KR-48/04.

[87]Finke/Brachmann/Nordhausen, Künstlersozialversicherung, 2. Auflage 1992, § 34 Rn. 122.

Von einer nicht nur gelegentlichen Auftragserteilung ist auszugehen, wenn fortlaufend (täglich, wöchentlich, monatlich) Werbemaßnahmen vorliegen bzw. regelmäßig anfallen. Von einer **regelmäßigen Wiederkehr** ist dabei auszugehen, wenn sie wiederkehrend zu bestimmten Anlässen (Sylvester, Weihnachten oder z. B. zum Beginn der Urlaubszeit) oder in bestimmten Intervallen (vierteljährlich, halbjährlich, jährlich) – jedoch mindestens einmal jährlich – erteilt werden.

Abgabepflichtig ist nicht nur die direkte Werbung (Anpreisung des Produkts), sondern auch die indirekte Werbung. Darunter sind alle Tätigkeiten zu verstehen, die geeignet sind, ein Unternehmen in einer breiten Öffentlichkeit bekannt zu machen oder seinem Namen und seinen Produkten ein positives Image zu verschaffen.[88]

Nicht als Werbung oder Öffentlichkeitsarbeit zu qualifizieren sind interne Aktivitäten, die sich ausschließlich an die eigenen Mitarbeiter richten und keinerlei Bezug zur allgemeinen Öffentlichkeit haben.[89]

Zum Bereich der Werbung zählt auch die Herausgabe eines Newsletters oder die Gestaltung der Firmen-Homepage.

3.4.3   Generalklausel

Nach § 24 Abs. 2 KSVG ist jeder Unternehmer abgabepflichtig, wenn er nicht nur gelegentlich Aufträge an selbstständige Künstler oder Publizisten erteilt, um deren Werke oder Leistungen für Zwecke seines Unternehmens zu nutzen, sofern im Zusammenhang mit dieser Nutzung Einnahmen erzielt werden sollen.

Eine nur gelegentliche Erteilung von Aufträgen und insoweit keine Abgabepflicht liegt vor, wenn nicht mehr als drei Veranstaltungen durchgeführt werden. Nicht hierher gehört der Eigenerwerb von Kunstwerken ohne damit Einnahmen erzielen zu wollen.[90]

Hobby- und Laienmusikvereinigungen fallen demnach nur unter die Abgabepflicht, wenn in einem Kalenderjahr mindestens vier Veranstaltungen mit vereinsfremden Künstlern oder Publizisten aufgeführt werden. Allein die regelmäßige Tätigkeit von vereinseigenen Chorleitern und Dirigenten führt für Musikvereine nicht zur Abgabepflicht nach der Generalklausel.

---

[88]BSG v. 20.04.1994 – 3/12 RK 66/92, NZS 1994, S. 514.

[89]Finke/Brachmann/Nordhausen, Künstlersozialversicherung, 3. Auflage 2003, § 24 Rn. 189.

[90]BT-Drs. 11/2979, S. 7.

3.4.4 Abgabesatz und Bemessungsgrundlage

Die Höhe des Beitrages wird bis zum 30.09. eines jeden Jahres durch die Künstlersozial-abgabe-Verordnung des Bundesministeriums für Gesundheit und soziale Sicherung im Einvernehmen mit dem Bundesminister der Finanzen festgesetzt. Die Künstlersozial-abgabe wird pauschal in Höhe eines gewissen Prozentsatzes von den Entgeltzahlungen an selbstständige Künstler und Publizisten erhoben (vgl. Tab. 3.2).

Tab. 3.2 Prozentsatzes Künstlersozialabgabe

2010	2011	2012	2013	2014	2015	2016	2017	2018	2019
3,9 %	3,9 %	3,9 %	4,1 %	5,2 %	5,2 %	5,2 %	4,8 %	4,2 %	4,2 %

Zum Jahreswechsel können sich hier interessante Gestaltungsmöglichkeiten ergeben. Denn entscheidend für die Berechnung der Künstlersozialabgabe ist stets der Abgabesatz im Zeitpunkt der Zahlung des Entgelts.

3.4.4.1 Bemessungsgrundlage

Bemessungsgrundlage nach § 25 Abs. 1 S. 1 KSVG sind die Entgelte für die künst-lerischen bzw. publizistischen Werke, die an selbstständige Künstler gezahlt werden. Der Begriff des Entgelts ist dabei deckungsgleich mit der Definition im Umsatzsteuer-gesetz.[91] Demnach ist Entgelt alles, was der Unternehmer aufwenden muss, um das künstlerische/publizistische Werk oder die Leistung zu erhalten oder zu nutzen.[92] Ob es sich bei den Aufwendungen um Honorare, Tantiemen oder Ausfallhonorare han-delt, ist unerheblich. Zum Entgelt gehören grundsätzlich auch die Nebenleistungen. In der Praxis wird immer wieder versucht, „unverdächtige" Leistungsbeschreibungen von den Künstlern einzufordern, die eher auf eine handwerkliche als auf eine künstlerische Tätigkeit hindeuten. Neben der möglichen Beihilfe zum Sozialbetrug gefährdet der Künstler weiterhin auch seine Mitgliedschaft bei der Künstlersozialkasse. So sind diese Einnahmen nicht mehr als künstlerisch zu werten. Es ist also zwingend von solchen Gefälligkeitsrechnungen abzusehen.

Nicht zur Bemessungsgrundlage gehören gem. § 25 Abs. 2 KSVG

- die in einer Rechnung gesondert ausgewiesene Umsatzsteuer des selbstständigen Künstlers oder Publizisten sowie die Umsatzsteuer, die der Unternehmer, z. B. bei ausländischen Künstlern, selbst berechnet und abführt,
- Zahlungen an urheberrechtliche Verwertungsgesellschaften (GEMA, VG Wort, VG Bild-Kunst etc.),

---

[91]BSG v. 25.01.1995 – 3/12 RK 49/93, ZUM 1995, S. 628.
[92]§ 10 Abs. 1 S. 2 UStG.

- steuerfreie Aufwandsentschädigungen (z. B. Umzugskosten, Mehraufwendungen für doppelte Haushaltsführung),
- Reisekosten, die dem selbstständigen Künstler/Publizist im Rahmen der steuerlichen Freigrenzen erstattet werden oder
- die sog. Übungsleiterpauschale, die von nebenberuflich tätigen Ausbildern, Übungsleitern, Chorleitern oder Dirigenten gegenüber dem Finanzamt als steuerfrei geltend gemacht werden können. Voraussetzung ist, dass der Künstler für jedes Jahr schriftlich bestätigt, in welcher Höhe er die Steuerbefreiung für die Zahlung vom Auftraggeber beim Finanzamt geltend gemacht hat.

Das Entgelt muss an selbstständige Künstler/Publizisten gezahlt werden. Daneben kann es sich unter bestimmten Voraussetzungen auch bei Zahlungen eines Verwerters an Gesellschaften um abgabepflichtiges Entgelt handeln.

Juristische Personen
Zahlt der Verwerter an eine juristische Person (AG, GmbH, KGaA, e.G., e. V.) so handelt es sich bei den Zahlungen nicht um abgabepflichtiges Entgelt im Sinne des § 25 KSVG.

Personengesellschaften
Die Personenhandelsgesellschaften (OHG, KG) sind gem. § 124 HGB und § 161 HGB teilrechtsfähig und können unter ihrem Namen Rechte erwerben und Verbindlichkeiten eingehen. Da die Personenhandelsgesellschaften jedoch auf den Betrieb eines Handelsgewerbes gerichtet sind, können diese hier ausgeblendet werden.

Vielmehr sind Zahlungen an eine Gesellschaft bürgerlichen Rechts zu betrachten. Das BSG geht weiterhin davon aus, dass die Zahlungen eines Entgelts „an die Gesellschaft" als Zahlung des Entgelts an einzelne Künstler zu werten sei.[93]

Nicht im Einklang mit den Vorschriften des Sozialgesetzbuches steht, wenn der Verwerter seinen Anteil an der Künstlersozialabgabe dem Künstler vom Honorar abziehen möchte bzw. ein entsprechend geringeres Honorar vereinbart wird. Derartige Vereinbarungen sind von Anfang an nichtig.[94]

3.4.4.2 Beteiligung mehrerer Unternehmer
Da häufig verschiedene Unternehmer (Manager, Agentur, Tourneeveranstalter etc.) beteiligt sind, stellt sich die Frage, wer die Künstlersozialabgabe zu entrichten hat.

Vom Grundsatz her zahlt derjenige die Abgabe, der mit dem Künstler direkt in vertraglicher Beziehung steht. Dies gilt auch in dem Fall, in dem ein Tourneeveranstalter

---

[93]BSG v. 07.07.2005 – B 3 KR 29/04 R, a. a. O.
[94]§ 32 SGB I i.V.m. § 36a S. 2 KSVG.

einzelne Konzerte an örtliche Konzertveranstalter veräußert. Die Abgabepflicht liegt sodann weiterhin beim Tourneeveranstalter. Die Abgabeschuld gegenüber der Künstlersozialkasse bleibt auch bei abweichenden Regelungen im Innenverhältnis unberührt.

3.4.4.3 KSK- Abgabe auf mehreren Stufen

Veräußert ein Künstler ein Werk an einen Verwerter (an den Vertragspartner), handelt es sich um ein sog. Eigengeschäft des Verwerters. Der Verwerter muss das Entgelt an die KSK melden (1. Stufe der Verwertung). Dies gilt unabhängig davon, ob der Verwerter das Werk an einen Endabnehmer weiterveräußert oder nicht.

Wenn ein Verwerter mit einem Künstler oder Publizisten ein solches Eigengeschäft schließt, und die Leistung anschließend (im eigenen Namen) an einen weiteren Verwerter weiterveräußert, handelt es sich um eine Verwertungskette; die Meldepflicht besteht für den Verwerter, der seinen Vertrag unmittelbar mit dem Künstler/Publizisten geschlossen hat (1. Stufe der Verwertung).

Bei einer Kettenverwertung wird nur einmal – und zwar auf der ersten Stufe – die Künstlersozialabgabe erhoben. Voraussetzung ist jedoch, dass die künstlerische oder publizistische Leistung nicht verändert, sondern von Stufe zu Stufe unverändert weitergereicht wird. Dies trifft insbesondere für Livemusik und Theaterveranstaltungen zu; kann aber auch der Fall sein, wenn Fotos, Bilder, Grafiken, Illustrationen oder Texte unverändert weitergereicht werden.

Beispiel

Ein Musiker, der ein „Orchesterorganisationsbüro" betreibt und aus einer Vielzahl von Musikern für verschiedene Veranstaltungen Musikergruppen zusammenstellt, in denen er selbst mitwirkt, ist abgabepflichtig als Konzertdirektion (s. BSG-Urteil vom 25.10.1995 – 3 RK 15/94). Er muss für die an die Künstler gezahlten Entgelte KSA abführen.

Zur Abgabe verpflichtet ist grundsätzlich auch der Veranstalter, der an den Musiker zahlt. Weist der Musiker nach, dass der Veranstalter die Künstlersozialabgabe vom Gesamthonorar entrichtet hat, ist er für dieses Geschäft nicht zur Zahlung der Abgabe verpflichtet.

Auf Abgabefreiheit kann sich ein Vertragspartner einer Verwertungskette nur berufen, wenn er gegenüber der KSK nachweist, dass für dieses Geschäft vom anderen Vertragspartner bereits Künstlersozialabgabe gezahlt wurde.

3.4.4.3.1 Unternehmer als Kommissionär

Die Abgabe ist auch für Kommissionsgeschäfte zu entrichten.[95] Als Kommissionär ist anzusehen, wer künstlerische/publizistische Werke oder Leistungen in eigenem Namen

---

[95]§ 25 Abs. 3 KSVG.

für Rechnung eines anderen veräußert.[96] Das abgabepflichtige Entgelt ist der Preis, der dem Künstler für seine Tätigkeit zusteht.

Beispiel

Ein gemeinnütziger Kunstverein stellt in seiner Galerie Werke seiner Mitglieder aus und veräußert diese im Namen der Künstler unter Einbehalt eines Provisionsanteils von 20 %. Der gemeinnützige Verein unterliegt der Abgabepflicht gem. § 24 Abs. 1 Satz 1 Nr. 6 KSVG.[97]

3.4.4.3.2 Zahlungen nicht abgabepflichtiger Dritter

Problematisch ist es, wenn z. B. ein ausländischer Tourneeveranstalter einem Künstler das Honorar zahlt und mit ihm in einer vertraglichen Beziehung steht, die künstlerische Leistung jedoch von einem abgabepflichtigen Unternehmer erbracht wird.

Da die ausländischen Unternehmen nicht abgabepflichtig sind, ist die Künstlersozialabgabe auf diese Auftritte von den deutschen Veranstaltungsunternehmen gem. § 25 Abs. 1 S. 2 KSVG zu zahlen.

Beispiel

Ein ausländischer Tourneeveranstalter schließt einen Vertrag mit einem Künstler, wonach dieser sich verpflichtet, gegen Entgelt an verschiedenen Orten aufzutreten. Der ausländische Tourneeveranstalter verkauft einzelne Auftritte des Künstlers an einen abgabepflichtigen deutschen Konzertveranstalter.

Der Künstler unterhält direkte vertragliche Beziehungen ausschließlich zum abgabefreien ausländischen Tourneeveranstalter. Die künstlerische Leistung wird aber bestimmungsgemäß für den abgabepflichtigen deutschen Konzertveranstalter erbracht, der die Künstlersozialabgabe abzuführen hat.[98]

3.4.4.3.3 Unternehmer als Vertreter/Vermittler

Es kommt häufig vor, dass die nach § 24 Abs. 1 KSVG abgabepflichtigen Unternehmer den Vertrag im Namen des Künstlers mit einem Dritten schließen. Für diese Fälle wurde im § 25 Abs. 3 S. 2 Nr. 1 KSVG geregelt, dass der abgabepflichtige Vertreter zur Künstlersozialabgabe verpflichtet ist, es sei denn, der Dritte betreibt selbst ein abgabepflichtiges Unternehmen.

---

[96]Vgl. §§ 383, 406 HGB.

[97]BSG v. 20.04.1994 – 3/12 RK 33/92, SozR 3-5425 § 24 KSVG Nr. 5.

[98]entnommen aus: Bernd, Künstlersozialversicherung.

Der in fremden Namen auftretende abgabepflichtige Unternehmer muss insoweit nachweisen, dass der Erwerber ein abgabepflichtiges Unternehmen betreibt. Kann er dies nicht, ist er zur Abführung der Abgabe verpflichtet.

Eine Künstlersozialabgabe wird jedoch nicht anfallen, wenn der Unternehmer keine Leistungen erbringt, die über einen reinen Gelegenheitsnachweis hinausgehen (§ 25 Abs. 3 S. 2 KSVG). Von einem Gelegenheitsnachweis ist nicht mehr auszugehen, wenn

- der Vermittler am Vertragsschluss beteiligt ist
- der Vermittler an Organisation und Vorbereitung der Veranstaltung mitwirkt
- der Vermittler das Künstlerhonorar einzieht oder weiterleitet,
- der Vermittler für den Ausfall der künstlerischen Leistung haftet.

3.4.4.4 Verjährung

Die Ansprüche der Künstlersozialkasse verjähren in vier Jahren nach Ablauf des Kalenderjahrs, in dem sie fällig geworden sind.[99] Die Künstlersozialabgabe wird jeweils zum 31. März des Folgejahres für das jeweilige Kalenderjahr fällig.[100]

Beispiel

Die Künstlersozialabgabe des Jahres 2018 ist zum 31.03.2019 fällig. Die Verjährungsfrist beginnt mit Ablauf des 31.12.2019 und endet mit Ablauf des 31.12.2023. Damit ist die Künstlersozialabgabe des Jahres 2018 am 01.01.2024 verjährt. Dies bedeutet, dass die Rentenversicherungsträger im Rahmen der Betriebsprüfung im Jahr 2024 die Abgabe rückwirkend für fünf Kalenderjahre (2019 bis 2023) verlangen kann.

3.4.5 Einzelfallentscheidungen zur Künstlersozialabgabe

Auch werden **Profisportler** durch Mitwirkung bei einem Werbesport nicht zu Künstlern. So werden sie von den werbenden Unternehmen nicht wegen ihrer darstellenden Fähigkeiten, sondern wegen ihres Bekanntheitsgrades engagiert, wie im Falle zweier Box-Brüder festgestellt wurde.[101] Die Künstlersozialabgabe ist somit nicht für die Profisportler zu entrichten.

Hingegen handelt es sich bei der Tätigkeit eines Musikers, Produzenten und Komponisten, der neben weiteren **Jury-Mitgliedern** in einer Castingshow auftritt, um eine künstlerische Tätigkeit und unterliegt der Künstlersozialabgabe nach dem KSVG. Der Unterhaltungscharakter der Sendung wird durch die darstellende Tätigkeit der Juroren maßgeblich und gewollt beeinflusst, denn diese tragen mit ihrer zumindest in Ansätzen

---

[99]§ 31 KSVG i.V.m. § 25 Abs. 1 S. 1 SGB IV.

[100]§ 27 Abs. 1 S. 1 KSVG.

[101]BSG v. 24.01.2008 – B3 KS 1/07 R, BSGE 99, S. 297.

erkennbaren eigenschöpferischen Leistung, maßgeblich zum Gelingen der Sendung bei.[102]

Des Weiteren muss beispielsweise für **Models**, die in Unterhaltungsshows Damenunterwäsche vorführen, und die Moderatoren dieser Shows die Künstlersozialabgabe abgeführt werden. Die Models vollführen „eigene Bewegungsabläufe zur Präsentation von Wäsche und Körper". Das Mindestmaß an eigenschöpferischem Gehalt liegt nach Ansicht des Bundessozialgerichts insoweit vor.[103]

3.5   Erhebungsverfahren

Unternehmen, die abgabepflichtig sind, müssen sich selbst bei der Künstlersozialkasse melden. Es besteht gem. § 27 Abs. 1 S. 1 KSVG eine gesetzliche Meldepflicht.

Die Künstlersozialkasse verschickt nach Eingang der Meldung einen Fragebogen, mit dem eine Abgabepflicht festgestellt wird. Bei Feststellung einer Abgabepflicht hat das Unternehmen, jährlich bis spätestens 31.03. des Folgejahres eine Meldung bei der KSK vorzunehmen.

Auf Grundlage der gemeldeten Werte setzt die Künstlersozialkasse die für das abgelaufene Kalenderjahr entstandene Künstlersozialabgabe fest. Diese ist binnen eines Monats nach Erlass des Bescheides zu entrichten.

Die Meldepflicht besteht fort, auch wenn keine Zahlungen an Künstler geleistet wurden. In diesem Fall ist eine 0-Meldung abzugeben. Es kann eine Befreiung von 0-Meldungen erfolgen, wenn sich aus der Struktur des Unternehmens ergibt, dass grundsätzlich keine Entgelte an selbstständige Künstler gezahlt werden und daher eine Abgabepflicht nicht besteht. Dies ist u. a. in folgenden Fällen denkbar, wenn ein Unternehmen:[104]

- ausschließlich künstlerische oder publizistische Leistungen eigener abhängig beschäftigter Künstler oder Publizisten verwertet,
- ausschließlich seine eigenen Leistungen vermarktet und es sich nicht um eine juristische Person handelt oder
- das Unternehmen ruht und keine Geschäftsfähigkeit entfaltet,
- Leistungen selbstständiger Künstler und Publizisten nur im Abstand von mehreren Jahren in Anspruch nimmt.

Auf die Künstlersozialabgabe des laufenden Jahres sind monatlich Vorauszahlungen zu leisten. Die Vorauszahlungen bemessen sich nach den dem aktuellen Prozentsatz sowie

---

[102]BSG v. 01.10.2009 – B 3 KS 4/08 R, BSGE 104, S. 265.

[103]BSG v. 25.10.1995 – 3 RK 24/94, a. a. O.

[104]Finke/Brachmann/Nordhausen, KSVG, § 27, Rn. 6.

einem Zwölftel der Bemessungsgrundlage des Vorjahres. Für die Monate Januar und Februar sind die Vorauszahlungen weiterhin in Höhe des Beitrags zu zahlen, der für den Dezember des Vorjahres zu zahlen war.[105]

Bei Glaubhaftmachung, dass sich die Bemessungsgrundlage zum Vorjahr geändert hat, ist auf Antrag die Vorauszahlung herabzusetzen.[106] Eine Vorauszahlungspflicht entfällt, wenn der vorauszuzahlende Betrag EUR 40,00 nicht übersteigt.[107]

Unternehmer, die ihrer Meldepflicht nicht nachkommen, werden von der Künstlersozialkasse geschätzt. Die Verletzung der gesetzlichen Melde- und Aufzeichnungspflichten ist eine Ordnungswidrigkeit, die mit Bußgeld geahndet werden kann.

3.6 Aufzeichnungspflichten

Die abgabepflichtigen Unternehmen sind verpflichtet, alle an selbstständige Künstler/Publizisten gezahlten Entgelte aufzuzeichnen.[108] Die Aufzeichnungen müssen dabei folgenden Anforderungen genügen:

- Zustandekommen der Meldungen, Berechnungen und Zahlungen nach § 27 Abs. 1 KSVG muss nachvollziehbar sein.

Jedes an einen Künstler gezahlte Entgelt ist fortlaufend nach dem Tag der Zahlung mit Angabe des Namens des Künstlers aufzuzeichnen. Die Aufzeichnungen können entweder im Rahmen der Buchführung (z. B. Einrichtung eines speziellen Kontos) oder außerhalb der Buchführung in Form von Listen geführt werden.

- Der Zusammenhang mit den zugrunde liegenden Unterlagen muss jederzeit hergestellt werden können.
- Mehrere Entgeltzahlungen für eine künstlerische/publizistische Leistung müssen zusammengeführt werden.

Die Aufzeichnungen müssen gewährleisten, dass mehrere Entgelte für die Ermittlung des Gesamtentgelts zusammengeführt werden können.

Die Aufzeichnungen sind mindestens fünf Jahre nach Ablauf des Kalenderjahrs, in dem die Entgelte fällig geworden sind, aufzubewahren. Die Entgeltzahlung ist regelmäßig im Laufe des jeweiligen Jahres fällig. Die Aufbewahrungsfrist beginnt damit am ersten Tag des Folgejahrs und endet am 31.12. des fünften Jahres.

---

[105]§ 27 Abs. 3 S. 2 KSVG.

[106]§ 27 Abs. 5 KSVG.

[107]§ 27 Abs. 3 Satz 3 KSVG.

[108]§ 28 KSVG.

Ein Theater zahlt im März 2018 an einen Schauspieler ein Honorar. Die Frist für die Aufbewahrung der Aufzeichnungen beginnt am 01.01.2019 und endet am 31.12.2023. Die Unterlagen über die Entgeltzahlungen können am 01.01.2024 vernichtet werden.

Für Prüfungszwecke sind die Aufzeichnungen der Künstlersozialkasse bzw. den Prüfern der Deutschen Rentenversicherung auf Verlangen vorzulegen.[109] Weiter sind die Unternehmen verpflichtet, über alle für die Feststellung der Abgabepflicht und die Höhe der Künstlersozialabgabe erforderlichen Tatsachen vorzulegen.

Werden die Aufzeichnungen nicht richtig oder nicht vollständig geführt, so handelt es sich um eine Ordnungswidrigkeit, die die Künstlersozialkasse mit einem Bußgeld von bis zu EUR 50.000 ahnden kann.[110]

3.7   Durchführung von Prüfungen

Durch das 3. KSVG – Änderungsgesetz wurde die Zuständigkeit der Betriebsprüfungen mit Wirkung ab 01.07.2007 neu geregelt. Seitdem prüfen die rund 3.600 Prüfer der Deutschen Rentenversicherung im Rahmen der regelmäßigen Betriebsprüfungen nach § 28 SGB IV bei den Arbeitgebern die Entrichtung der Künstlersozialabgabe.

Bei abgabepflichtigen Unternehmen, die keine Arbeitnehmer beschäftigt haben, erfolgt eine Prüfung weiterhin durch eine geringe Anzahl an Prüfern der Künstlersozialkasse.

Die Prüfung sollte mindestens 14 Tage vor Prüfungsbeginn schriftlich angekündigt werden und findet in der Regel in den Räumen des Steuerberaters statt.

▶   Ohne Ankündigung und Einhaltung einer Frist kann eine Prüfung nur vorgenommen werden, wenn der Prüfungszweck gefährdet erscheint. Dies muss im Einzelnen dargelegt werden.

Eine Verlegung des vorgegebenen Prüfungstermins ist auf begründeten Antrag des Unternehmers möglich. Kann die Prüfung an dem vorgesehenen Termin aufgrund eines Pflichtversäumnisses des Unternehmers nicht durchgeführt werden, können dem Unternehmer die dadurch entstandenen Kosten – insbesondere die Reisekosten des Prüfers – auferlegt werden.[111]

---

[109]§ 28 KSVG.
[110]§ 36 Abs. 2 und 3 KSVG.
[111]§ 25 Abs. 1 S. 2 KSVG.

3.7.1 Hemmung der Verjährung

Entsprechend den Regelungen des Steuerrechts ist die Verjährung von Beitrags- und Abgabeforderungen für die Dauer der Betriebsprüfung gehemmt. Die Hemmung beginnt mit dem ersten Tag der Prüfung und endet mit Bekanntgabe des Abgabebescheids, spätestens sechs Monate nach Abschluss der Prüfung.

3.7.2 Gegenstand und Umfang der Prüfung

Es erfolgt eine Überprüfung, ob die Künstlersozialabgabe in richtiger Höhe entrichtet wurde. Die Prüfung erstreckt sich dabei auf alle in § 7 der KSVG- Beitragsüberwachungsverordnung (KSVG-BÜVO) genannten Unterlagen. Dazu gehören neben den Aufzeichnungen des § 28 KSVG und Meldungen gem. § 27 KSVG insbesondere

- die Vertragsunterlagen über künstlerische oder publizistische Werke oder Leistungen (schriftliche Verträge, Rechnungen – selbst dann, wenn Verträge nicht mit den Künstlern, sondern mit Dritten geschlossen wurden)
- Meldungen an andere Sozialversicherungsträger einschließlich der dazugehörigen Lohnunterlagen
- Auszüge aus den Prüfberichten und Prüfungsmitteilungen der Finanzbehörden und Sozialversicherungsträger zur Abgrenzung selbstständiger Tätigkeit von abhängiger Beschäftigung

3.7.3 Abschluss der Prüfung

Das Prüfungsergebnis wird im Rahmen einer Schlussbesprechung erläutert. Auf Antrag kann dem Unternehmer eine Frist zur Stellungnahme zum Prüfungsergebnis eingeräumt werden. Die Ergebnisse der Prüfung finden ihren Niederschlag in einem Prüfbescheid. Führt die Prüfung zu keinen Beanstandungen, reicht hierüber eine einfache Mitteilung aus, die häufig im Rahmen der Schlussbesprechung ausgehändigt wird.

Werden im Rahmen der Prüfung Mängel festgestellt, sind die Unternehmen verpflichtet, diese zu beheben. Die Künstlersozialkasse kann innerhalb einer Frist verlangen, dass die Aufzeichnungen und Meldungen nach Maßgabe des Prüfungsergebnisses geändert werden.

Bei groben Mängeln kann der Prüfer aufgrund seiner Feststellungen eine Schätzung der nach zu erhebenden Künstlersozialabgabe vornehmen.

3.7.4   Mitwirkung des Steuerberaters

Bislang ist es zu keiner Beurteilung gekommen, ob der Steuerberater auf dem Gebiet des KSVG beraten darf. Gemäß dem Rechtsdienstleistungsgesetzes dürfen Steuerberater in Angelegenheiten, mit denen sie beruflich befasst sind, auch die rechtliche Bearbeitung übernehmen, wenn diese mit den Aufgaben des Steuerberaters in unmittelbaren Zusammenhang stehen und diese Aufgaben ohne die Rechtsberatung nicht sachgemäß erledigt werden können.[112]

Als Punkte für einen unmittelbaren Zusammenhang sprechen unseres Erachtens folgende:

- Künstlersozialabgabeverpflichtung wird gem. § 28 p SGB IV geprüft, bei der der Steuerberater im Beitragswiderspruchsverfahren vertreten darf
- Erstellung Jahresabschluss ist ohne Einbeziehung der Rückstellung für Beiträge an die Künstlersozialkasse nicht möglich
- Rechtsprechung des BGH vom 23.09.2004 (IX ZR 148/03 – DStR 2004, S. 1979)
- Rechtsprechung des OLG Brandenburg vom 07.11.2006 (6 U 23/06 und BGH AZ 9 ZR 222/06

Auch vonseiten der Künstlersozialkasse wird die Meinung vertreten, dass das Meldeverfahren vom Steuerberater vorgenommen werden kann. Die Künstlersozialkasse hat des Weiteren die Aufgabe, den Steuerberater in allen Fragen des Künstlersozialversicherungsrechts und in allen betriebsprüfungsrelevanten Fragen zu beraten und Auskünfte zu erteilen.

Aufgrund der zugrunde liegenden Steuerberaterverträge, nach denen der Steuerberater regelmäßig nur in steuerrechtlichen Angelegenheiten zu beraten hat, kann unseres Erachtens eine solche Beratungspflicht nicht hergeleitet werden.

So wurde z. B. vom OLG Düsseldorf entschieden, dass ein Steuerberater ohne besondere Beauftragung nicht verpflichtet ist, über die Gefahr der Inanspruchnahme auf nicht abgeführte Sozialversicherungsbeiträge zu beraten.[113]

Weiter wird diese Ansicht von einem Urteil des OLG Köln gestützt, das die Verpflichtung hinsichtlich einer Beratung im sozialversicherungsrechtlichen Fragen des Unfallschutzes ausschloss.[114]

---

[112]Art. 1 § 5 Nr. 2 Rechtsberatungsgesetz.

[113]OLG Düsseldorf v. 26.02.1998, – 13 U 61/97-, Gl 1999, S. 119.

[114]OLG Köln v. 09. 03.1989, – 5U 111/88-, Gl 1990, S. 198.

Literatur

Finke, H. (Hrsg), Brachmann, W. (Hrsg), Nordhausen, W. (Hrsg) (2008). *Künstlersozialversicherungsgesetz: KSVG*, 4 Aufl., München: C.H. Beck Verlag

Berndt, J. (2008). *Künstlersozialversicherungsrecht: Versicherungspflicht, Künstlersozialabgabe, Betriebsprüfung*, Wiesbaden: Gabler Verlag

Roller, J. (Hrsg.) (2017). *Personalbuch 2017*, München: C.H. Beck

Rentenversicherung

4

Freiberufliche Künstler erzielen in ihrer überwiegenden Mehrheit ein unterdurchschnittliches Einkommen, welches häufig auch aufgrund von zu geringen Meldungen an die Künstlersozialkasse resultiert.

Dies hat zur Folge, dass im Rentenalter nur sehr kleine Renten aus der gesetzlichen Rentenversicherung zu erwarten sind. Die Mehrzahl von Künstlern wird insoweit im Alter auf die Grundsicherung angewiesen sein.

Die Generation der Künstler, die derzeit und in den kommenden zwei Jahrzehnten das Rentenalter erreichen, stehen zusätzlich vor dem Problem, dass sie einen vollen Versicherungszeitraum von 40 Jahren nicht erreichen können, da die Künstlersozialkasse erst im Jahr 1983 errichtet wurde und freiberufliche Künstler zuvor nicht Mitglied in der gesetzlichen Rentenversicherung werden konnten. Diese Personengruppe wird insoweit aufgrund der kürzeren Versicherungszeit eine besonders kleine Altersrente beziehen.

Die bestehenden gesetzlichen Alterssicherungssysteme reichen aufgrund des Einkommens und der kürzeren Versicherungszeiten nicht aus, eine auskömmliche Rente zu gewährleisten. Nachfolgend soll daher ein Überblick über die Möglichkeiten einer privaten Altersvorsorge bei der Berufsgruppe geschaffen werden.

4.1 Riester-Rente

Versicherte der Künstlersozialkasse gehören zu den wenigen Freiberuflern und Selbstständigen, die förderfähig sind und insoweit eine Riester-Versicherung abschließen können. Folgende Voraussetzungen müssen gegeben sein:

© Springer Fachmedien Wiesbaden GmbH, ein Teil von Springer Nature 2019
R. Schaar et al., *Medienberufe und Steuern*,
https://doi.org/10.1007/978-3-658-25308-0_4

- unbeschränkt einkommensteuerpflichtig
- Zugehörigkeit zum Kreis der Förderberechtigten (u. a. Pflichtversicherte in der Deutschen Rentenversicherung) und
- zertifizierter Altersvorsorgevertrag mit lebenslanger Auszahlung oder Beitragszahlung in eine förderfähige betriebliche Altersversorgung

Pflichtversichert in der gesetzlichen Rentenversicherung ist, wer nach §§ 1 bis 4, 229, 229a und 230 des Sechsten Sozialgesetzbuches (SGB VI) der Pflichtversicherung unterliegt. Durch die Künstlersozialversicherung unterliegen auch die Künstler der Versicherungspflicht und gehören insoweit zum begünstigten Personenkreis.

Jeder unmittelbar Zulagenberechtigte erhält auf Antrag für seine im ablaufenden Beitragsjahr gezahlten Altersvorsorgebeiträge eine Grundzulage. Ab dem Jahr 2018 beträgt die Grundzulage EUR 175,00 im Jahr (zuvor: EUR 154,00).

Für Zulagenberechtigte, die das 25. Lebensjahr noch nicht vollendet haben, erhöht sich die Grundzulage einmalig durch den sog. Berufseinsteigerbonus auf EUR 200,00. Zu beachten ist, dass für die Erhöhung kein spezieller Antrag notwendig ist.

4.1.1 Kinderzulage

Darüber hinaus besteht ein Anspruch auf Kinderzulage, soweit mindestens für einen Monat des Beitragsjahres Anspruch auf Kindergeld bestanden hat. Dies gilt auch dann, wenn das Kindergeld erst in einem späteren Kalenderjahr rückwirkend gezahlt wurde.

Die Kinderzulage beträgt für vor dem 01.01.2008 geborene Kinder EUR 185,00 und für jedes nach dem 31.12.2007 geborenes Kind EUR 300,00.

Steht ein Kind zu beiden Ehegatten in einem Kindschaftsverhältnis, die die Voraussetzungen des § 26 Abs. 1 EStG (Zusammenveranlagung) erfüllen, erhält grundsätzlich die Mutter die Kinderzulage. Auf gemeinsamen Antrag ist eine Übertragung auf den Vater jedoch möglich.

Eine Übertragung ist insbesondere dann sinnvoll, wenn die Mutter keinen Anspruch auf eine Altersvorsorgezulage hat, weil sie bspw. keinen Altersvorsorgevertrag abgeschlossen hat.

Bei Alleinerziehenden hingegen ist eine Übertragung der Kinderzulage nicht möglich. Die Kinderzulage wird lediglich dem Elternteil gewährt, welcher das Kindergeld erhält.

Soweit das Kindergeld dem Kind ausgezahlt wird, haben die Eltern keinen Anspruch auf die Kinderzulage. Wenn das Kind selber eine Grundzulage erhält, kann es auch die Kinderzulage geltend machen.

4.1.2   Mindesteigenbeitrag

Um jedoch die gesamte staatliche Zulage zu erhalten, muss ein Mindestbeitrag i. H. v. 4 % des maßgeblichen Vorjahreseinkommens geleistet werden. Sparer können den Riester-Vertrag ruhen lassen, wenn sie nicht mehr förderberechtigt sind oder den Beitrag nicht mehr aufbringen können.

Beispiel
Der Musiker A, versichert über die Künstlersozialkasse, keine Kinder, zahlt im Jahr 2018 eigene Beiträge zugunsten seines Altersvorsorgevertrages EUR 1.925,00. Sein Gewinn aus selbstständiger Tätigkeit als Musiker beträgt im Jahr 2018 EUR 53.000,00.

Beitragspflichtige Einnahmen	EUR 53.000,00
4 %	EUR 2.120,00
Höchstens	EUR 2.100,00
Anzusetzen	EUR 2.100,00
Abzüglich Zulage	EUR 175,00
Mindesteigenbeitrag § 86 Abs. 1 Satz 2 EStG	**EUR 1.925,00**

Da der Musiker den Mindesteigenbeitrag erbracht hat, wird die Zulage von EUR 175,00 nicht gekürzt

Beispiel
Abwandlung des Beispiels:
   Der Musiker zahlt statt EUR 1.925,00 lediglich EUR 1.100,00 in seinen Altersvorsorgevertrag.

Mindesteigenanteil wie oben	EUR 1.925,00
Tatsächlich geleisteter Betrag	EUR 1.100,00
Dies entspricht 57,14 % des Mindesteigenbeitrages	((1.100 * 100)/1.925)
Zulageanspruch 175,00 * 57,14 % =	**99,99 EUR**

4.1.3   Sonderausgabenabzug

Neben der Zulagenförderung ist ein Ansatz bis zu einem Höchstbetrag von EUR 2.100,00 als Sonderausgaben und somit auch eine Einkommensteuerersparnis möglich. Ein Sonderausgabenabzug ist jedoch nur dann vorzunehmen, wenn er steuerlich auch tatsächlich günstiger ist als der Anspruch auf Zulage. Die Prüfung wird hierbei von Amtswegen vorgenommen.

Zu den abziehbaren Sonderausgaben gehören dabei die geleisteten Altersvorsorgebeiträge sowie die dem Steuerpflichtigen zustehenden Altersvorsorgezulagen.

Die Höhe der Beiträge wird seit dem Jahr 2010 durch einen entsprechenden Datensatz
des Anbieters nachgewiesen. Die Daten werden unter Angabe der Steueridentifikations-
nummer dem Zulagenberechtigten übermittelt.

4.1.4 Anlageformen

Bei der Riester-Rente gibt es folgende verschiedene Anlageformen:

4.1.4.1 Fondssparpläne

Fondssparpläne bergen höhere Gewinnchancen als die nachfolgenden Anlageformen,
dafür ist aber auch das Verlustrisiko am größten. Eine Mindestrendite wird bei dieser
Anlageform nicht garantiert, lediglich der Kapitalerhalt muss bei zertifizierten Fondssparplänen vom Anbieter zugesagt werden.

Die Wahl des richtigen Angebots hängt sehr von der Anlagedauer und der persönlichen Risikobereitschaft ab. Für die Depotführung und des Ausgabeaufschlags bei
Fondskauf fallen in der Regel Gebühren an.

Die Anlageform ist für renditeorientierte Sparer geeignet, die eine langfristige
Anlagedauer akzeptieren.

4.1.4.2 Banksparpläne

Im Gegensatz zu den Fondssparplänen gibt es hier so gut wie keine Nebenkosten. Bei
dieser Anlageform erhält der Sparer einen festen Zins, der von der Laufzeit und dem
Sparbetrag abhängig sein kann oder sich nach einem Referenzwert richtet.

Diese Anlageform ist für sicherheitsbedürftige Anleger und kurzfristige Laufzeiten
geeignet.

4.1.4.3 Rentenversicherung

Diese Form ist die gebräuchlichste Form der Riester-Rente. Es gibt folgende drei Varianten:

- eine Rentenversicherung mit garantiertem Zins und einer Überschussbeteiligung.
  Diese Anlageform ist für sehr sicherheitsorientierte Sparer geeignet.
- eine Rentenversicherung mit Garantiezins, bei der die Überschüsse in Fonds fließen.
  Hierdurch wird gegebenenfalls eine bessere Rendite erreicht.
- eine rein fondsgebundene Rentenversicherung. Hierbei fließen sowohl die Eigen-
  beiträge als auch die Zulagen in zuvor ausgewählte Fonds. Diese Form ist vor allem
  für renditeorientierte Anleger interessant, die die Bereitschaft zu einer Laufzeit von
  mindestens zehn Jahren mitbringen.

Die Laufzeit eines zertifizierten Riester-Vertrages geht bis zum 67. Lebensjahr. Eine Abrufphase ab dem 62. Lebensjahr ist unter bestimmten Voraussetzungen möglich, soweit dann auch Geld aus der gesetzlichen Rentenversicherung bezogen wird.

4.1.4.4 Wohnriester

Rückwirkend zum 01.01.2008 ist auch die Entnahme des eingesparten Geldes möglich, soweit dieses für den Bau oder den Kauf einer Immobilie oder die Entschuldung einer Wohnung genutzt wird.

Zu beachten ist, dass das Riester-Kapital nur für die Finanzierung einer selbst genutzten Wohnung verwendet werden darf. Weitere Voraussetzung ist, dass die Immobilie den Lebensmittelpunkt und Hauptwohnsitz des Riester-Sparers bildet. Eine Ferienwohnung im Ausland oder ein Altersdomizil außerhalb Deutschlands ist insoweit nicht förderfähig.

4.1.5   Besteuerung

Ist der monatliche Rentenanspruch aus der Riester- Rente gering, hat der Anbieter das Recht, diesen Rentenanspruch zu Beginn der Auszahlungsphase durch eine Einmalzahlung abzufinden. Ab dem Jahr 2018 werden die Einmalzahlungen ermäßigt mit der sog. Fünftelregelung besteuert. Zuvor waren die Einmalzahlungen voll steuerpflichtig. Bei der Fünftelregelung wird die Auszahlung zwar voll versteuert, allerdings wirkt sich nur ein Fünftel davon progressiv auf den Steuersatz aus. Die ermäßigte Besteuerung lässt sich dabei für jeden Riestervertrag in Anspruch nehmen. Bei monatlichen Auszahlungen ist die Anwendung der ermäßigten Besteuerung nicht möglich.

4.1.6   Bewertung

Die Riester-Rente ist gerade bei Geringverdienern eine lohnende Altersvorsorge und es ist den Künstlern anzuraten, sich die Möglichkeit der geförderten Altersvorsorge nicht entgehen zu lassen.

4.2   Rürup-Rente

Die sog. Rürup-Rente soll selbstständigen Künstlern/Publizisten neben der Riester-Rente eine Möglichkeit bieten, sich für das Alter abzusichern.

Beiträge zur Rürup-Versicherung werden wie Beiträge zur gesetzlichen Rentenversicherung steuerlich gefördert. Wie bei der zuvor beschriebenen Riester-Rente werden diese Verträge bei den Versicherungsunternehmen abgeschlossen.

Im Unterschied zur Riester- Rente besteht allerdings bei der Rürup- Versicherung keine Zertifizierungsstelle, die die Einhaltung der steuerlichen Voraussetzungen prüft. Soweit ein Sonderausgabenabzug für Beiträge zur Rürup-Versicherung begehrt wird, sind insoweit die Vertragsunterlagen zu prüfen, ob die Voraussetzungen für den Sonderausgabenabzug erfüllt sind.

Checkliste
Folgende Voraussetzungen müssen immer erfüllt sein:

- Vertragsabschluss nach dem 31.12.2004
- Keine Umwandlung von Altverträgen
- Aufbau einer eigenen Altersvorsorge (Versicherungsnehmer = Steuerpflichtiger oder Ehegatte)
- Kapitalgedeckte Versicherung (Aufbau eines eigenen Kapitalstocks)
- Monatliche, lebenslange Leibrente zugunsten des Versicherungsnehmers
- Leistungen frühestens ab Vollendung des 62. Lebensjahres
- Teilkapitalauszahlung nicht zulässig
- Ansprüche sind nicht vererblich, übertragbar, veräußerbar, beleihbar, kapitalisierbar (Ausschluss im Vertrag)

Bei ergänzender Absicherung von Berufsunfähigkeit, verminderter Erwerbsfähigkeit oder der Hinterbliebenen müssen zusätzlich folgende Voraussetzungen erfüllt sein:

- Ergänzende Absicherung max. 50 % des zu zahlenden Versicherungsbetrages
- Leistungen in Form einer monatlichen Rente, keine Einmalauszahlung
- Leistungen an hinterbliebene Kinder, für die ein Anspruch auf Kindergeld besteht, und Ehegatten sind zulässig.

Sind die Voraussetzungen erfüllt, besteht die Förderung nicht wie bei der Riester- Rente aus einer Kombination von Zulagenförderung und Steuervorteil, sondern ausschließlich aus den Abzugsmöglichkeiten bei der Einkommensteuerveranlagung als Sonderausgaben.

Im Jahr 2018 können 86 % der gezahlten Beträge als Sonderausgaben geltend gemacht werden. Bis zum Jahr 2025 steigt der Anteil dabei um jährlich 2 % auf 100 %. Die Höhe der Beiträge ist im Jahr 2018 beschränkt auf EUR 23. 712 bei der Einzelveranlagung und EUR 47.424 bei der Zusammenveranlagung (2017: EUR 23.362/46.724).

4.2.1   Besteuerung

Die Rürup-Rente wird während der Auszahlungsphase genauso wie die gesetzliche Rente besteuert. Einerseits ist der persönliche Einkommensteuertarif entscheidend, andererseits in welchem Jahr erstmalig die Rente bezogen wurde. Im Jahr 2005 betrug der Besteuerungsanteil der Rente 50 % und steigt seitdem bis zum Jahr 2020 jährlich um 2 %. Ab dem Jahr 2021 steigt der Besteuerugsanteil jährlich nur noch um 1 % bis zum Jahr 2040, ab dem die Rente zu 100 % steuerpflichtig wird.

Geht bspw. ein Rürup-Versicherter im Jahr 2018 in Rente, wird nur 86 % seiner Rürup-Rente besteuert. Die Differenz zwischen dem Besteuerungsanteil und der tatsächlich ausgezahlten Rürup-Rente stellt dabei einen Steuerfreibetrag dar, der in der gesamten Phase erhalten bleibt. Da der Steuerfreibetrag nicht in Prozentpunkten, sondern in Geldwerten festgeschrieben wird, werden spätere Rentenerhöhungen voll besteuert.

4.2.2 Bewertung

Die Rürup-Rente ist für selbstständige Künstler eine ebenfalls interessante Form der Altersvorsorge, da häufig sehr schwankende Einkünfte erzielt werden und die Beiträge flexibel auf die jeweilige Einkommenssituation abgestimmt werden können. Denn bei der Rürup-Versicherung sind keine festen Mindestbeträge vorgegeben und es sind Sonderzahlungen möglich.

Anhang

5

5.1 DBA – Deutschland – Argentinien

Einkünfte aus Lizenzen oder künstlerischer Tätigkeit

Ansässige Verwertungsgesellschaft: SAVA

www.sava.org.ar

5.1.1 Besteuerungssystematik

Verfügt ein steuerpflichtiger Künstler neben seinem Hauptwohnsitz mit dem Lebens-mittelpunkt in Deutschland auch über einen Wohnsitz in Argentinien, den er während seiner Arbeiten vor Ort nutzt, so kann diese Tatsache zu einer Steuerpflicht nach nationa-lem argentinischem Recht führen.

Das deutsch-argentinische Doppelbesteuerungsabkommen sieht in Art. 12 Abs. 1 vor, dass der Ansässigkeitsstaat des Empfängers von Lizenzen, hier Deutschland (Lebens-mittelpunkt), das uneingeschränkte Besteuerungsrecht für Lizenzeinkünfte erhält. Der Quellenstaat, hier Argentinien, kann eine Quellensteuer in Höhe von 5 % erheben. Die womöglich in Argentinien erhobene Quellensteuer ist auf die deutsche Einkommensteuer anzurechnen.

Im Falle von Einkünften aus künstlerischer Tätigkeit sieht das Abkommen in Art. 16 vor, dass sowohl Argentinien als Tätigkeitsstaat, sowie Deutschland als Ansässigkeits-staat ein unbeschränktes Besteuerungsrecht erhalten. Allerdings vermeidet Deutschland die Doppelbesteuerung durch Anrechnung der argentinischen Steuern (Art. 22 Abs. 2 Buchst. c).

© Springer Fachmedien Wiesbaden GmbH, ein Teil von Springer Nature 2019
R. Schaar et al., *Medienberufe und Steuern*,
https://doi.org/10.1007/978-3-658-25308-0_5

5.1.2   Definition der Einkünfte

Zu den Lizenzgebühren zählen im Sinne des Art. 12 Abs. 3 Vergütungen für die Benutzung von Urheberrechten an künstlerischen Werken, einschließlich kinematografischer Filme, Bandaufnahmen für Rundfunk oder Fernsehen, Patenten, Markenrechten und Warenzeichen.

Art. 16 des Abkommens beinhaltet Einkünfte, die ein Künstler aus seiner persönlich ausgeübten Tätigkeit erbringt. Auch wenn die künstlerischen Tätigkeiten nur gelegentlich ausgeübt werden, sind sie zu beachten. Die Dauer der Tätigkeit bzw. des Aufenthalts ist irrelevant.

Werkschaffende Künstler, wie beispielsweise Regisseure, fallen nicht in den Anwendungs-bereich des Art. 16 des deutsch-argentinischen Doppelbesteuerungsabkommens. Unter Umständen sind die Entgelte unter Art. 12 zu erfassen.

5.1.3   Zuweisung des Besteuerungsrechts

5.1.3.1 Besteuerung im Quellen- bzw. Tätigkeitsstaat Argentinien

Für zugrunde liegende Lizenzen steht Argentinien ein Quellensteuerrecht in Höhe von 5 % zu. Die darüber hinausgehende erhobene Quellensteuer wird mittels eines Erstattungsantrages zurückgezahlt. Einnahmen aus der Veräußerung von Rechten können allerdings nicht in Argentinien besteuert werden (Art. 13 Abs. 5).

Für Einkünfte aus der Tätigkeit als Künstler steht Argentinien als Tätigkeitsstaat das unbeschränkte Besteuerungsrecht zu. Dies gilt auch, wenn der Künstler über einen Dritten bezahlt wird (Art. 16 Abs. 2). Sollte die Entlohnung überwiegend von einer deutschen öffentlichen Kasse erfolgen, so liegt das alleinige Besteuerungsrecht beim deutschen Fiskus (Art. 16 Abs. 3).

5.1.3.2 Besteuerung im Wohnsitzstaat Deutschland

Deutschland hält sowohl für Lizenzeinkünfte, als auch für die Veräußerung der Rechte das uneingeschränkte Besteuerungsrecht. Die zulässige, in Argentinien erhobene Quellensteuer wird gemäß Art. 22 Abs. 2 Buchst. c auf die deutsche Einkommensteuer angerechnet. Nach § 21 EStG sind Lizenzen im Wohnsitzstaat steuerpflichtig, sofern sie nicht zu den Einkünften aus Gewerbebetrieb oder selbstständiger Arbeit zählen.

Für Einnahmen aus künstlerischer Tätigkeit- selbstständig, unselbstständig oder gewerbetreibend- hält Deutschland das Besteuerungsrecht. Die Doppelbesteuerung wird gemäß Art. 22 Abs. 2 Buchst. c des Abkommens durch Anrechnung der argentinischen Steuern vermieden. Die Ermittlung der Einkünfte erfolgt nach deutschem Recht.

5.1.4   Besonderheiten Doppelwohnsitz

Der Steuerinländer hat den Mittelpunkt seiner Lebensinteressen in Deutschland, verfügt jedoch über einen zweiten Wohnsitz in Argentinien. Nach den Vorschriften des Doppel-besteuerungsabkommens bleibt Deutschland der Ansässigkeitsstaat.

Im Falle von Lizenzeinkünften ändert die Tatsache des zweiten Wohnsitzes somit nichts an den unter Abschnitt 3 erläuterten Steuerfolgen. Argentinien hat nach wie vor nicht das Recht der Besteuerung.

Sollten Einkünfte aus künstlerischer Tätigkeit vorliegen, kann sich lediglich die Art der Besteuerung (abhängig von der Einkunftsart) in Argentinien 1 durch den Zweitwohnsitz ändern. Die in Abschnitt 3 erläuterten Steuerfolgen bleiben davon allerdings unberührt.

5.2   DBA – Deutschland – Belgien

Einkünfte aus Lizenzen oder künstlerischer Tätigkeit

Ansässige Verwertungsgesellschaft: URADEX
                                        www.uradex.be

5.2.1   Besteuerungssystematik

Verfügt ein steuerpflichtiger Künstler neben seinem Hauptwohnsitz mit dem Lebensmittelpunkt in Deutschland auch über einen Wohnsitz in Belgien, den er während seiner Arbeiten vor Ort nutzt, so kann diese Tatsache zu einer Steuerpflicht nach nationalem belgischem Recht führen.

Das deutsch-belgische Doppelbesteuerungsabkommen sieht in Art. 12 Abs. 1 vor, dass der Ansässigkeitsstaat des Empfängers von Lizenzen, hier Deutschland (Lebensmittelpunkt), das alleinige Besteuerungsrecht für Lizenzeinkünfte erhält. Dem Quellenstaat, hier Belgien, steht demnach kein Besteuerungsrecht zu.

Im Falle von Einkünften aus künstlerischer Tätigkeit sieht das Abkommen in Art. 17 vor, dass sowohl Belgien als Tätigkeitsstaat, sowie Deutschland als Ansässigkeitsstaat ein unbeschränktes Besteuerungsrecht erhalten. Allerdings vermeidet Deutschland die Doppelbesteuerung durch Freistellung mit Progressionsvorbehalt (Art. 23 Abs. 1).

5.2.2   Definition der Einkünfte

Zu den Lizenzgebühren zählen im Sinne des Art. 12 Abs. 2 Vergütungen für die Benutzung von Urheberrechten an Patenten, Markenrechten, künstlerischen oder literarischen Werken, als auch die bei der Nutzung von Ausrüstung entstehenden Gebühren.

Art. 17 des Abkommens beinhaltet Einkünfte, die ein selbstständiger Künstler aus seiner persönlich ausgeübten Tätigkeit erbringt. Sollten die künstlerischen Tätigkeiten nur gelegentlich ausgeübt werden, sind sie nicht zu beachten. Die Dauer der Tätigkeit bzw. des Aufenthalts ist irrelevant.

Werkschaffende Künstler, wie beispielsweise Regisseure, fallen nicht in den Anwendungsbereich des Art. 17 des deutsch-belgischen Doppelbesteuerungsabkommens. Unter Umständen sind die Entgelte unter Art. 12 zu erfassen.

5.2.3   Zuweisung des Besteuerungsrechts

5.2.3.1 Besteuerung im Quellen- bzw. Tätigkeitsstaat Belgien

Für zugrunde liegende Lizenzen steht dem Quellenstaat in der Regel kein Besteuerungsrecht zu (Art. 12 Abs. 1). Sollten dennoch aufgrund nationaler Vorschriften Quellensteuern einbehalten werden, werden sie mithilfe eines Erstattungsantrages zurückgezahlt. Einnahmen aus der Veräußerung von Rechten können gemäß Art. 13 Abs. 3 ebenfalls nicht im Quellenstaat besteuert werden.

Für Einkünfte aus der Tätigkeit als Künstler steht Belgien als Tätigkeitsstaat das unbeschränkte Besteuerungsrecht zu. Sollte der Künstler bei einer Person oder einer Gesellschaft angestellt sein, liegen gemäß Art. 15 Einkünfte aus nichtselbstständiger Arbeit vor.

5.2.3.2 Besteuerung im Wohnsitzstaat Deutschland

Deutschland hält sowohl für Lizenzeinkünfte, als auch für die Veräußerung der Rechte das uneingeschränkte Besteuerungsrecht. Da nach dem Abkommensrecht in Belgien keine Quellensteuer erhoben werden darf, erübrigt sich eine entsprechende Freistellung im Sinne des Art. 23 des Abkommens. Nach § 21 EStG sind Lizenzen im Wohnsitzstaat steuerpflichtig, sofern sie nicht zu den Einkünften aus Gewerbebetrieb oder selbstständiger Arbeit zählen.

Für Einnahmen aus künstlerischer Tätigkeit, selbstständig oder gewerbetreibend, hält Deutschland das Besteuerungsrecht. Die Doppelbesteuerung wird gemäß Art. 23 Abs. 1 Nr. 1 des Abkommens durch Freistellung von der Steuer unter Berücksichtigung des Progressionsvorbehalts vermieden. Die Ermittlung der Einkünfte für Zwecke des Progressionsvorbehalts erfolgt nach deutschem Recht.

5.2.3.3 Besonderheiten Doppelwohnsitz

Der Steuerinländer hat den Mittelpunkt seiner Lebensinteressen in Deutschland, verfügt jedoch über einen zweiten Wohnsitz in Belgien. Nach den Vorschriften des Doppelbesteuerungsabkommens bleibt Deutschland der Ansässigkeitsstaat.

Im Falle von Lizenzeinkünften ändert die Tatsache des zweiten Wohnsitzes somit nichts an den unter Abschnitt 3 erläuterten Steuerfolgen. Belgien hat nach wie vor nicht das Recht der Besteuerung.

Sollten Einkünfte aus künstlerischer Tätigkeit vorliegen, kann sich lediglich die Art der Besteuerung (abhängig von der Einkunftsart) in Belgien durch den Zweitwohnsitz ändern. Die in Abschnitt 3 erläuterten Steuerfolgen bleiben davon allerdings unberührt.

5.3   DBA – Deutschland – China

Einkünfte aus Lizenzen oder künstlerischer Tätigkeit

5.3.1   Besteuerungssystematik

Verfügt ein steuerpflichtiger Künstler neben seinem Hauptwohnsitz mit dem Lebensmittelpunkt in Deutschland auch über einen Wohnsitz in China, den er während seiner Arbeiten vor Ort nutzt, so kann diese Tatsache zu einer Steuerpflicht nach nationalem chinesischem Recht führen.

Das deutsch-chinesische Doppelbesteuerungsabkommen sieht in Art. 12 Abs. 1 vor, dass der Ansässigkeitsstaat des Empfängers von Lizenzen, hier Deutschland (Lebensmittelpunkt), das uneingeschränkte Besteuerungsrecht für Lizenzeinkünfte erhält. Der Quellenstaat, hier China, kann eine Quellensteuer in Höhe von 10 % erheben. Die womöglich in China erhobene Quellensteuer ist auf die deutsche Einkommensteuer anzurechnen.

Im Falle von Einkünften aus künstlerischer Tätigkeit sieht das Abkommen in Art. 17 vor, dass sowohl China als Tätigkeitsstaat, sowie Deutschland als Ansässigkeitsstaat ein unbeschränktes Besteuerungsrecht erhalten. Allerdings vermeidet Deutschland die Doppelbesteuerung durch Anrechnung der chinesischen Steuern (Art. 23 Abs. 2 Buchst. b).

5.3.2   Definition der Einkünfte

Zu den Lizenzgebühren zählen im Sinne des Art. 12 Abs. 3 Vergütungen für die Benutzung von Urheberrechten an künstlerischen Werken, einschließlich kinematografischer Filme, Bandaufnahmen für Rundfunk oder Fernsehen, Patenten, Markenrechten und Warenzeichen.

Art. 17 des Abkommens beinhaltet Einkünfte, die ein Künstler aus seiner persönlich ausgeübten Tätigkeit erbringt. Auch wenn die künstlerischen Tätigkeiten nur gelegentlich ausgeübt werden, sind sie zu beachten. Die Dauer der Tätigkeit bzw. des Aufenthalts ist irrelevant.

Werkschaffende Künstler, wie beispielsweise Regisseure, fallen nicht in den Anwendungsbereich des Art. 17 des deutsch-chinesischen Doppelbesteuerungsabkommens. Unter Umständen sind die Entgelte unter Art. 12 zu erfassen.

5.3.3   Zuweisung des Besteuerungsrechts

5.3.3.1 Besteuerung im Quellen- bzw. Tätigkeitsstaat China

Für zugrunde liegende Lizenzen steht China ein Quellensteuerrecht in Höhe von 10 % zu. Die darüber hinausgehende erhobene Quellensteuer wird mittels eines Erstattungsantrages zurückgezahlt. Einnahmen aus der Veräußerung von Rechten können allerdings nicht in China besteuert werden (Art. 13 Abs. 6).

Für Einkünfte aus der Tätigkeit als Künstler steht China als Tätigkeitsstaat das unbeschränkte Besteuerungsrecht zu. Dies gilt auch, wenn der Künstler über einen Dritten bezahlt wird (Art. 17 Abs. 2). Sollte die Entlohnung überwiegend von einer deutschen öffentlichen Kasse erfolgen, so liegt das alleinige Besteuerungsrecht beim deutschen Fiskus (Art. 17 Abs. 3).

5.3.3.2 Besteuerung im Wohnsitzstaat Deutschland

Deutschland hält sowohl für Lizenzeinkünfte, als auch für die Veräußerung der Rechte das uneingeschränkte Besteuerungsrecht. Die zulässige, in China erhobene Quellensteuer wird gemäß Art. 23 Abs. 2 Buchst. b auf die deutsche Einkommensteuer angerechnet. Nach § 21 EStG sind Lizenzen im Wohnsitzstaat steuerpflichtig, sofern sie nicht zu den Einkünften aus Gewerbebetrieb oder selbstständiger Arbeit zählen.

Für Einnahmen aus künstlerischer Tätigkeit- selbstständig, unselbstständig oder gewerbetreibend- hält Deutschland das Besteuerungsrecht. Die Doppelbesteuerung wird gemäß Art. 23 Abs. 2 Buchst. b des Abkommens durch Anrechnung der chinesischen Steuern vermieden. Die Ermittlung der Einkünfte erfolgt nach deutschem Recht.

5.3.4   Besonderheiten Doppelwohnsitz

Der Steuerinländer hat den Mittelpunkt seiner Lebensinteressen in Deutschland, verfügt jedoch über einen zweiten Wohnsitz in China. Nach den Vorschriften des Doppelbesteuerungsabkommens bleibt Deutschland der Ansässigkeitsstaat.

Im Falle von Lizenzeinkünften ändert die Tatsache des zweiten Wohnsitzes somit nichts an den unter Abschnitt 3 erläuterten Steuerfolgen. China hat nach wie vor nicht das Recht der Besteuerung.

Sollten Einkünfte aus künstlerischer Tätigkeit vorliegen, kann sich lediglich die Art der Besteuerung (abhängig von der Einkunftsart) in China durch den Zweitwohnsitz ändern. Die in Abschnitt 3 erläuterten Steuerfolgen bleiben davon allerdings unberührt.

5.4   DBA – Deutschland – Dänemark

Einkünfte aus Lizenzen oder künstlerischer Tätigkeit

Ansässige Verwertungsgesellschaft: Dansk Skuespillerforbund (FILMEX)
www.skuespillerforbundet.dk

5.4.1   Besteuerungssystematik

Verfügt ein steuerpflichtiger Künstler neben seinem Hauptwohnsitz mit dem Lebensmittelpunkt in Deutschland auch über einen Wohnsitz in Dänemark, den er während seiner Arbeiten vor Ort nutzt, so kann diese Tatsache zu einer Steuerpflicht nach nationalem dänischem Recht führen.

Das deutsch-dänische Doppelbesteuerungsabkommen sieht in Art. 12 Abs. 1 vor, dass der Ansässigkeitsstaat des Empfängers von Lizenzen, hier Deutschland (Lebensmittelpunkt), das uneingeschränkte Besteuerungsrecht für Lizenzeinkünfte erhält. Dem Quellenstaat, hier Dänemark, steht demnach kein Besteuerungsrecht zu. Unter Umständen tatsächlich in Dänemark erhobene Quellensteuer kann auf Antrag erstattet werden.

Im Falle von Einkünften aus künstlerischer Tätigkeit sieht das Abkommen in Art. 17 vor, dass sowohl Dänemark als Tätigkeitsstaat, sowie Deutschland als Ansässigkeitsstaat ein unbeschränktes Besteuerungsrecht erhalten. Allerdings vermeidet Deutschland die Doppelbesteuerung durch Anrechnung der dänischen Steuern (Art. 24 Abs. 1 b).

5.4.2   Definition der Einkünfte

Zu den Lizenzgebühren zählen im Sinne des Art. 12 Abs. 2 Vergütungen für die Benutzung von Urheberrechten an künstlerischen Werken, Film- oder Videoaufnahmen für das Fernsehen, Bandaufnahmen für den Rundfunk, Patenten, Markenrechten und Warenzeichen.

Art. 17 des Abkommens beinhaltet Einkünfte, die ein Künstler aus seiner persönlich ausgeübten Tätigkeit erbringt. Auch wenn die künstlerischen Tätigkeiten nur gelegentlich ausgeübt werden, sind sie zu beachten. Die Dauer der Tätigkeit bzw. des Aufenthalts ist irrelevant.

Werkschaffende Künstler, wie beispielsweise Regisseure, fallen nicht in den Anwendungsbereich des Art. 17 des deutsch-dänischen Doppelbesteuerungsabkommens. Unter Umständen sind die Entgelte unter Art. 12 zu erfassen.

5.4.3   Zuweisung des Besteuerungsrechts

5.4.3.1 Besteuerung im Quellen- bzw. Tätigkeitsstaat Dänemark

Für zugrunde liegende Lizenzen steht dem Quellenstaat in der Regel kein Besteuerungsrecht zu (Art. 12 Abs. 1). Sollten dennoch aufgrund nationaler Vorschriften Quellensteuern einbehalten werden, werden sie mithilfe eines Erstattungsantrages zurückgezahlt.
Einnahmen aus der Veräußerung von Rechten können gemäß Art. 13 Abs. 3 ebenfalls
nicht im Quellenstaat besteuert werden.

Für Einkünfte aus der Tätigkeit als Künstler steht Dänemark als Tätigkeitsstaat das
unbeschränkte Besteuerungsrecht zu. Dies gilt auch, wenn der Künstler über einen Dritten bezahlt wird (Art. 17 Abs. 2). Sollte die Entlohnung von einer deutschen öffentlichen
Kasse erfolgen, so liegt das alleinige Besteuerungsrecht beim deutschen Fiskus (Art. 17
Abs. 3).

5.4.3.2 Besteuerung im Wohnsitzstaat Deutschland

Deutschland hält sowohl für Lizenzeinkünfte, als auch für die Veräußerung der Rechte
das uneingeschränkte Besteuerungsrecht. Womöglich in Dänemark erhobene Quellensteuer kann gemäß Art. 46 Abs. 2 erstattet werden, wenn innerhalb von vier Jahren
nach Anfallen der Lizenzgebühr zum Ablauf des Kalenderjahres der Antrag eingereicht
wurde. Nach § 21 EStG sind Lizenzen im Wohnsitzstaat steuerpflichtig, sofern sie nicht
zu den Einkünften aus Gewerbebetrieb oder selbstständiger Arbeit zählen.

Für Einnahmen aus künstlerischer Tätigkeit- selbstständig, unselbstständig oder
gewerbetreibend- hält Deutschland das Besteuerungsrecht. Die Doppelbesteuerung wird
gemäß Art. 24 Abs. 1 Buchst. b des Abkommens durch Anrechnung der dänischen Steuern vermieden. Die Ermittlung der Einkünfte erfolgt nach deutschem Recht.

5.4.4   Besonderheiten Doppelwohnsitz

Der Steuerinländer hat den Mittelpunkt seiner Lebensinteressen in Deutschland, verfügt
jedoch über einen zweiten Wohnsitz in Dänemark. Nach den Vorschriften des Doppelbesteuerungsabkommens bleibt Deutschland der Ansässigkeitsstaat.

Im Falle von Lizenzeinkünften ändert die Tatsache des zweiten Wohnsitzes somit
nichts an den unter Abschnitt 3 erläuterten Steuerfolgen. Dänemark hat nach wie vor
nicht das Recht der Besteuerung.

Sollten Einkünfte aus künstlerischer Tätigkeit vorliegen, kann sich lediglich die Art
der Besteuerung (abhängig von der Einkunftsart) in Dänemark durch den Zweitwohnsitz
ändern. Die in Abschnitt 3 erläuterten Steuerfolgen bleiben davon allerdings unberührt.

5.5   DBA – Deutschland – Estland

Einkünfte aus Lizenzen oder künstlerischer Tätigkeit

Ansässige Verwertungsgesellschaft: Eesti Esitajate Liit
www.eel.ee

5.5.1   Besteuerungssystematik

Verfügt ein steuerpflichtiger Künstler neben seinem Hauptwohnsitz mit dem Lebensmittelpunkt in Deutschland auch über einen Wohnsitz in Estland, den er während seiner
Arbeiten vor Ort nutzt, so kann diese Tatsache zu einer Steuerpflicht nach nationalem
estländischem Recht führen.

Das deutsch-estländische Doppelbesteuerungsabkommen sieht in Art. 12 Abs. 1 vor,
dass der Ansässigkeitsstaat des Empfängers von Lizenzen, hier Deutschland (Lebensmittelpunkt), das uneingeschränkte Besteuerungsrecht für Lizenzeinkünfte erhält. Der
Quellenstaat, hier Estland, kann eine Quellensteuer in Höhe von 10 %, im Ausnahmefall 5 %, erheben. Die womöglich in Estland erhobene Quellensteuer ist auf die deutsche
Einkommensteuer anzurechnen.

Im Falle von Einkünften aus künstlerischer Tätigkeit sieht das Abkommen in Art. 17
vor, dass sowohl Estland als Tätigkeitsstaat, sowie Deutschland als Ansässigkeitsstaat ein
unbeschränktes Besteuerungsrecht erhalten. Allerdings vermeidet Deutschland die Doppelbesteuerung durch Anrechnung der estländischen Steuern (Art. 23 Abs. 1 Buchst. b).

5.5.2   Definition der Einkünfte

Zu den Lizenzgebühren zählen im Sinne des Art. 12 Abs. 3 Vergütungen für die
Benutzung von Urheberrechten an künstlerischen Werken, Film- oder Videoaufnahmen
für das Fernsehen, Bandaufnahmen für den Rundfunk, Patenten, Markenrechten, Warenzeichen sowie die bei der Nutzung von Ausrüstung entstehenden Gebühren.

Art. 17 des Abkommens beinhaltet Einkünfte, die ein Künstler aus seiner persönlich
ausgeübten Tätigkeit erbringt. Auch wenn die künstlerischen Tätigkeiten nur gelegentlich ausgeübt werden, sind sie zu beachten. Die Dauer der Tätigkeit bzw. des Aufenthalts
ist irrelevant.

Werkschaffende Künstler, wie beispielsweise Regisseure, fallen nicht in den
Anwendungsbereich des Art. 17 des deutsch-estländischen Doppelbesteuerungsabkommens. Unter Umständen sind die Entgelte unter Art. 12 zu erfassen.

5.5.3   Zuweisung des Besteuerungsrechts

5.5.3.1 Besteuerung im Quellen- bzw. Tätigkeitsstaat Estland

Für zugrunde liegende Lizenzen steht Estland ein Quellensteuerrecht in Höhe von 10 %
zu. Sollte gewerbliche, kaufmännische oder wissenschaftliche Ausrüstung genutzt werden, reduziert sich dieser Satz auf 5 %. Die darüber hinausgehende erhobene Quellensteuer wird mittels eines Erstattungsantrages zurückgezahlt. Einnahmen aus der
Veräußerung von Rechten können allerdings nicht in Estland besteuert werden (Art. 13
Abs. 4).

Für Einkünfte aus der Tätigkeit als Künstler steht Estland als Tätigkeitsstaat das
unbeschränkte Besteuerungsrecht zu. Dies gilt auch, wenn der Künstler über einen
Dritten bezahlt wird (Art. 17 Abs. 2). Sollte die Entlohnung überwiegend von einer
deutschen öffentlichen Kasse erfolgen, so liegt das alleinige Besteuerungsrecht beim
deutschen Fiskus (Art. 17 Abs. 3).

5.5.3.2 Besteuerung im Wohnsitzstaat Deutschland

Deutschland hält sowohl für Lizenzeinkünfte, als auch für die Veräußerung der Rechte
das uneingeschränkte Besteuerungsrecht. Die zulässige, in Estland erhobene Quellensteuer wird gemäß Art. 23 Abs. 1 Buchst. b auf die deutsche Einkommensteuer
angerechnet. Nach § 21 EStG sind Lizenzen im Wohnsitzstaat steuerpflichtig, sofern sie
nicht zu den Einkünften aus Gewerbebetrieb oder selbstständiger Arbeit zählen.

Für Einnahmen aus künstlerischer Tätigkeit- selbstständig, unselbstständig oder
gewerbetreibend- hält Deutschland das Besteuerungsrecht. Die Doppelbesteuerung wird
gemäß Art. 23 Abs. 1 Buchst. b des Abkommens durch Anrechnung der estländischen
Steuern vermieden. Die Ermittlung der Einkünfte erfolgt nach deutschem Recht.

5.5.4   Besonderheiten Doppelwohnsitz

Der Steuerinländer hat den Mittelpunkt seiner Lebensinteressen in Deutschland, verfügt jedoch über einen zweiten Wohnsitz in Estland. Nach den Vorschriften des Doppelbesteuerungsabkommens bleibt Deutschland der Ansässigkeitsstaat.

Im Falle von Lizenzeinkünften ändert die Tatsache des zweiten Wohnsitzes somit
nichts an den unter Abschnitt 3 erläuterten Steuerfolgen. Estland hat nach wie vor nicht
das Recht der Besteuerung.

Sollten Einkünfte aus künstlerischer Tätigkeit vorliegen, kann sich lediglich die Art
der Besteuerung (abhängig von der Einkunftsart) in Estland durch den Zweitwohnsitz
ändern. Die in Abschnitt 3 erläuterten Steuerfolgen bleiben davon allerdings unberührt.

5.6   DBA – Deutschland – Finnland

Einkünfte aus Lizenzen oder künstlerischer Tätigkeit

Ansässige Verwertungsgesellschaft: Gramex
                                                                    www.gramex.fi

5.6.1   Besteuerungssystematik

Verfügt ein steuerpflichtiger Künstler neben seinem Hauptwohnsitz mit dem Lebensmittelpunkt in Deutschland auch über einen Wohnsitz in Finnland, den er während seiner
Arbeiten vor Ort nutzt, so kann diese Tatsache zu einer Steuerpflicht nach nationalem
finnischem Recht führen.

Das deutsch-finnische Doppelbesteuerungsabkommen sieht in Art. 12 Abs. 1 vor,
dass der Ansässigkeitsstaat des Empfängers von Lizenzen, hier Deutschland (Lebensmittelpunkt), das uneingeschränkte Besteuerungsrecht für Lizenzeinkünfte erhält. Dem
Quellenstaat, hier Finnland, steht demnach kein Besteuerungsrecht zu. Unter Umständen
tatsächlich in Finnland erhobene Quellensteuer kann auf Antrag erstattet werden.

Im Falle von Einkünften aus künstlerischer Tätigkeit sieht das Abkommen in Art. 16
vor, dass sowohl Finnland als Tätigkeitsstaat, sowie Deutschland als Ansässigkeitsstaat
ein unbeschränktes Besteuerungsrecht erhalten. Allerdings vermeidet Deutschland die
Doppelbesteuerung durch Anrechnung der finnischen Steuern (Art. 21 Abs. 1 Buchst. b).

5.6.2   Definition der Einkünfte

Zu den Lizenzgebühren zählen im Sinne des Art. 12 Abs. 2 Vergütungen für die
Benutzung von Urheberrechten an künstlerischen Werken, Film- oder Videoaufnahmen
für das Fernsehen, Bandaufnahmen für den Rundfunk, Patenten, Markenrechten und
Warenzeichen.

Art. 16 des Abkommens beinhaltet Einkünfte, die ein Künstler aus seiner persönlich
ausgeübten Tätigkeit erbringt. Auch wenn die künstlerischen Tätigkeiten nur gelegentlich ausgeübt werden, sind sie zu beachten. Die Dauer der Tätigkeit bzw. des Aufenthalts
ist irrelevant.

Werkschaffende Künstler, wie beispielsweise Regisseure, fallen nicht in den
Anwendungsbereich des Art. 16 des deutsch-finnischen Doppelbesteuerungsabkommens.
Unter Umständen sind die Entgelte unter Art. 12 zu erfassen.

5.6.3   Zuweisung des Besteuerungsrechts

5.6.3.1 Besteuerung im Quellen- bzw. Tätigkeitsstaat Finnland

Für zugrunde liegende Lizenzen steht dem Quellenstaat in der Regel kein Besteuerungsrecht zu (Art. 12 Abs. 1). Sollten dennoch aufgrund nationaler Vorschriften Quellensteuern einbehalten werden, werden sie mithilfe eines Erstattungsantrages zurückgezahlt.
Einnahmen aus der Veräußerung von Rechten können gemäß Art. 13 Abs. 5 ebenfalls
nicht im Quellenstaat besteuert werden.

Für Einkünfte aus der Tätigkeit als Künstler steht Finnland als Tätigkeitsstaat das
unbeschränkte Besteuerungsrecht zu. Dies gilt auch, wenn der Künstler über einen
Dritten bezahlt wird (Art. 16 Abs. 2). Sollte die Entlohnung überwiegend von einer
deutschen öffentlichen Kasse erfolgen, so liegt das alleinige Besteuerungsrecht beim
deutschen Fiskus (Art. 16 Abs. 3).

5.6.3.2 Besteuerung im Wohnsitzstaat Deutschland

Deutschland hält sowohl für Lizenzeinkünfte, als auch für die Veräußerung der Rechte
das uneingeschränkte Besteuerungsrecht. Da in Finnland nach Abkommensrecht keine
Quellensteuer erhoben werden darf, erübrigt sich eine entsprechende Freistellung im
Sinne des Art. 21 des Abkommens. Nach § 21 EStG sind Lizenzen im Wohnsitzstaat
steuerpflichtig, sofern sie nicht zu den Einkünften aus Gewerbebetrieb oder selbstständiger Arbeit zählen.

Für Einnahmen aus künstlerischer Tätigkeit- selbstständig, unselbstständig oder
gewerbetreibend- hält Deutschland das Besteuerungsrecht. Die Doppelbesteuerung wird
gemäß Art. 21 Abs. 1 Buchst. b des Abkommens durch Anrechnung der finnischen Steuern vermieden. Die Ermittlung der Einkünfte erfolgt nach deutschem Recht.

5.6.4   Besonderheiten Doppelwohnsitz

Der Steuerinländer hat den Mittelpunkt seiner Lebensinteressen in Deutschland, verfügt
jedoch über einen zweiten Wohnsitz in Finnland. Nach den Vorschriften des Doppelbesteuerungsabkommens bleibt Deutschland der Ansässigkeitsstaat.

Im Falle von Lizenzeinkünften ändert die Tatsache des zweiten Wohnsitzes somit
nichts an den unter Abschnitt 3 erläuterten Steuerfolgen. Finnland hat nach wie vor nicht
das Recht der Besteuerung.

Sollten Einkünfte aus künstlerischer Tätigkeit vorliegen, kann sich lediglich die Art
der Besteuerung (abhängig von der Einkunftsart) in Finnland durch den Zweitwohnsitz
ändern. Die in Abschnitt 3 erläuterten Steuerfolgen bleiben davon allerdings unberührt.

5.7   DBA – Deutschland – Frankreich

Einkünfte aus Lizenzen oder künstlerischer Tätigkeit

Ansässige Verwertungsgesellschaft: Adami
                                       www.adami.fr
                                       Spedidam
                                       www.spedidam.fr

5.7.1   Besteuerungssystematik

Verfügt ein steuerpflichtiger Künstler neben seinem Hauptwohnsitz mit dem Lebensmittelpunkt in Deutschland auch über einen Wohnsitz in Frankreich, den er während seiner Arbeiten vor Ort nutzt, so kann diese Tatsache zu einer Steuerpflicht nach nationalem französischem Recht führen.

Das deutsch-französische Doppelbesteuerungsabkommen sieht in Art. 15 Abs. 1 vor, dass der Ansässigkeitsstaat des Empfängers von Lizenzen, hier Deutschland (Lebensmittelpunkt), das uneingeschränkte Besteuerungsrecht für Lizenzeinkünfte erhält. Dem Quellenstaat, hier Frankreich, steht demnach kein Besteuerungsrecht zu. Unter Umständen tatsächlich in Frankreich erhobene Quellensteuer kann auf Antrag erstattet werden.

Im Falle von Einkünften aus künstlerischer Tätigkeit sieht das Abkommen in Art. 13b vor, dass sowohl Frankreich als Tätigkeits- bzw. Verwertungsstaat, sowie Deutschland als Ansässigkeitsstaat ein unbeschränktes Besteuerungsrecht erhalten. Allerdings vermeidet Deutschland die Doppelbesteuerung durch Anrechnung der französischen Steuern (Art. 20 Abs. 1 Buchst. c).

5.7.2   Definition der Einkünfte

Zu den Lizenzgebühren zählen im Sinne des Art. 15 Abs. 1 Vergütungen für die Benutzung von Urheberrechten an künstlerischen Werken, Patenten, Markenrechten und Warenzeichen.

Art. 13b des Abkommens beinhaltet Einkünfte, die ein Künstler aus seiner persönlich ausgeübten Tätigkeit erbringt. Auch wenn die künstlerischen Tätigkeiten nur gelegentlich ausgeübt werden, sind sie zu beachten. Die Dauer der Tätigkeit bzw. des Aufenthalts ist irrelevant. Weiterhin fallen unter Art. 13b Vergütungen, die einem Künstler oder einem Model zur Benutzung von Namens- oder Persönlichkeitsrechten von einer in Frankreich ansässigen Person gezahlt werden.

Werkschaffende Künstler, wie beispielsweise Regisseure, fallen nicht in den Anwendungsbereich des Art. 13b des deutsch-französischen Doppelbesteuerungsabkommens. Unter Umständen sind die Entgelte unter Art. 15 zu erfassen.

5.7.3 Zuweisung des Besteuerungsrechts

5.7.3.1 Besteuerung im Quellen- bzw. Tätigkeitsstaat Frankreich

Für zugrunde liegende Lizenzen steht dem Quellenstaat in der Regel kein Besteuerungsrecht zu (Art. 15 Abs. 1). Sollten dennoch aufgrund nationaler Vorschriften Quellensteuern einbehalten werden, werden sie mithilfe eines Erstattungsantrages zurückgezahlt.

Für Einkünfte aus der Tätigkeit als Künstler steht Frankreich als Tätigkeits- bzw. Verwertungsstaat das unbeschränkte Besteuerungsrecht zu. Dies gilt auch, wenn der Künstler über einen Dritten bezahlt wird (Art. 13b Abs. 2). Sollte die Entlohnung überwiegend
von einer deutschen öffentlichen Kasse erfolgen, so liegt das alleinige Besteuerungsrecht
beim deutschen Fiskus (Art. 13b Abs. 3).

5.7.3.2 Besteuerung im Wohnsitzstaat Deutschland

Deutschland hält für Lizenzeinkünfte das uneingeschränkte Besteuerungsrecht. Da
in Frankreich nach dem Abkommensrecht keine Quellensteuer erhoben werden darf,
erübrigt sich eine entsprechende Freistellung im Sinne des Art. 20 des Abkommens.
Nach § 21 EStG sind Lizenzen im Wohnsitzstaat steuerpflichtig, sofern sie nicht zu den
Einkünften aus Gewerbebetrieb oder selbstständiger Arbeit zählen.

Für Einnahmen aus künstlerischer Tätigkeit- selbstständig, unselbstständig oder
gewerbetreibend- hält Deutschland das Besteuerungsrecht. Die Doppelbesteuerung wird
gemäß Art. 20 Abs. 1 Buchst. d des Abkommens durch Anrechnung der französischen
Steuern vermieden. Die Ermittlung der Einkünfte erfolgt nach deutschem Recht.

5.7.4 Besonderheiten Doppelwohnsitz

Der Steuerinländer hat den Mittelpunkt seiner Lebensinteressen in Deutschland, verfügt
jedoch über einen zweiten Wohnsitz in Frankreich. Nach den Vorschriften des Doppelbesteuerungsabkommens bleibt Deutschland der Ansässigkeitsstaat.

Im Falle von Lizenzeinkünften ändert die Tatsache des zweiten Wohnsitzes somit
nichts an den unter Abschnitt 3 erläuterten Steuerfolgen. Frankreich hat nach wie vor
nicht das Recht der Besteuerung.

Sollten Einkünfte aus künstlerischer Tätigkeit vorliegen, kann sich lediglich die Art
der Besteuerung (abhängig von der Einkunftsart) in Frankreich durch den Zweitwohnsitz
ändern. Die in Abschnitt 3 erläuterten Steuerfolgen bleiben davon allerdings unberührt.

5.8   DBA – Deutschland – Griechenland

Einkünfte aus Lizenzen oder künstlerischer Tätigkeit

Ansässige Verwertungsgesellschaft: AEPI
                                                              www.aepi.gr

5.8.1   Besteuerungssystematik

Verfügt ein steuerpflichtiger Künstler neben seinem Hauptwohnsitz mit dem Lebensmittelpunkt in Deutschland auch über einen Wohnsitz in Griechenland, den er während
seiner Arbeiten vor Ort nutzt, so kann diese Tatsache zu einer Steuerpflicht nach nationalem griechischem Recht führen.

Das deutsch-griechische Doppelbesteuerungsabkommen sieht in Art. 8 Abs. 1 vor,
dass der Ansässigkeitsstaat des Empfängers von Lizenzen, hier Deutschland (Lebensmittelpunkt), das uneingeschränkte Besteuerungsrecht für Lizenzeinkünfte erhält.
Dem Quellenstaat, hier Griechenland, steht demnach kein Besteuerungsrecht zu. Unter
Umständen tatsächlich in Griechenland erhobene Quellensteuer kann auf Antrag erstattet
werden.

Im Falle von Einkünften aus künstlerischer Tätigkeit sieht das Abkommen in Art.
11 Abs. 1 vor, dass sowohl Griechenland als Tätigkeitsstaat, sowie Deutschland als
Ansässigkeitsstaat ein unbeschränktes Besteuerungsrecht erhalten. Allerdings vermeidet
Deutschland die Doppelbesteuerung durch Freistellung der Einkünfte unter Berücksichtigung des Progressionsvorbehaltes (Art. 17 Abs. 2).

5.8.2   Definition der Einkünfte

Zu den Lizenzgebühren zählen im Sinne des Art. 8 Abs. 2 Vergütungen für die
Benutzung von Urheberrechten an künstlerischen Werken, Film- oder Videoaufnahmen
für das Fernsehen, Bandaufnahmen für den Rundfunk, Patenten, Markenrechten und
Warenzeichen.

Art. 11 Abs. 1 des Abkommens beinhaltet Einkünfte, die ein selbstständiger Künstler aus seiner persönlich ausgeübten Tätigkeit erbringt. Sollten die künstlerischen Tätigkeiten nur gelegentlich ausgeübt werden, sind sie nicht zu beachten. Die Dauer der
Tätigkeit bzw. des Aufenthalts ist irrelevant.

Werkschaffende Künstler, wie beispielsweise Regisseure, fallen nicht in den
Anwendungsbereich des Art. 11 Abs. 1 des deutsch-griechischen Doppelbesteuerungsabkommens. Unter Umständen sind die Entgelte unter Art. 8 zu erfassen.

5.8.3   Zuweisung des Besteuerungsrechts

5.8.3.1 Besteuerung im Quellen- bzw. Tätigkeitsstaat Griechenland

Für zugrunde liegende Lizenzen steht dem Quellenstaat in der Regel kein Besteuerungsrecht zu (Art. 8 Abs. 1). Sollten dennoch aufgrund nationaler Vorschriften Quellensteuern einbehalten werden, werden sie mithilfe eines Erstattungsantrages zurückgezahlt.
Einnahmen aus der Veräußerung von Rechten können gemäß Art. 9 Abs. 1 ebenfalls
nicht im Quellenstaat besteuert werden.

Für Einkünfte aus der Tätigkeit als Künstler steht Griechenland als Tätigkeitsstaat das unbeschränkte Besteuerungsrecht zu. Sollte der Künstler bei einer Person oder einer Gesellschaft angestellt sein, liegen gemäß Art. 11 Abs. 2 Einkünfte aus nichtselbstständiger Arbeit vor.

5.8.3.2 Besteuerung im Wohnsitzstaat Deutschland

Deutschland hält sowohl für Lizenzeinkünfte, als auch für die Veräußerung der Rechte das uneingeschränkte Besteuerungsrecht. Da nach dem Abkommensrecht in Griechenland keine Quellensteuer erhoben werden darf, erübrigt sich eine entsprechende Freistellung im Sinne des Art. 17 Abs. 2 des Abkommens. Nach § 21 EStG sind Lizenzen im Wohnsitzstaat steuerpflichtig, sofern sie nicht zu den Einkünften aus Gewerbebetrieb oder selbstständiger Arbeit zählen.

Für Einnahmen aus künstlerischer Tätigkeit hält Deutschland das Besteuerungsrecht. Die Doppelbesteuerung wird gemäß Art. 17 Abs. 2 des Abkommens durch Freistellung der Einkünfte unter Berücksichtigung des Progressionsvorbehaltes vermieden. Die Ermittlung der Einkünfte erfolgt nach deutschem Recht.

5.8.4 Besonderheiten Doppelwohnsitz

Der Steuerinländer hat den Mittelpunkt seiner Lebensinteressen in Deutschland, verfügt jedoch über einen zweiten Wohnsitz in Griechenland. Nach den Vorschriften des Doppelbesteuerungsabkommens bleibt Deutschland der Ansässigkeitsstaat.

Das Vorliegen des zweiten Wohnsitzes ändert weder bei Einnahmen aus künstlerischer Tätigkeit, noch bei Lizenzeinkünften etwas an den unter Abschnitt 3 erläuterten Steuerfolgen. Es kann sich lediglich die Art der Besteuerung in Griechenland, nicht jedoch die Handlungsweise durch den Zweitwohnsitz verändern.

5.9   DBA – Deutschland – Großbritannien

Einkünfte aus Lizenzen oder künstlerischer Tätigkeit

Ansässige Verwertungsgesellschaft: BECS
                                                              www.equitycollecting.org.uk
                                                              PPL
                                                              www.ppluk.com

5.9.1   Besteuerungssystematik

Verfügt ein steuerpflichtiger Künstler neben seinem Hauptwohnsitz mit dem Lebens-mittelpunkt in Deutschland auch über einen Wohnsitz in Großbritannien, den er während seiner Arbeiten vor Ort nutzt, so kann diese Tatsache zu einer Steuerpflicht nach nationa-lem britischem Recht führen.

Das deutsch-britische Doppelbesteuerungsabkommen sieht in Art. 12 Abs. 1 vor, dass der Ansässigkeitsstaat des Empfängers von Lizenzen, hier Deutschland (Lebens-mittelpunkt), das uneingeschränkte Besteuerungsrecht für Lizenzeinkünfte erhält. Dem Quellenstaat, hier Großbritannien, steht demnach kein Besteuerungsrecht zu. Unter Umständen tatsächlich in Finnland erhobene Quellensteuer kann auf Antrag erstattet werden.

Im Falle von Einkünften aus künstlerischer Tätigkeit sieht das Abkommen in Art. 16 vor, dass sowohl Großbritannien als Tätigkeitsstaat, sowie Deutschland als Ansässig-keitsstaat ein unbeschränktes Besteuerungsrecht erhalten. Allerdings vermeidet Deutsch-land die Doppelbesteuerung durch Anrechnung der britischen Steuern (Art. 23 Abs. 1 Buchst. b).

5.9.2   Definition der Einkünfte

Zu den Lizenzgebühren zählen im Sinne des Art. 12 Abs. 2 Vergütungen für die Benutzung von Urheberrechten an künstlerischen Werken einschließlich kinemato-grafischer Filme, Patenten, Markenrechten und Warenzeichen.

Art. 16 des Abkommens beinhaltet Einkünfte, die ein Künstler aus seiner persönlich ausgeübten Tätigkeit erbringt. Auch wenn die künstlerischen Tätigkeiten nur gelegent-lich ausgeübt werden, sind sie zu beachten. Die Dauer der Tätigkeit bzw. des Aufenthalts ist irrelevant.

Werkschaffende Künstler, wie beispielsweise Regisseure, fallen nicht in den Anwendungsbereich des Art. 16 des deutsch-britischen Doppelbesteuerungsabkommens. Unter Umständen sind die Entgelte unter Art. 12 zu erfassen.

5.9.3   Zuweisung des Besteuerungsrechts

5.9.3.1 Besteuerung im Quellen- bzw. Tätigkeitsstaat Großbritannien
Für zugrunde liegende Lizenzen steht dem Quellenstaat in der Regel kein Besteuerungs-recht zu (Art. 12 Abs. 1). Sollten dennoch aufgrund nationaler Vorschriften Quellen-steuern einbehalten werden, werden sie mithilfe eines Erstattungsantrages zurückgezahlt.

Einnahmen aus der Veräußerung von Rechten können gemäß Art. 13 Abs. 5 ebenfalls nicht im Quellenstaat besteuert werden.

Für Einkünfte aus der Tätigkeit als Künstler steht Großbritannien als Tätigkeitsstaat das unbeschränkte Besteuerungsrecht zu. Dies gilt auch, wenn der Künstler über einen Dritten bezahlt wird (Art. 16 Abs. 2). Sollte die Entlohnung überwiegend von einer deutschen öffentlichen Kasse erfolgen, so liegt das alleinige Besteuerungsrecht beim deutschen Fiskus (Art. 16 Abs. 3).

5.9.3.2 Besteuerung im Wohnsitzstaat Deutschland

Deutschland hält sowohl für Lizenzeinkünfte, als auch für die Veräußerung der Rechte das uneingeschränkte Besteuerungsrecht. Da nach dem Abkommensrecht in Großbritannien keine Quellensteuer erhoben werden darf, erübrigt sich eine entsprechende Freistellung im Sinne des Art. 23 des Abkommens. Nach § 21 EStG sind Lizenzen im Wohnsitzstaat steuerpflichtig, sofern sie nicht zu den Einkünften aus Gewerbebetrieb oder selbstständiger Arbeit zählen.

Für Einnahmen aus künstlerischer Tätigkeit- selbstständig, unselbstständig oder gewerbetreibend- hält Deutschland das Besteuerungsrecht. Die Doppelbesteuerung wird gemäß Art. 23 Abs. 1 Buchst. b des Abkommens durch Anrechnung der britischen Steuern vermieden. Die Ermittlung der Einkünfte erfolgt nach deutschem Recht.

5.9.4   Besonderheiten Doppelwohnsitz

Der Steuerinländer hat den Mittelpunkt seiner Lebensinteressen in Deutschland, verfügt jedoch über einen zweiten Wohnsitz in Großbritannien. Nach den Vorschriften des Doppelbesteuerungsabkommens bleibt Deutschland der Ansässigkeitsstaat.

Im Falle von Lizenzeinkünften ändert die Tatsache des zweiten Wohnsitzes somit nichts an den unter Abschnitt 3 erläuterten Steuerfolgen. Großbritannien hat nach wie vor nicht das Recht der Besteuerung.

Sollten Einkünfte aus künstlerischer Tätigkeit vorliegen, kann sich lediglich die Art der Besteuerung (abhängig von der Einkunftsart) in Großbritannien durch den Zweitwohnsitz ändern. Die in Abschnitt 3 erläuterten Steuerfolgen bleiben davon allerdings unberührt.

5.10   DBA – Deutschland – Irland

Einkünfte aus Lizenzen oder künstlerischer Tätigkeit

Ansässige Verwertungsgesellschaft: RAAP

www.raap.ie

5.10.1 Besteuerungssystematik

Verfügt ein steuerpflichtiger Künstler neben seinem Hauptwohnsitz mit dem Lebensmittelpunkt in Deutschland auch über einen Wohnsitz in Irland, den er während seiner
Arbeiten vor Ort nutzt, so kann diese Tatsache zu einer Steuerpflicht nach nationalem
irischem Recht führen.

Das deutsch-irische Doppelbesteuerungsabkommen sieht in Art. 12 Abs. 1 vor,
dass der Ansässigkeitsstaat des Empfängers von Lizenzen, hier Deutschland (Lebensmittelpunkt), das uneingeschränkte Besteuerungsrecht für Lizenzeinkünfte erhält. Dem
Quellenstaat, hier Irland, steht demnach kein Besteuerungsrecht zu. Unter Umständen
tatsächlich in Irland erhobene Quellensteuer kann auf Antrag erstattet werden.

Im Falle von Einkünften aus künstlerischer Tätigkeit sieht das Abkommen in Art.
16 vor, dass sowohl Irland als Tätigkeitsstaat, sowie Deutschland als Ansässigkeitsstaat
ein unbeschränktes Besteuerungsrecht erhalten. Allerdings vermeidet Deutschland die
Doppelbesteuerung durch Anrechnung der irischen Steuern (Art. 23 Abs. 1 Buchst. b).

5.10.2 Definition der Einkünfte

Zu den Lizenzgebühren zählen im Sinne des Art. 12 Abs. 2 Vergütungen für die
Benutzung von Urheberrechten an künstlerischen Werken einschließlich Spielfilme
und Filme, Aufnahmen auf Band oder andere Medien für Rundfunkanstalten Patenten,
Markenrechten und Warenzeichen. Lizenzgebühren umfassen auch die Vergütungen für
die Benutzung eines Namens, Bildrechte oder sonstiger Persönlichkeitsrechte sowie
sonstige Vergütungen für die Aufzeichnungen der Veranstaltungen von Künstlern durch
Rundfunk und Fernsehanstalten.

Art. 16 des Abkommens beinhaltet Einkünfte, die ein Künstler aus seiner persönlich
ausgeübten Tätigkeit erbringt. Auch wenn die künstlerischen Tätigkeiten nur gelegentlich ausgeübt werden, sind sie zu beachten. Die Dauer der Tätigkeit bzw. des Aufenthalts
ist irrelevant.

Werkschaffende Künstler, wie beispielsweise Regisseure, fallen nicht in den
Anwendungsbereich des Art. 16 des deutsch-britischen Doppelbesteuerungsabkommens.
Unter Umständen sind die Entgelte unter Art. 12 zu erfassen.

5.10.3 Zuweisung des Besteuerungsrechts

5.10.3.1 Besteuerung im Quellen- bzw. Tätigkeitsstaat Irland

Für zugrunde liegende Lizenzen steht dem Quellenstaat in der Regel kein Besteuerungsrecht zu (Art. 12 Abs. 1). Sollten dennoch aufgrund nationaler Vorschriften Quellensteuern einbehalten werden, werden sie mithilfe eines Erstattungsantrages zurückgezahlt.

Einnahmen aus der Veräußerung von Rechten können gemäß Art. 13 Abs. 5 ebenfalls nicht im Quellenstaat besteuert werden.

Für Einkünfte aus der Tätigkeit als Künstler steht Irland als Tätigkeitsstaat das unbeschränkte Besteuerungsrecht zu. Dies gilt auch, wenn der Künstler über einen Dritten bezahlt wird (Art. 16 Abs. 2). Sollte die Entlohnung überwiegend von einer deutschen öffentlichen Kasse erfolgen, so liegt das alleinige Besteuerungsrecht beim deutschen Fiskus (Art. 16 Abs. 3).

5.10.3.2 Besteuerung im Wohnsitzstaat Deutschland

Deutschland hält sowohl für Lizenzeinkünfte, als auch für die Veräußerung der Rechte das uneingeschränkte Besteuerungsrecht. Da nach dem Abkommensrecht in Irland keine Quellensteuer erhoben werden darf, erübrigt sich eine entsprechende Freistellung im Sinne des Art. 23 des Abkommens. Nach § 21 EStG sind Lizenzen im Wohnsitzstaat steuerpflichtig, sofern sie nicht zu den Einkünften aus Gewerbebetrieb oder selbstständiger Arbeit zählen.

Für Einnahmen aus künstlerischer Tätigkeit- selbstständig, unselbstständig oder gewerbetreibend- hält Deutschland das Besteuerungsrecht. Die Doppelbesteuerung wird gemäß Art. 23 Abs. 1 Buchst. b des Abkommens durch Anrechnung der irischen Steuern vermieden. Die Ermittlung der Einkünfte erfolgt nach deutschem Recht.

5.10.4 Besonderheiten Doppelwohnsitz

Der Steuerinländer hat den Mittelpunkt seiner Lebensinteressen in Deutschland, verfügt jedoch über einen zweiten Wohnsitz in Irland. Nach den Vorschriften des Doppelbesteuerungsabkommens bleibt Deutschland der Ansässigkeitsstaat.

Im Falle von Lizenzeinkünften ändert die Tatsache des zweiten Wohnsitzes somit nichts an den unter Abschnitt 3 erläuterten Steuerfolgen. Irland hat nach wie vor nicht das Recht der Besteuerung.

Sollten Einkünfte aus künstlerischer Tätigkeit vorliegen, kann sich lediglich die Art der Besteuerung (abhängig von der Einkunftsart) in Irland durch den Zweitwohnsitz ändern. Die in Abschnitt 3 erläuterten Steuerfolgen bleiben davon allerdings unberührt.

5.11   DBA – Deutschland – Israel

Einkünfte aus Lizenzen oder künstlerischer Tätigkeit

Ansässige Verwertungsgesellschaft: ESHKOLOT
                                       www.eshkolot.co.il

5.11.1 Besteuerungssystematik

Verfügt ein steuerpflichtiger Künstler neben seinem Hauptwohnsitz mit dem Lebensmittelpunkt in Deutschland auch über einen Wohnsitz in Israel, den er während seiner Arbeiten vor Ort nutzt, so kann diese Tatsache zu einer Steuerpflicht nach nationalem israelischem Recht führen.

Das deutsch-israelische Doppelbesteuerungsabkommen sieht in Art. 12 Abs. 1 vor, dass der Ansässigkeitsstaat des Empfängers von Lizenzen, hier Deutschland (Lebensmittelpunkt), das uneingeschränkte Besteuerungsrecht für Lizenzeinkünfte erhält. Dem Quellenstaat, hier Israel, steht demnach kein Besteuerungsrecht zu. Unter Umständen tatsächlich in Israel erhobene Quellensteuer kann auf Antrag erstattet werden.

Im Falle von Einkünften aus künstlerischer Tätigkeit sieht das Abkommen in Art. 16 vor, dass sowohl Israel als Tätigkeitsstaat, sowie Deutschland als Ansässigkeitsstaat ein unbeschränktes Besteuerungsrecht erhalten. Allerdings vermeidet Deutschland die Doppelbesteuerung durch Anrechnung der israelischen Steuern (Art. 22 Abs. 1 Buchst. b).

5.11.2 Definition der Einkünfte

Zu den Lizenzgebühren zählen im Sinne des Art. 12 Abs. 2 Vergütungen für die Benutzung von Urheberrechten an künstlerischen Werken einschließlich kinematografischer Filme, Patenten, Markenrechten und Warenzeichen.

Art. 16 Abs. 1 des Abkommens beinhaltet Einkünfte, die ein Künstler aus seiner persönlich ausgeübten Tätigkeit erbringt. Auch wenn die künstlerischen Tätigkeiten nur gelegentlich ausgeübt werden, sind sie zu beachten. Die Dauer der Tätigkeit bzw. des Aufenthalts ist irrelevant.

Werkschaffende Künstler, wie beispielsweise Regisseure, fallen nicht in den Anwendungsbereich des Art. 16 des deutsch-israelischen Doppelbesteuerungsabkommens. Unter Umständen sind die Entgelte unter Art. 12 zu erfassen.

5.11.3 Zuweisung des Besteuerungsrechts

5.11.3.1 Besteuerung im Quellen- bzw. Tätigkeitsstaat Israel

Für zugrunde liegende Lizenzen steht dem Quellenstaat in der Regel kein Besteuerungsrecht zu (Art. 12 Abs. 1). Sollten dennoch aufgrund nationaler Vorschriften Quellensteuern einbehalten werden, werden sie mithilfe eines Erstattungsantrages zurückgezahlt. Einnahmen aus der Veräußerung von Rechten können gemäß Art. 13 Abs. 5 ebenfalls nicht im Quellenstaat besteuert werden.

Für Einkünfte aus der Tätigkeit als Künstler steht Israel als Tätigkeitsstaat das unbeschränkte Besteuerungsrecht zu. Dies gilt auch, wenn der Künstler über einen Dritten bezahlt wird (Art. 16 Abs. 2). Sollte die Entlohnung überwiegend von einer deutschen öffentlichen Kasse erfolgen, so liegt das alleinige Besteuerungsrecht beim deutschen Fiskus (Art. 16 Abs. 3).

5.11.3.2 Besteuerung im Wohnsitzstaat Deutschland

Deutschland hält sowohl für Lizenzeinkünfte, als auch für die Veräußerung der Rechte das uneingeschränkte Besteuerungsrecht. Da nach dem Abkommensrecht in Israel keine Quellensteuer erhoben werden darf, erübrigt sich eine entsprechende Anrechnung im Sinne des Art. 22 des Abkommens. Nach § 21 EStG sind Lizenzen im Wohnsitzstaat steuerpflichtig, sofern sie nicht zu den Einkünften aus Gewerbebetrieb oder selbstständiger Arbeit zählen.

Für Einnahmen aus künstlerischer Tätigkeit- selbstständig, unselbstständig oder gewerbetreibend- hält Deutschland das Besteuerungsrecht. Die Doppelbesteuerung wird gemäß Art. 22 Abs. 1 Buchst. b des Abkommens durch Anrechnung der israelischen Steuern vermieden. Die Ermittlung der Einkünfte erfolgt nach deutschem Recht.

5.11.4 Besonderheiten Doppelwohnsitz

Der Steuerinländer hat den Mittelpunkt seiner Lebensinteressen in Deutschland, verfügt jedoch über einen zweiten Wohnsitz in Israel. Nach den Vorschriften des Doppelbesteuerungsabkommens bleibt Deutschland der Ansässigkeitsstaat.

Im Falle von Lizenzeinkünften ändert die Tatsache des zweiten Wohnsitzes somit nichts an den unter Abschnitt 3 erläuterten Steuerfolgen. Israel hat nach wie vor nicht das Recht der Besteuerung.

Sollten Einkünfte aus künstlerischer Tätigkeit vorliegen, kann sich lediglich die Art der Besteuerung (abhängig von der Einkunftsart) in Israel durch den Zweitwohnsitz ändern. Die in Abschnitt 3 erläuterten Steuerfolgen bleiben davon allerdings unberührt.

5.12   DBA – Deutschland – Italien

Einkünfte aus Lizenzen oder künstlerischer Tätigkeit

Ansässige Verwertungsgesellschaft: IMAIE
                                        www.imaie.it

5.12.1 Besteuerungssystematik

Verfügt ein steuerpflichtiger Künstler neben seinem Hauptwohnsitz mit dem Lebensmittelpunkt in Deutschland auch über einen Wohnsitz in Italien, den er während seiner Arbeiten vor Ort nutzt, so kann diese Tatsache zu einer Steuerpflicht nach nationalem italienischem Recht führen.

Das deutsch-italienische Doppelbesteuerungsabkommen sieht in Art. 12 Abs. 1 vor, dass der Ansässigkeitsstaat des Empfängers von Lizenzen, hier Deutschland (Lebensmittelpunkt), das uneingeschränkte Besteuerungsrecht für Lizenzeinkünfte erhält. Der Quellenstaat, hier Italien, kann eine Quellensteuer in Höhe von 5 % erheben. Die womöglich in Italien erhobene Quellensteuer ist auf die deutsche Einkommensteuer anzurechnen.

Im Falle von Einkünften aus künstlerischer Tätigkeit sieht das Abkommen in Art. 17 vor, dass sowohl Italien als Tätigkeitsstaat, sowie Deutschland als Ansässigkeitsstaat ein unbeschränktes Besteuerungsrecht erhalten. Allerdings vermeidet Deutschland die Doppelbesteuerung durch Anrechnung der italienischen Steuern (Art. 24 Abs. 3 Buchst. b).

5.12.2 Definition der Einkünfte

Zu den Lizenzgebühren zählen im Sinne des Art. 12 Abs. 3 Vergütungen für die Benutzung von Urheberrechten an künstlerischen Werken einschließlich kinematografischer Filme, Bandaufnahmen für den Rundfunk oder das Fernsehen, Patenten, Markenrechten und Warenzeichen.

Art. 17 Abs. 1 des Abkommens beinhaltet Einkünfte, die ein Künstler aus seiner persönlich ausgeübten Tätigkeit erbringt. Auch wenn die künstlerischen Tätigkeiten nur gelegentlich ausgeübt werden, sind sie zu beachten. Die Dauer der Tätigkeit bzw. des Aufenthalts ist irrelevant.

Werkschaffende Künstler, wie beispielsweise Regisseure, fallen nicht in den Anwendungsbereich des Art. 17 des deutsch-italienischen Doppelbesteuerungsabkommens. Unter Umständen sind die Entgelte unter Art. 12 zu erfassen.

5.12.3 Zuweisung des Besteuerungsrechts

5.12.3.1 Besteuerung im Quellen- bzw. Tätigkeitsstaat Italien

Für zugrunde liegende Lizenzen steht Italien ein Quellensteuerrecht in Höhe von 5 % zu. Die darüber hinausgehende erhobene Quellensteuer wird mittels eines Erstattungsantrages zurückgezahlt. Einnahmen aus der Veräußerung von Rechten können allerdings nicht in Estland besteuert werden (Art. 13 Abs. 4).

Für Einkünfte aus der Tätigkeit als Künstler steht Italien als Tätigkeitsstaat das unbeschränkte Besteuerungsrecht zu. Dies gilt auch, wenn der Künstler über einen Dritten bezahlt wird (Art. 17 Abs. 2). Sollte die Entlohnung überwiegend von einer deutschen öffentlichen Kasse erfolgen, so liegt das alleinige Besteuerungsrecht beim deutschen Fiskus (Art. 17 Abs. 3).

5.12.3.2 Besteuerung im Wohnsitzstaat Deutschland

Deutschland hält sowohl für Lizenzeinkünfte, als auch für die Veräußerung der Rechte das uneingeschränkte Besteuerungsrecht. Die zulässige, in Italien erhobene Quellensteuer wird gemäß Art. 24 Abs. 3 Buchst. b auf die deutsche Einkommensteuer angerechnet.

Nach § 21 EStG sind Lizenzen im Wohnsitzstaat steuerpflichtig, sofern sie nicht zu den Einkünften aus Gewerbebetrieb oder selbstständiger Arbeit zählen.

Für Einnahmen aus künstlerischer Tätigkeit- selbstständig, unselbstständig oder gewerbetreibend- hält Deutschland das Besteuerungsrecht. Die Doppelbesteuerung wird gemäß Art. 24 Abs. 3 Buchst. b des Abkommens durch Anrechnung der italienischen Steuern vermieden. Die Ermittlung der Einkünfte erfolgt nach deutschem Recht.

5.12.4 Besonderheiten Doppelwohnsitz

Der Steuerinländer hat den Mittelpunkt seiner Lebensinteressen in Deutschland, verfügt jedoch über einen zweiten Wohnsitz in Italien. Nach den Vorschriften des Doppelbesteuerungsabkommens bleibt Deutschland der Ansässigkeitsstaat.

Im Falle von Lizenzeinkünften ändert die Tatsache des zweiten Wohnsitzes somit nichts an den unter Abschnitt 3 erläuterten Steuerfolgen. Italien hat nach wie vor nicht das Recht der Besteuerung.

Sollten Einkünfte aus künstlerischer Tätigkeit vorliegen, kann sich lediglich die Art der Besteuerung (abhängig von der Einkunftsart) in Italien durch den Zweitwohnsitz ändern. Die in Abschnitt 3 erläuterten Steuerfolgen bleiben davon allerdings unberührt.

5.13   DBA – Deutschland – Japan

Einkünfte aus Lizenzen oder künstlerischer Tätigkeit

Ansässige Verwertungsgesellschaft: CRPA
                                        www.cpra.jp

5.13.1 Besteuerungssystematik

Verfügt ein steuerpflichtiger Künstler neben seinem Hauptwohnsitz mit dem Lebensmittelpunkt in Deutschland auch über einen Wohnsitz in Japan, den er während seiner Arbeiten vor Ort nutzt, so kann diese Tatsache zu einer Steuerpflicht nach nationalem japanischem Recht führen.

Das deutsch-japanische Doppelbesteuerungsabkommen sieht in Art. 12 Abs. 1 vor, dass der Ansässigkeitsstaat des Empfängers von Lizenzen, hier Deutschland (Lebensmittelpunkt), das uneingeschränkte Besteuerungsrecht für Lizenzeinkünfte erhält. Dem Quellenstaat, hier Japan, steht demnach kein Besteuerungsrecht zu. Unter Umständen tatsächlich in Japan erhobene Quellensteuer kann auf Antrag erstattet werden.

Im Falle von Einkünften aus künstlerischer Tätigkeit sieht das Abkommen in Art. 16 vor, dass sowohl Japan als Tätigkeitsstaat, sowie Deutschland als Ansässigkeitsstaat ein unbeschränktes Besteuerungsrecht erhalten. Allerdings vermeidet Deutschland die Doppelbesteuerung durch Anrechnung der japanischen Steuern (Art. 22 Abs. 2 Buchst. c).

5.13.2 Definition der Einkünfte

Zu den Lizenzgebühren zählen im Sinne des Art. 12 Abs. 2 Vergütungen für die Benutzung von Urheberrechten an künstlerischen Werken, kinematografischer Filme, Bandaufnahmen für den Rundfunk, Patenten, Markenrechten und Warenzeichen.

Art. 16 des Abkommens beinhaltet Einkünfte, die ein Künstler aus seiner persönlich ausgeübten Tätigkeit erbringt. Auch wenn die künstlerischen Tätigkeiten nur gelegentlich ausgeübt werden, sind sie zu beachten. Die Dauer der Tätigkeit bzw. des Aufenthalts ist irrelevant.

Werkschaffende Künstler, wie beispielsweise Regisseure, fallen nicht in den Anwendungsbereich des Art. 16 des deutsch-japanischen Doppelbesteuerungsabkommens. Unter Umständen sind die Entgelte unter Art. 12 zu erfassen.

5.13.3 Zuweisung des Besteuerungsrechts

5.13.3.1 Besteuerung im Quellen- bzw. Tätigkeitsstaat Japan

Für zugrunde liegende Lizenzen steht dem Quellenstaat in der Regel kein Besteuerungsrecht zu (Art. 12 Abs. 1). Sollten dennoch aufgrund nationaler Vorschriften Quellensteuern einbehalten werden, werden sie mithilfe eines Erstattungsantrages zurückgezahlt. Einnahmen aus der Veräußerung von Rechten können gemäß Art. 13 Abs. 5 ebenfalls nicht im Quellenstaat besteuert werden.

Für Einkünfte aus der Tätigkeit als Künstler steht Japan als Tätigkeitsstaat das unbeschränkte Besteuerungsrecht zu. Dies gilt auch, wenn der Künstler über einen Dritten bezahlt wird (Art. 16 Abs. 2).

5.13.3.2 Besteuerung im Wohnsitzstaat Deutschland

Deutschland hält sowohl für Lizenzeinkünfte, als auch für die Veräußerung der Rechte das uneingeschränkte Besteuerungsrecht. Da in Japan nach Abkommensrecht keine Quellensteuer erhoben werden darf, erübrigt sich eine entsprechende Freistellung im Sinne des Art. 22 des Abkommens. Nach § 21 EStG sind Lizenzen im Wohnsitzstaat steuerpflichtig, sofern sie nicht zu den Einkünften aus Gewerbebetrieb oder selbstständiger Arbeit zählen.

Für Einnahmen aus künstlerischer Tätigkeit- selbstständig, unselbstständig oder gewerbetreibend- hält Deutschland das Besteuerungsrecht. Die Doppelbesteuerung wird gemäß Art. 22 Abs. 2 Buchst. c des Abkommens durch Anrechnung der japanischen Steuern vermieden. Die Ermittlung der Einkünfte erfolgt nach deutschem Recht.

5.13.4 Besonderheiten Doppelwohnsitz

Der Steuerinländer hat den Mittelpunkt seiner Lebensinteressen in Deutschland, verfügt jedoch über einen zweiten Wohnsitz in Japan. Nach den Vorschriften des Doppelbesteuerungsabkommens bleibt Deutschland der Ansässigkeitsstaat.

Im Falle von Lizenzeinkünften ändert die Tatsache des zweiten Wohnsitzes somit nichts an den unter Abschnitt 3 erläuterten Steuerfolgen. Japan hat nach wie vor nicht das Recht der Besteuerung.

Sollten Einkünfte aus künstlerischer Tätigkeit vorliegen, kann sich lediglich die Art der Besteuerung (abhängig von der Einkunftsart) in Japan durch den Zweitwohnsitz ändern. Die in Abschnitt 3 erläuterten Steuerfolgen bleiben davon allerdings unberührt. allerdings unberührt.

5.14   DBA – Deutschland – Kanada

Einkünfte aus Lizenzen oder künstlerischer Tätigkeit

Ansässige Verwertungsgesellschaft: ARTISTI

Rue Stanley, Montréal (Québec)

Tel.: +1-514-28 85 640

5.14.1 Besteuerungssystematik

Verfügt ein steuerpflichtiger Künstler neben seinem Hauptwohnsitz mit dem Lebensmittelpunkt in Deutschland auch über einen Wohnsitz in Kanada, den er während seiner Arbeiten vor Ort nutzt, so kann diese Tatsache zu einer Steuerpflicht nach nationalem kanadischem Recht führen.

Das deutsch-kanadische Doppelbesteuerungsabkommen sieht in Art. 12 Abs. 1 vor, dass der Ansässigkeitsstaat des Empfängers von Lizenzen, hier Deutschland (Lebensmittelpunkt), das uneingeschränkte Besteuerungsrecht für Lizenzeinkünfte erhält. Der Quellenstaat, hier Kanada, kann eine Quellensteuer in Höhe von 10 % erheben. Die womöglich in Kanada erhobene Quellensteuer ist auf die deutsche Einkommensteuer anzurechnen.

Im Falle von Einkünften aus künstlerischer Tätigkeit sieht das Abkommen in Art. 17 vor, dass sowohl Kanada als Tätigkeitsstaat, sowie Deutschland als Ansässigkeitsstaat ein unbeschränktes Besteuerungsrecht erhalten. Allerdings vermeidet Deutschland die Doppelbesteuerung durch Anrechnung der kanadischen Steuern (Art. 23 Abs. 2 Buchst. b).

5.14.2 Definition der Einkünfte

Zu den Lizenzgebühren zählen im Sinne des Art. 12 Abs. 4 Vergütungen für die Benutzung von Urheberrechten an künstlerischen Werken, Patenten und Warenzeichen.

Art. 17 des Abkommens beinhaltet Einkünfte, die ein Künstler aus seiner persönlich ausgeübten Tätigkeit erbringt. Auch wenn die künstlerischen Tätigkeiten nur gelegentlich ausgeübt werden, sind sie zu beachten. Die Dauer der Tätigkeit bzw. des Aufenthalts ist irrelevant.

Werkschaffende Künstler, wie beispielsweise Regisseure, fallen nicht in den Anwendungsbereich des Art. 17 des deutsch-kanadischen Doppelbesteuerungsabkommens. Unter Umständen sind die Entgelte unter Art. 12 zu erfassen.

5.14.3 Zuweisung des Besteuerungsrechts

5.14.3.1 Besteuerung im Quellen- bzw. Tätigkeitsstaat Kanada

Dem Quellenstaat Kanada steht ein beschränktes Besteuerungsrecht in Höhe von 10 % zu. Lizenzgebühren sind allerdings von der Quellensteuer befreit, wenn sie aus der Nutzung von Urheberrechten (Art. 12 Abs. 3a) oder Computer-Software entstehen. Sollte ein solcher Fall vorliegen, verbleibt das alleinige Besteuerungsrecht beim Ansässigkeitsstaat. Einkünfte aus der Veräußerung von Rechten können dahingegen nicht in Kanada besteuert werden (Art. 13 Abs. 6).

Für Einkünfte aus der Tätigkeit als Künstler steht Kanada als Tätigkeitsstaat das unbeschränkte Besteuerungsrecht zu. Dies gilt auch, wenn der Künstler über einen Dritten bezahlt wird (Art. 17 Abs. 2). Sollte die Entlohnung überwiegend von einer deutschen öffentlichen Kasse erfolgen, so liegt das alleinige Besteuerungsrecht beim deutschen Fiskus (Art. 17 Abs. 3).

5.14.3.2 Besteuerung im Wohnsitzstaat Deutschland

Deutschland hält sowohl für Lizenzeinkünfte, als auch für die Veräußerung der Rechte das uneingeschränkte Besteuerungsrecht. Die zulässige, in Kanada erhobene Quellensteuer wird gemäß Art. 23 Abs. 2 Buchst. b auf die deutsche Einkommensteuer angerechnet. Nach § 21 EStG sind Lizenzen im Wohnsitzstaat steuerpflichtig, sofern sie nicht zu den Einkünften aus Gewerbebetrieb oder selbstständiger Arbeit zählen.

Für Einnahmen aus künstlerischer Tätigkeit- selbstständig, unselbstständig oder gewerbetreibend- hält Deutschland das Besteuerungsrecht. Die Doppelbesteuerung wird gemäß Art. 23 Abs. 2 Buchst. b des Abkommens durch Anrechnung der kanadischen Steuern vermieden. Die Ermittlung der Einkünfte erfolgt nach deutschem Recht.

5.14.4 Besonderheiten Doppelwohnsitz

Der Steuerinländer hat den Mittelpunkt seiner Lebensinteressen in Deutschland, verfügt jedoch über einen zweiten Wohnsitz in Kanada. Nach den Vorschriften des Doppelbesteuerungsabkommens bleibt Deutschland der Ansässigkeitsstaat.

Im Falle von Lizenzeinkünften ändert die Tatsache des zweiten Wohnsitzes somit nichts an den unter Abschnitt 3 erläuterten Steuerfolgen. Kanada hat nach wie vor nicht das Recht der Besteuerung.

Sollten Einkünfte aus künstlerischer Tätigkeit vorliegen, kann sich lediglich die Art der Besteuerung (abhängig von der Einkunftsart) in Kanada durch den Zweitwohnsitz ändern. Die in Abschnitt 3 erläuterten Steuerfolgen bleiben davon allerdings unberührt.

5.15   DBA – Deutschland – Lettland

Einkünfte aus Lizenzen oder künstlerischer Tätigkeit

Ansässige Verwertungsgesellschaft: LAIPA
                                        www.laipa.org

5.15.1 Besteuerungssystematik

Verfügt ein steuerpflichtiger Künstler neben seinem Hauptwohnsitz mit dem Lebensmittelpunkt in Deutschland auch über einen Wohnsitz in Lettland, den er während seiner Arbeiten vor Ort nutzt, so kann diese Tatsache zu einer Steuerpflicht nach nationalem lettischem Recht führen.

Das deutsch-lettische Doppelbesteuerungsabkommen sieht in Art. 12 Abs. 1 vor, dass der Ansässigkeitsstaat des Empfängers von Lizenzen, hier Deutschland (Lebensmittelpunkt), das uneingeschränkte Besteuerungsrecht für Lizenzeinkünfte erhält. Der Quellenstaat, hier Lettland, kann eine Quellensteuer in Höhe von 10 %, im Ausnahmefall 5 %, erheben. Die womöglich in Lettland erhobene Quellensteuer ist auf die deutsche Einkommensteuer anzurechnen.

Im Falle von Einkünften aus künstlerischer Tätigkeit sieht das Abkommen in Art. 17 vor, dass sowohl Lettland als Tätigkeitsstaat, sowie Deutschland als Ansässigkeitsstaat ein unbeschränktes Besteuerungsrecht erhalten. Allerdings vermeidet Deutschland die Doppelbesteuerung durch Anrechnung der lettischen Steuern (Art. 23 Abs. 1 Buchst. b).

5.15.2 Definition der Einkünfte

Zu den Lizenzgebühren zählen im Sinne des Art. 12 Abs. 3 Vergütungen für die Benutzung von Urheberrechten an künstlerischen Werken, Film- oder Videoaufnahmen für das Fernsehen, Bandaufnahmen für den Rundfunk, Patenten, Markenrechten, Warenzeichen sowie die bei der Nutzung von Ausrüstung entstehenden Gebühren.

Art. 17 des Abkommens beinhaltet Einkünfte, die ein Künstler aus seiner persönlich ausgeübten Tätigkeit erbringt. Auch wenn die künstlerischen Tätigkeiten nur gelegentlich ausgeübt werden, sind sie zu beachten. Die Dauer der Tätigkeit bzw. des Aufenthalts ist irrelevant.

Werkschaffende Künstler, wie beispielsweise Regisseure, fallen nicht in den Anwendungsbereich des Art. 17 des deutsch-lettische Doppelbesteuerungsabkommens. Unter Umständen sind die Entgelte unter Art. 12 zu erfassen.

5.15.3 Zuweisung des Besteuerungsrechts

5.15.3.1 Besteuerung im Quellen- bzw. Tätigkeitsstaat Lettland

Für zugrunde liegende Lizenzen steht Lettland ein Quellensteuerrecht in Höhe von 10 % zu. Sollte gewerbliche, kaufmännische oder wissenschaftliche Ausrüstung genutzt werden, reduziert sich dieser Satz auf 5 %. Die darüber hinausgehende erhobene Quellensteuer wird mittels eines Erstattungsantrages zurückgezahlt. Einnahmen aus der Veräußerung von Rechten können allerdings nicht in Lettland besteuert werden (Art. 13 Abs. 4).

Für Einkünfte aus der Tätigkeit als Künstler steht Lettland als Tätigkeitsstaat das unbeschränkte Besteuerungsrecht zu. Dies gilt auch, wenn der Künstler über einen Dritten bezahlt wird (Art. 17 Abs. 2). Sollte die Entlohnung überwiegend von einer deutschen öffentlichen Kasse erfolgen, so liegt das alleinige Besteuerungsrecht beim deutschen Fiskus (Art. 17 Abs. 3).

5.15.3.2 Besteuerung im Wohnsitzstaat Deutschland

Deutschland hält sowohl für Lizenzeinkünfte, als auch für die Veräußerung der Rechte das uneingeschränkte Besteuerungsrecht. Die zulässige, in Lettland erhobene Quellensteuer wird gemäß Art. 23 Abs. 1 Buchst. b auf die deutsche Einkommensteuer angerechnet. Nach § 21 EStG sind Lizenzen im Wohnsitzstaat steuerpflichtig, sofern sie nicht zu den Einkünften aus Gewerbebetrieb oder selbstständiger Arbeit zählen.

Für Einnahmen aus künstlerischer Tätigkeit- selbstständig, unselbstständig oder gewerbetreibend- hält Deutschland das Besteuerungsrecht. Die Doppelbesteuerung wird gemäß Art. 23 Abs. 1 Buchst. b des Abkommens durch Anrechnung der lettischen Steuern vermieden. Die Ermittlung der Einkünfte erfolgt nach deutschem Recht.

5.15.4 Besonderheiten Doppelwohnsitz

Der Steuerinländer hat den Mittelpunkt seiner Lebensinteressen in Deutschland, verfügt jedoch über einen zweiten Wohnsitz in Lettland. Nach den Vorschriften des Doppelbesteuerungsabkommens bleibt Deutschland der Ansässigkeitsstaat.

Im Falle von Lizenzeinkünften ändert die Tatsache des zweiten Wohnsitzes somit nichts an den unter Abschnitt 3 erläuterten Steuerfolgen. Lettland hat nach wie vor nicht das Recht der Besteuerung.

Sollten Einkünfte aus künstlerischer Tätigkeit vorliegen, kann sich lediglich die Art der Besteuerung (abhängig von der Einkunftsart) in Lettland durch den Zweitwohnsitz ändern. Die in Abschnitt 3 erläuterten Steuerfolgen bleiben davon allerdings unberührt.

5.16   DBA – Deutschland – Litauen

Einkünfte aus Lizenzen oder künstlerischer Tätigkeit

Ansässige Verwertungsgesellschaft: AGATA
                                                            www.agata.lt

5.16.1 Besteuerungssystematik

Verfügt ein steuerpflichtiger Künstler neben seinem Hauptwohnsitz mit dem Lebensmittelpunkt in Deutschland auch über einen Wohnsitz in Litauen, den er während seiner Arbeiten vor Ort nutzt, so kann diese Tatsache zu einer Steuerpflicht nach nationalem litauischem Recht führen.

Das deutsch-litauische Doppelbesteuerungsabkommen sieht in Art. 12 Abs. 1 vor, dass der Ansässigkeitsstaat des Empfängers von Lizenzen, hier Deutschland (Lebensmittelpunkt), das uneingeschränkte Besteuerungsrecht für Lizenzeinkünfte erhält. Der Quellenstaat, hier Litauen, kann eine Quellensteuer in Höhe von 10 %, im Ausnahmefall 5 %, erheben. Die womöglich in Litauen erhobene Quellensteuer ist auf die deutsche Einkommensteuer anzurechnen.

Im Falle von Einkünften aus künstlerischer Tätigkeit sieht das Abkommen in Art. 17 vor, dass sowohl Litauen als Tätigkeitsstaat, sowie Deutschland als Ansässigkeitsstaat ein unbeschränktes Besteuerungsrecht erhalten. Allerdings vermeidet Deutschland die Doppelbesteuerung durch Anrechnung der litauischen Steuern (Art. 23 Abs. 1 Buchst. b).

5.16.2 Definition der Einkünfte

Zu den Lizenzgebühren zählen im Sinne des Art. 12 Abs. 3 Vergütungen für die Benutzung von Urheberrechten an künstlerischen Werken, Film- oder Videoaufnahmen für das Fernsehen, Bandaufnahmen für den Rundfunk, Patenten, Markenrechten, Warenzeichen sowie die bei der Nutzung von Ausrüstung entstehenden Gebühren.

Art. 17 des Abkommens beinhaltet Einkünfte, die ein Künstler aus seiner persönlich ausgeübten Tätigkeit erbringt. Auch wenn die künstlerischen Tätigkeiten nur gelegentlich ausgeübt werden, sind sie zu beachten. Die Dauer der Tätigkeit bzw. des Aufenthalts ist irrelevant.

Werkschaffende Künstler, wie beispielsweise Regisseure, fallen nicht in den Anwendungsbereich des Art. 17 des deutsch-litauischen Doppelbesteuerungsabkommens. Unter Umständen sind die Entgelte unter Art. 12 zu erfassen.

5.16.3 Zuweisung des Besteuerungsrechts

5.16.3.1 Besteuerung im Quellen- bzw. Tätigkeitsstaat Litauen

Für zugrunde liegende Lizenzen steht Litauen ein Quellensteuerrecht in Höhe von 10 % zu. Sollte gewerbliche, kaufmännische oder wissenschaftliche Ausrüstung genutzt werden, reduziert sich dieser Satz auf 5 %. Die darüber hinausgehende erhobene Quellensteuer wird mittels eines Erstattungsantrages zurückgezahlt. Einnahmen aus der Veräußerung von Rechten können allerdings nicht in Litauen besteuert werden (Art. 13 Abs. 4).

Für Einkünfte aus der Tätigkeit als Künstler steht Litauen als Tätigkeitsstaat das unbeschränkte Besteuerungsrecht zu. Dies gilt auch, wenn der Künstler über einen Dritten bezahlt wird (Art. 17 Abs. 2). Sollte die Entlohnung überwiegend von einer deutschen öffentlichen Kasse erfolgen, so liegt das alleinige Besteuerungsrecht beim deutschen Fiskus (Art. 17 Abs. 3).

5.16.3.2 Besteuerung im Wohnsitzstaat Deutschland

Deutschland hält sowohl für Lizenzeinkünfte, als auch für die Veräußerung der Rechte das uneingeschränkte Besteuerungsrecht. Die zulässige, in Litauen erhobene Quellensteuer wird gemäß Art. 23 Abs. 1 Buchst. b auf die deutsche Einkommensteuer angerechnet. Nach § 21 EStG sind Lizenzen im Wohnsitzstaat steuerpflichtig, sofern sie nicht zu den Einkünften aus Gewerbebetrieb oder selbstständiger Arbeit zählen.

Für Einnahmen aus künstlerischer Tätigkeit- selbstständig, unselbstständig oder gewerbetreibend- hält Deutschland das Besteuerungsrecht. Die Doppelbesteuerung wird gemäß Art. 23 Abs. 1 Buchst. b des Abkommens durch Anrechnung der litauischen Steuern vermieden. Die Ermittlung der Einkünfte erfolgt nach deutschem Recht.

5.16.4 Besonderheiten Doppelwohnsitz

Der Steuerinländer hat den Mittelpunkt seiner Lebensinteressen in Deutschland, verfügt jedoch über einen zweiten Wohnsitz in Litauen. Nach den Vorschriften des Doppelbesteuerungsabkommens bleibt Deutschland der Ansässigkeitsstaat.

Im Falle von Lizenzeinkünften ändert die Tatsache des zweiten Wohnsitzes somit nichts an den unter Abschnitt 3 erläuterten Steuerfolgen. Litauen hat nach wie vor nicht das Recht der Besteuerung.

Sollten Einkünfte aus künstlerischer Tätigkeit vorliegen, kann sich lediglich die Art der Besteuerung (abhängig von der Einkunftsart) in Litauen durch den Zweitwohnsitz ändern. Die in Abschnitt 3 erläuterten Steuerfolgen bleiben davon allerdings unberührt.

5.17   DBA – Deutschland – Mexiko

Einkünfte aus Lizenzen oder künstlerischer Tätigkeit

Ansässige Verwertungsgesellschaft: SOMEM
                                        Guantemala No. 22,
                                        Campestre Churubuso, Mexico 21, D.F.

5.17.1 Besteuerungssystematik

Verfügt ein steuerpflichtiger Künstler neben seinem Hauptwohnsitz mit dem Lebensmittelpunkt in Deutschland auch über einen Wohnsitz in Mexiko, den er während seiner Arbeiten vor Ort nutzt, so kann diese Tatsache zu einer Steuerpflicht nach nationalem mexikanischem Recht führen.

Das deutsch-mexikanische Doppelbesteuerungsabkommen sieht in Art. 12 Abs. 1 vor, dass der Ansässigkeitsstaat des Empfängers von Lizenzen, hier Deutschland (Lebensmittelpunkt), das uneingeschränkte Besteuerungsrecht für Lizenzeinkünfte erhält. Der Quellenstaat, hier Mexiko, kann eine Quellensteuer in Höhe von 10 % erheben. Die womöglich in Mexiko erhobene Quellensteuer ist auf die deutsche Einkommensteuer anzurechnen.

Im Falle von Einkünften aus künstlerischer Tätigkeit sieht das Abkommen in Art. 17 vor, dass sowohl Litauen als Tätigkeitsstaat, sowie Deutschland als Ansässigkeitsstaat ein unbeschränktes Besteuerungsrecht erhalten. Allerdings vermeidet Deutschland die Doppelbesteuerung durch Anrechnung der mexikanischen Steuern (Art. 23 Abs. 1 Buchst. b).

5.17.2 Definition der Einkünfte

Zu den Lizenzgebühren zählen im Sinne des Art. 12 Abs. 3 Vergütungen für die Benutzung von Urheberrechten an künstlerischen Werken, einschließlich kinematografischer Filme, Patenten, Markenrechten, Warenzeichen sowie die bei der Nutzung von Ausrüstung entstehenden Gebühren. Lizenzgebühren umfassen auch die Vergütungen für die Benutzung eines Namens, Bildrechte oder sonstiger Persönlichkeitsrechte sowie sonstige Vergütungen für die Aufzeichnungen der Veranstaltungen von Künstlern durch Rundfunk und Fernsehanstalten.

Art. 17 des Abkommens beinhaltet Einkünfte, die ein Künstler aus seiner persönlich ausgeübten Tätigkeit erbringt. Auch wenn die künstlerischen Tätigkeiten nur gelegentlich ausgeübt werden, sind sie zu beachten. Die Dauer der Tätigkeit bzw. des Aufenthalts ist irrelevant.

Werkschaffende Künstler, wie beispielsweise Regisseure, fallen nicht in den Anwendungsbereich des Art. 17 des deutsch-mexikanischen Doppelbesteuerungsabkommens. Unter Umständen sind die Entgelte unter Art. 12 zu erfassen.

5.17.3 Zuweisung des Besteuerungsrechts

5.17.3.1 Besteuerung im Quellen- bzw. Tätigkeitsstaat Mexiko

Für zugrunde liegende Lizenzen steht Mexiko ein Quellensteuerrecht in Höhe von 10 % zu. Die darüber hinausgehende erhobene Quellensteuer wird mittels eines Erstattungsantrages zurückgezahlt. Einnahmen aus der Veräußerung von Rechten können allerdings nicht in Litauen besteuert werden (Art. 13 Abs. 5).

Für Einkünfte aus der Tätigkeit als Künstler steht Mexiko als Tätigkeitsstaat das unbeschränkte Besteuerungsrecht zu. Dies gilt auch, wenn der Künstler über einen Dritten bezahlt wird (Art. 17 Abs. 2). Sollte die Entlohnung überwiegend von einer deutschen öffentlichen Kasse erfolgen, so liegt das alleinige Besteuerungsrecht beim deutschen Fiskus (Art. 17 Abs. 3).

5.17.3.2 Besteuerung im Wohnsitzstaat Deutschland

Deutschland hält sowohl für Lizenzeinkünfte, als auch für die Veräußerung der Rechte das uneingeschränkte Besteuerungsrecht. Die zulässige, in Mexiko erhobene Quellensteuer wird gemäß Art. 23 Abs. 1 Buchst. b auf die deutsche Einkommensteuer angerechnet. Nach § 21 EStG sind Lizenzen im Wohnsitzstaat steuerpflichtig, sofern sie nicht zu den Einkünften aus Gewerbebetrieb oder selbstständiger Arbeit zählen.

Für Einnahmen aus künstlerischer Tätigkeit- selbstständig, unselbstständig oder gewerbetreibend- hält Deutschland das Besteuerungsrecht. Die Doppelbesteuerung wird gemäß Art. 23 Abs. 1 Buchst. b des Abkommens durch Anrechnung der mexikanischen Steuern vermieden. Die Ermittlung der Einkünfte erfolgt nach deutschem Recht.

5.17.4 Besonderheiten Doppelwohnsitz

Der Steuerinländer hat den Mittelpunkt seiner Lebensinteressen in Deutschland, verfügt jedoch über einen zweiten Wohnsitz in Mexiko. Nach den Vorschriften des Doppelbesteuerungsabkommens bleibt Deutschland der Ansässigkeitsstaat.

Im Falle von Lizenzeinkünften ändert die Tatsache des zweiten Wohnsitzes somit nichts an den unter Abschnitt 3 erläuterten Steuerfolgen. Mexiko hat nach wie vor nicht das Recht der Besteuerung.

Sollten Einkünfte aus künstlerischer Tätigkeit vorliegen, kann sich lediglich die Art der Besteuerung (abhängig von der Einkunftsart) in Mexiko durch den Zweitwohnsitz ändern. Die in Abschnitt 3 erläuterten Steuerfolgen bleiben davon allerdings unberührt.

5.18   DBA – Deutschland – Niederlande

Einkünfte aus Lizenzen oder künstlerischer Tätigkeit

Ansässige Verwertungsgesellschaft: STICHTING NORMA
                                        www.stichtingnorma.nl
                                        SENA (Musik)
                                        www.sena.nl

5.18.1 Besteuerungssystematik

Verfügt ein steuerpflichtiger Künstler neben seinem Hauptwohnsitz mit dem Lebensmittelpunkt in Deutschland auch über einen Wohnsitz in den Niederlanden, den er während seiner Arbeiten vor Ort nutzt, so kann diese Tatsache zu einer Steuerpflicht nach nationalem niederländischem Recht führen.

Das deutsch-niederländische Doppelbesteuerungsabkommen sieht in Art. 12 Abs. 1 vor, dass der Ansässigkeitsstaat des Empfängers von Lizenzen, hier Deutschland (Lebensmittelpunkt), das uneingeschränkte Besteuerungsrecht für Lizenzeinkünfte erhält. Dem Quellenstaat, hier Niederlande, steht demnach kein Besteuerungsrecht zu. Unter Umständen tatsächlich in den Niederlanden erhobene Quellensteuer kann auf Antrag erstattet werden.

Im Falle von Einkünften aus künstlerischer Tätigkeit sieht das Abkommen in Art. 16 vor, dass sowohl Niederlande als Tätigkeitsstaat, sowie Deutschland als Ansässigkeitsstaat ein unbeschränktes Besteuerungsrecht erhalten. Allerdings vermeidet Deutschland die Doppelbesteuerung durch Anrechnung der niederländischen Steuern (Art. 22 Abs. 1 Buchst. b).

5.18.2 Definition der Einkünfte

Zu den Lizenzgebühren zählen im Sinne des Art. 12 Abs. 2 Vergütungen für die Benutzung von Urheberrechten an künstlerischen Werken, einschließlich kinematografischer Filme, Patenten, Markenrechten und Warenzeichen.

Art. 16 des Abkommens beinhaltet Einkünfte, die ein Künstler aus seiner persönlich ausgeübten Tätigkeit erbringt. Auch wenn die künstlerischen Tätigkeiten nur gelegentlich ausgeübt werden, sind sie zu beachten. Die Dauer der Tätigkeit bzw. des Aufenthalts ist irrelevant.

Werkschaffende Künstler, wie beispielsweise Regisseure, fallen nicht in den Anwendungsbereich des Art. 16 des deutsch-niederländischen Doppelbesteuerungsabkommens. Unter Umständen sind die Entgelte unter Art. 12 zu erfassen.

5.18.3 Zuweisung des Besteuerungsrechts

5.18.3.1 Besteuerung im Quellen- bzw. Tätigkeitsstaat Niederlande

Für zugrunde liegende Lizenzen steht dem Quellenstaat in der Regel kein Besteuerungsrecht zu (Art. 12 Abs. 1). Sollten dennoch aufgrund nationaler Vorschriften Quellensteuern einbehalten werden, werden sie mithilfe eines Erstattungsantrages zurückgezahlt. Einnahmen aus der Veräußerung von Rechten können gemäß Art. 13 Abs. 5 ebenfalls nicht im Quellenstaat besteuert werden.

Für Einkünfte aus der Tätigkeit als Künstler steht den Niederlanden als Tätigkeitsstaat das unbeschränkte Besteuerungsrecht zu. Dies gilt auch, wenn der Künstler über einen Dritten bezahlt wird (Art. 16 Abs. 2). Sollte die Entlohnung überwiegend von einer deutschen öffentlichen Kasse erfolgen, so liegt das alleinige Besteuerungsrecht beim deutschen Fiskus (Art. 17 Abs. 3).

5.18.3.2 Besteuerung im Wohnsitzstaat Deutschland

Deutschland hält sowohl für Lizenzeinkünfte, als auch für die Veräußerung der Rechte das uneingeschränkte Besteuerungsrecht. Da in den Niederlanden nach Abkommensrecht keine Quellensteuer erhoben werden darf, erübrigt sich eine entsprechende Freistellung im Sinne des Art. 22 des Abkommens. Nach § 21 EStG sind Lizenzen im Wohnsitzstaat steuerpflichtig, sofern sie nicht zu den Einkünften aus Gewerbebetrieb oder selbstständiger Arbeit zählen.

Für Einnahmen aus künstlerischer Tätigkeit- selbstständig, unselbstständig oder gewerbetreibend- hält Deutschland das Besteuerungsrecht. Die Doppelbesteuerung wird gemäß Art. 22 Abs. 1 Buchst. b des Abkommens durch Anrechnung der niederländischen Steuern vermieden. Die Ermittlung der Einkünfte erfolgt nach deutschem Recht.

5.18.4 Besonderheiten Doppelwohnsitz

Der Steuerinländer hat den Mittelpunkt seiner Lebensinteressen in Deutschland, verfügt jedoch über einen zweiten Wohnsitz in den Niederlanden. Nach den Vorschriften des Doppelbesteuerungsabkommens bleibt Deutschland der Ansässigkeitsstaat.

Im Falle von Lizenzeinkünften ändert die Tatsache des zweiten Wohnsitzes somit nichts an den unter Abschnitt 3 erläuterten Steuerfolgen. Die Niederlande hat nach wie vor nicht das Recht der Besteuerung.

Sollten Einkünfte aus künstlerischer Tätigkeit vorliegen, kann sich lediglich die Art der Besteuerung (abhängig von der Einkunftsart) in den Niederlanden durch den Zweitwohnsitz ändern. Die in Abschnitt 3 erläuterten Steuerfolgen bleiben davon allerdings unberührt.

5.19 DBA – Deutschland – Norwegen

Einkünfte aus Lizenzen oder künstlerischer Tätigkeit

Ansässige Verwertungsgesellschaft: GRAMO
                                       www.gramo.no

5.19.1 Besteuerungssystematik

Verfügt ein steuerpflichtiger Künstler neben seinem Hauptwohnsitz mit dem Lebensmittelpunkt in Deutschland auch über einen Wohnsitz in Norwegen, den er während seiner Arbeiten vor Ort nutzt, so kann diese Tatsache zu einer Steuerpflicht nach nationalem norwegischem Recht führen.

Das deutsch-norwegische Doppelbesteuerungsabkommen sieht in Art. 12 Abs. 1 vor, dass der Ansässigkeitsstaat des Empfängers von Lizenzen, hier Deutschland (Lebensmittelpunkt), das uneingeschränkte Besteuerungsrecht für Lizenzeinkünfte erhält. Dem Quellenstaat, hier Norwegen, steht demnach kein Besteuerungsrecht zu. Unter Umständen tatsächlich in Norwegen erhobene Quellensteuer kann auf Antrag erstattet werden.

Im Falle von Einkünften aus künstlerischer Tätigkeit sieht das Abkommen in Art. 17 vor, dass sowohl Norwegen als Tätigkeitsstaat, sowie Deutschland als Ansässigkeitsstaat ein unbeschränktes Besteuerungsrecht erhalten. Allerdings vermeidet Deutschland die Doppelbesteuerung durch Anrechnung der norwegischen Steuern (Art. 23 Abs. 2 Buchst. b).

5.19.2 Definition der Einkünfte

Zu den Lizenzgebühren zählen im Sinne des Art. 12 Abs. 2 Vergütungen für die Benutzung von Urheberrechten an künstlerischen Werken, einschließlich kinematografischer Filme, Patenten, Markenrechten und Warenzeichen.

Art. 17 des Abkommens beinhaltet Einkünfte, die ein Künstler aus seiner persönlich ausgeübten Tätigkeit erbringt. Auch wenn die künstlerischen Tätigkeiten nur gelegentlich ausgeübt werden, sind sie zu beachten. Die Dauer der Tätigkeit bzw. des Aufenthalts ist irrelevant.

Werkschaffende Künstler, wie beispielsweise Regisseure, fallen nicht in den Anwendungsbereich des Art. 17 des deutsch-norwegischen Doppelbesteuerungs-abkommens. Unter Umständen sind die Entgelte unter Art. 12 zu erfassen.

5.19.3 Zuweisung des Besteuerungsrechts

5.19.3.1 Besteuerung im Quellen- bzw. Tätigkeitsstaat Norwegen

Für zugrunde liegende Lizenzen steht dem Quellenstaat in der Regel kein Besteuerungs-recht zu (Art. 12 Abs. 1). Sollten dennoch aufgrund nationaler Vorschriften Quellen-steuern einbehalten werden, werden sie mithilfe eines Erstattungsantrages zurückgezahlt. Einnahmen aus der Veräußerung von Rechten können gemäß Art. 13 Abs. 6 ebenfalls nicht im Quellenstaat besteuert werden.

Für Einkünfte aus der Tätigkeit als Künstler steht Norwegen als Tätigkeitsstaat das unbeschränkte Besteuerungsrecht zu. Dies gilt auch, wenn der Künstler über einen Dritten bezahlt wird (Art. 17 Abs. 2). Sollte die Entlohnung überwiegend von einer deutschen öffentlichen Kasse erfolgen, so liegt das alleinige Besteuerungsrecht beim deutschen Fiskus (Art. 17 Abs. 3).

5.19.3.2 Besteuerung im Wohnsitzstaat Deutschland

Deutschland hält sowohl für Lizenzeinkünfte, als auch für die Veräußerung der Rechte das uneingeschränkte Besteuerungsrecht. Da in Norwegen nach Abkommensrecht keine Quellensteuer erhoben werden darf, erübrigt sich eine entsprechende Freistellung im Sinne des Art. 23 des Abkommens. Nach § 21 EStG sind Lizenzen im Wohnsitzstaat steuerpflichtig, sofern sie nicht zu den Einkünften aus Gewerbebetrieb oder selbst-ständiger Arbeit zählen.

Für Einnahmen aus künstlerischer Tätigkeit- selbstständig, unselbstständig oder gewerbetreibend- hält Deutschland das Besteuerungsrecht. Die Doppelbesteuerung wird gemäß Art. 23 Abs. 2 Buchst. b des Abkommens durch Anrechnung der norwegischen Steuern vermieden. Die Ermittlung der Einkünfte erfolgt nach deutschem Recht.

5.19.4 Besonderheiten Doppelwohnsitz

Der Steuerinländer hat den Mittelpunkt seiner Lebensinteressen in Deutschland, verfügt jedoch über einen zweiten Wohnsitz in Norwegen. Nach den Vorschriften des Doppel-besteuerungsabkommens bleibt Deutschland der Ansässigkeitsstaat.

Im Falle von Lizenzeinkünften ändert die Tatsache des zweiten Wohnsitzes somit nichts an den unter Abschnitt 3 erläuterten Steuerfolgen. Die Norwegen hat nach wie vor nicht das Recht der Besteuerung.

Sollten Einkünfte aus künstlerischer Tätigkeit vorliegen, kann sich lediglich die Art der Besteuerung (abhängig von der Einkunftsart) in Norwegen durch den Zweitwohnsitz ändern. Die in Abschnitt 3 erläuterten Steuerfolgen bleiben davon allerdings unberührt.

5.20   DBA – Deutschland – Österreich

Einkünfte aus Lizenzen oder künstlerischer Tätigkeit

Ansässige Verwertungsgesellschaft: VDFS-   Verwertungsgesellschaft   der   Filmschaffenden
www.vdfs.at
Österreichische Interpreten Gesellschaft (Musik)
www.oestig.at

5.20.1 Besteuerungssystematik

Verfügt ein steuerpflichtiger Künstler neben seinem Hauptwohnsitz mit dem Lebensmittelpunkt in Deutschland auch über einen Wohnsitz in Österreich, den er während seiner Arbeiten vor Ort nutzt, so kann diese Tatsache zu einer Steuerpflicht nach nationalem österreichischem Recht führen.

Das deutsch-österreichische Doppelbesteuerungsabkommen sieht in Art. 12 Abs. 1 vor, dass der Ansässigkeitsstaat des Empfängers von Lizenzen, hier Deutschland (Lebensmittelpunkt), das uneingeschränkte Besteuerungsrecht für Lizenzeinkünfte erhält. Dem Quellenstaat, hier Österreich, steht demnach kein Besteuerungsrecht zu. Unter Umständen tatsächlich in Österreich erhobene Quellensteuer kann auf Antrag erstattet werden.

Im Falle von Einkünften aus künstlerischer Tätigkeit sieht das Abkommen in Art. 17 vor, dass sowohl Österreich als Tätigkeitsstaat, sowie Deutschland als Ansässigkeitsstaat ein unbeschränktes Besteuerungsrecht erhalten. Allerdings vermeidet Deutschland die Doppelbesteuerung durch Anrechnung der österreichischen Steuern (Art. 23 Abs. 1 Buchst. b).

5.20.2 Definition der Einkünfte

Zu den Lizenzgebühren zählen im Sinne des Art. 12 Abs. 2 Vergütungen für die Benutzung von Urheberrechten an künstlerischen Werken, einschließlich kinematografischer Filme, Patenten, Markenrechten und Warenzeichen.

Art. 17 des Abkommens beinhaltet Einkünfte, die ein Künstler aus seiner persönlich ausgeübten Tätigkeit erbringt. Auch wenn die künstlerischen Tätigkeiten nur gelegentlich ausgeübt werden, sind sie zu beachten. Die Dauer der Tätigkeit bzw. des Aufenthalts ist irrelevant. Daneben werden auch Vergütungen eines Künstlers für die Benutzung des Namens, des Bildes oder sonstiger Persönlichkeitsrechte von Art. 17 erfasst.

Werkschaffende Künstler, wie beispielsweise Regisseure, fallen nicht in den Anwendungsbereich des Art. 17 des deutsch-österreichischen Doppelbesteuerungsabkommens. Unter Umständen sind die Entgelte unter Art. 12 zu erfassen.

5.20.3   Zuweisung des Besteuerungsrechts

5.20.3.1   Besteuerung im Quellen- bzw. Tätigkeitsstaat Österreich

Für zugrunde liegende Lizenzen steht dem Quellenstaat in der Regel kein Besteuerungsrecht zu (Art. 12 Abs. 1). Sollten dennoch aufgrund nationaler Vorschriften Quellensteuern einbehalten werden, werden sie mithilfe eines Erstattungsantrages zurückgezahlt. Einnahmen aus der Veräußerung von Rechten können gemäß Art. 13 Abs. 5 ebenfalls nicht im Quellenstaat besteuert werden.

Für Einkünfte aus der Tätigkeit als Künstler steht Österreich als Tätigkeitsstaat das unbeschränkte Besteuerungsrecht zu. Dies gilt auch, wenn der Künstler über einen Dritten bezahlt wird (Art. 17 Abs. 2). Sollte die Entlohnung überwiegend von einer deutschen öffentlichen Kasse erfolgen, so liegt das alleinige Besteuerungsrecht beim deutschen Fiskus (Art. 17 Abs. 3).

5.20.3.2   Besteuerung im Wohnsitzstaat Deutschland

Deutschland hält sowohl für Lizenzeinkünfte, als auch für die Veräußerung der Rechte das uneingeschränkte Besteuerungsrecht. Da in Österreich nach Abkommensrecht keine Quellensteuer erhoben werden darf, erübrigt sich eine entsprechende Anrechnung im Sinne des Art. 23 des Abkommens. Nach § 21 EStG sind Lizenzen im Wohnsitzstaat steuerpflichtig, sofern sie nicht zu den Einkünften aus Gewerbebetrieb oder selbstständiger Arbeit zählen.

Für Einnahmen aus künstlerischer Tätigkeit- selbstständig, unselbstständig oder gewerbetreibend- hält Deutschland das Besteuerungsrecht. Die Doppelbesteuerung wird gemäß Art. 23 Abs. 1 Buchst. b des Abkommens durch Anrechnung der österreichischen Steuern vermieden. Die Ermittlung der Einkünfte erfolgt nach deutschem Recht.

5.20.4   Besonderheiten Doppelwohnsitz

Der Steuerinländer hat den Mittelpunkt seiner Lebensinteressen in Deutschland, verfügt jedoch über einen zweiten Wohnsitz in Österreich. Nach den Vorschriften des Doppelbesteuerungsabkommens bleibt Deutschland der Ansässigkeitsstaat.

Im Falle von Lizenzeinkünften ändert die Tatsache des zweiten Wohnsitzes somit nichts an den unter Abschnitt 3 erläuterten Steuerfolgen. Die Österreich hat nach wie vor nicht das Recht der Besteuerung.

Sollten Einkünfte aus künstlerischer Tätigkeit vorliegen, kann sich lediglich die Art der Besteuerung (abhängig von der Einkunftsart) in Österreich durch den Zweitwohnsitz ändern. Die in Abschnitt 3 erläuterten Steuerfolgen bleiben davon allerdings unberührt.

5.21   DBA – Deutschland – Polen

Einkünfte aus Lizenzen oder künstlerischer Tätigkeit

Ansässige Verwertungsgesellschaft: SAWP
                                       www.sawp.pl

5.21.1 Besteuerungssystematik

Verfügt ein steuerpflichtiger Künstler neben seinem Hauptwohnsitz mit dem Lebensmittelpunkt in Deutschland auch über einen Wohnsitz in Polen, den er während seiner Arbeiten vor Ort nutzt, so kann diese Tatsache zu einer Steuerpflicht nach nationalem polnischem Recht führen.

Das deutsch-polnische Doppelbesteuerungsabkommen sieht in Art. 12 Abs. 1 vor, dass der Ansässigkeitsstaat des Empfängers von Lizenzen, hier Deutschland (Lebensmittelpunkt), das uneingeschränkte Besteuerungsrecht für Lizenzeinkünfte erhält. Der Quellenstaat, hier Polen, kann eine Quellensteuer in Höhe von 5 % erheben. Die womöglich in Polen erhobene Quellensteuer ist auf die deutsche Einkommensteuer anzurechnen.

Im Falle von Einkünften aus künstlerischer Tätigkeit sieht das Abkommen in Art. 17 vor, dass sowohl Polen als Tätigkeitsstaat, sowie Deutschland als Ansässigkeitsstaat ein unbeschränktes Besteuerungsrecht erhalten. Allerdings vermeidet Deutschland die Doppelbesteuerung durch Anrechnung der polnischen Steuern (Art. 24 Abs. 1 Buchst. b).

5.21.2 Definition der Einkünfte

Zu den Lizenzgebühren zählen im Sinne des Art. 12 Abs. 3 Vergütungen für die Benutzung von Urheberrechten an künstlerischen Werken, einschließlich kinematografischer Filme, Patenten, Markenrechten, Warenzeichen sowie die bei der Nutzung von Ausrüstung entstehenden Gebühren. Lizenzgebühren umfassen auch die Vergütungen für die Benutzung eines Namens, Bildrechte oder sonstiger Persönlichkeitsrechte sowie sonstige Vergütungen für die Aufzeichnungen der Veranstaltungen von Künstlern durch Rundfunk und Fernsehanstalten.

Art. 17 des Abkommens beinhaltet Einkünfte, die ein Künstler aus seiner persönlich ausgeübten Tätigkeit erbringt. Auch wenn die künstlerischen Tätigkeiten nur gelegentlich ausgeübt werden, sind sie zu beachten. Die Dauer der Tätigkeit bzw. des Aufenthalts ist irrelevant.

Werkschaffende Künstler, wie beispielsweise Regisseure, fallen nicht in den Anwendungsbereich des Art. 17 des deutsch-polnischen Doppelbesteuerungsabkommens. Unter Umständen sind die Entgelte unter Art. 12 zu erfassen.

5.21.3 Zuweisung des Besteuerungsrechts

5.21.3.1 Besteuerung im Quellen- bzw. Tätigkeitsstaat Polen

Für zugrunde liegende Lizenzen steht Polen ein Quellensteuerrecht in Höhe von 5 % zu. Die darüber hinausgehende erhobene Quellensteuer wird mittels eines Erstattungsantrages zurückgezahlt. Einnahmen aus der Veräußerung von Rechten können allerdings nicht in Polen besteuert werden (Art. 13 Abs. 5).

Für Einkünfte aus der Tätigkeit als Künstler steht Polen als Tätigkeitsstaat das unbeschränkte Besteuerungsrecht zu. Dies gilt auch, wenn der Künstler über einen Dritten bezahlt wird (Art. 17 Abs. 2). Sollte die Entlohnung überwiegend von einer deutschen öffentlichen Kasse erfolgen, so liegt das alleinige Besteuerungsrecht beim deutschen Fiskus (Art. 17 Abs. 3).

5.21.3.2 Besteuerung im Wohnsitzstaat Deutschland

Deutschland hält sowohl für Lizenzeinkünfte, als auch für die Veräußerung der Rechte das uneingeschränkte Besteuerungsrecht. Die zulässige, in Polen erhobene Quellensteuer wird gemäß Art. 23 Abs. 1 Buchst. b auf die deutsche Einkommensteuer angerechnet. Nach § 21 EStG sind Lizenzen im Wohnsitzstaat steuerpflichtig, sofern sie nicht zu den Einkünften aus Gewerbebetrieb oder selbstständiger Arbeit zählen.

Für Einnahmen aus künstlerischer Tätigkeit- selbstständig, unselbstständig oder gewerbetreibend- hält Deutschland das Besteuerungsrecht. Die Doppelbesteuerung wird gemäß Art. 24 Abs. 1 Buchst. b des Abkommens durch Anrechnung der polnischen Steuern vermieden. Die Ermittlung der Einkünfte erfolgt nach deutschem Recht.

5.21.4 Besonderheiten Doppelwohnsitz

Der Steuerinländer hat den Mittelpunkt seiner Lebensinteressen in Deutschland, verfügt jedoch über einen zweiten Wohnsitz in Polen. Nach den Vorschriften des Doppelbesteuerungsabkommens bleibt Deutschland der Ansässigkeitsstaat.

Im Falle von Lizenzeinkünften ändert die Tatsache des zweiten Wohnsitzes somit nichts an den unter Abschnitt 3 erläuterten Steuerfolgen. Polen hat nach wie vor nicht das Recht der Besteuerung.

Sollten Einkünfte aus künstlerischer Tätigkeit vorliegen, kann sich lediglich die Art der Besteuerung (abhängig von der Einkunftsart) in Polen durch den Zweitwohnsitz ändern. Die in Abschnitt 3 erläuterten Steuerfolgen bleiben davon allerdings unberührt.

5.22   DBA – Deutschland – Portugal

Einkünfte aus Lizenzen oder künstlerischer Tätigkeit

Ansässige Verwertungsgesellschaft: GDA
                                       www.gdaie.pt

5.22.1 Besteuerungssystematik

Verfügt ein steuerpflichtiger Künstler neben seinem Hauptwohnsitz mit dem Lebensmittelpunkt in Deutschland auch über einen Wohnsitz in Portugal, den er während seiner Arbeiten vor Ort nutzt, so kann diese Tatsache zu einer Steuerpflicht nach nationalem portugiesischem Recht führen.

Das deutsch-portugiesische Doppelbesteuerungsabkommen sieht in Art. 12 Abs. 1 vor, dass der Ansässigkeitsstaat des Empfängers von Lizenzen, hier Deutschland (Lebensmittelpunkt), das uneingeschränkte Besteuerungsrecht für Lizenzeinkünfte erhält. Der Quellenstaat, hier Portugal, kann eine Quellensteuer in Höhe von 10 % erheben. Die womöglich in Portugal erhobene Quellensteuer ist auf die deutsche Einkommensteuer anzurechnen.

Im Falle von Einkünften aus künstlerischer Tätigkeit sieht das Abkommen in Art. 17 vor, dass sowohl Portugal als Tätigkeitsstaat, sowie Deutschland als Ansässigkeitsstaat ein unbeschränktes Besteuerungsrecht erhalten. Allerdings vermeidet Deutschland die Doppelbesteuerung durch Anrechnung der portugiesischen Steuern (Art. 24 Abs. 2 Buchst. b).

5.22.2 Definition der Einkünfte

Zu den Lizenzgebühren zählen im Sinne des Art. 12 Abs. 3 Vergütungen für die Benutzung von Urheberrechten an künstlerischen Werken, einschließlich kinematografischer Filme,

Bandaufnahmen für Rundfunk oder Fernsehen, Patenten, Markenrechten, Warenzeichen sowie die bei der Nutzung von Ausrüstung entstehenden Gebühren.

Art. 17 des Abkommens beinhaltet Einkünfte, die ein Künstler aus seiner persönlich ausgeübten Tätigkeit erbringt. Auch wenn die künstlerischen Tätigkeiten nur gelegentlich ausgeübt werden, sind sie zu beachten. Die Dauer der Tätigkeit bzw. des Aufenthalts ist irrelevant.

Werkschaffende Künstler, wie beispielsweise Regisseure, fallen nicht in den Anwendungsbereich des Art. 17 des deutsch-portugiesischen Doppelbesteuerungsabkommens. Unter Umständen sind die Entgelte unter Art. 12 zu erfassen.

5.22.3 Zuweisung des Besteuerungsrechts

5.22.3.1 Besteuerung im Quellen- bzw. Tätigkeitsstaat Portugal

Für zugrunde liegende Lizenzen steht Portugal ein Quellensteuerrecht in Höhe von 10 % zu. Die darüber hinausgehende erhobene Quellensteuer wird mittels eines Erstattungsantrages zurückgezahlt. Einnahmen aus der Veräußerung von Rechten können allerdings nicht in Portugal besteuert werden (Art. 13 Abs. 4).

Für Einkünfte aus der Tätigkeit als Künstler steht Portugal als Tätigkeitsstaat das unbeschränkte Besteuerungsrecht zu. Dies gilt auch, wenn der Künstler über einen Dritten bezahlt wird (Art. 17 Abs. 2).

5.22.3.2 Besteuerung im Wohnsitzstaat Deutschland

Deutschland hält sowohl für Lizenzeinkünfte, als auch für die Veräußerung der Rechte das uneingeschränkte Besteuerungsrecht. Die zulässige, in Portugal erhobene Quellensteuer wird gemäß Art. 24 Abs. 2 Buchst. b auf die deutsche Einkommensteuer angerechnet. Nach § 21 EStG sind Lizenzen im Wohnsitzstaat steuerpflichtig, sofern sie nicht zu den Einkünften aus Gewerbebetrieb oder selbstständiger Arbeit zählen.

Für Einnahmen aus künstlerischer Tätigkeit- selbstständig, unselbstständig oder gewerbetreibend- hält Deutschland das Besteuerungsrecht. Die Doppelbesteuerung wird gemäß Art. 24 Abs. 2 Buchst. b des Abkommens durch Anrechnung der portugiesischen Steuern vermieden. Die Ermittlung der Einkünfte erfolgt nach deutschem Recht.

5.22.4 Besonderheiten Doppelwohnsitz

Der Steuerinländer hat den Mittelpunkt seiner Lebensinteressen in Deutschland, verfügt jedoch über einen zweiten Wohnsitz in Portugal. Nach den Vorschriften des Doppelbesteuerungsabkommens bleibt Deutschland der Ansässigkeitsstaat.

Im Falle von Lizenzeinkünften ändert die Tatsache des zweiten Wohnsitzes somit nichts an den unter Abschnitt 3 erläuterten Steuerfolgen. Portugal hat nach wie vor nicht das Recht der Besteuerung.

Sollten Einkünfte aus künstlerischer Tätigkeit vorliegen, kann sich lediglich die Art der Besteuerung (abhängig von der Einkunftsart) in Portugal durch den Zweitwohnsitz ändern. Die in Abschnitt 3 erläuterten Steuerfolgen bleiben davon.

5.23   DBA – Deutschland – Rumänien

Einkünfte aus Lizenzen oder künstlerischer Tätigkeit

Ansässige Verwertungsgesellschaft: Credidam
                                       www.credidam.ro

5.23.1 Besteuerungssystematik

Verfügt ein steuerpflichtiger Künstler neben seinem Hauptwohnsitz mit dem Lebensmittelpunkt in Deutschland auch über einen Wohnsitz in Rumänien, den er während seiner Arbeiten vor Ort nutzt, so kann diese Tatsache zu einer Steuerpflicht nach nationalem rumänischem Recht führen.

Das deutsch-rumänische Doppelbesteuerungsabkommen sieht in Art. 12 Abs. 1 vor, dass der Ansässigkeitsstaat des Empfängers von Lizenzen, hier Deutschland (Lebensmittelpunkt), das uneingeschränkte Besteuerungsrecht für Lizenzeinkünfte erhält. Der Quellenstaat, hier Rumänien, kann eine Quellensteuer in Höhe von 3 % erheben. Die womöglich in Rumänien erhobene Quellensteuer ist auf die deutsche Einkommensteuer anzurechnen.

Im Falle von Einkünften aus künstlerischer Tätigkeit sieht das Abkommen in Art. 17 vor, dass sowohl Rumänien als Tätigkeitsstaat, sowie Deutschland als Ansässigkeitsstaat ein unbeschränktes Besteuerungsrecht erhalten. Allerdings vermeidet Deutschland die Doppelbesteuerung durch Anrechnung der rumänischen Steuern (Art. 23 Abs. 2 Buchst. b).

5.23.2 Definition der Einkünfte

Zu den Lizenzgebühren zählen im Sinne des Art. 12 Abs. 3 Vergütungen für die Benutzung von Urheberrechten an künstlerischen Werken, einschließlich kinematografischer Filme, Bandaufnahmen für Rundfunk oder Fernsehen, Patenten, Markenrechten, Warenzeichen sowie die bei der Nutzung von Ausrüstung entstehenden Gebühren. Lizenzgebühren umfassen auch die Vergütungen für die Benutzung eines Namens, Bildrechte oder sonstiger Persönlichkeitsrechte sowie sonstige Vergütungen für die Aufzeichnungen der Veranstaltungen von Künstlern durch Rundfunk und Fernsehanstalten.

Art. 17 des Abkommens beinhaltet Einkünfte, die ein Künstler aus seiner persönlich ausgeübten Tätigkeit erbringt. Auch wenn die künstlerischen Tätigkeiten nur gelegentlich ausgeübt werden, sind sie zu beachten. Die Dauer der Tätigkeit bzw. des Aufenthalts ist irrelevant.

Werkschaffende Künstler, wie beispielsweise Regisseure, fallen nicht in den Anwendungsbereich des Art. 17 des deutsch-rumänischen Doppelbesteuerungsabkommens. Unter Umständen sind die Entgelte unter Art. 12 zu erfassen.

5.23.3 Zuweisung des Besteuerungsrechts

5.23.3.1 Besteuerung im Quellen- bzw. Tätigkeitsstaat Rumänien

Für zugrunde liegende Lizenzen steht Rumänien ein Quellensteuerrecht in Höhe von 3 % zu. Die darüber hinausgehende erhobene Quellensteuer wird mittels eines Erstattungsantrages zurückgezahlt. Einnahmen aus der Veräußerung von Rechten können allerdings nicht in Rumänien besteuert werden (Art. 13 Abs. 5).

Für Einkünfte aus der Tätigkeit als Künstler steht Rumänien als Tätigkeitsstaat das unbeschränkte Besteuerungsrecht zu. Dies gilt auch, wenn der Künstler über einen Dritten bezahlt wird (Art. 17 Abs. 2). Sollte die Entlohnung überwiegend von einer deutschen öffentlichen Kasse erfolgen, so liegt das alleinige Besteuerungsrecht beim deutschen Fiskus (Art. 17 Abs. 3).

5.23.3.2 Besteuerung im Wohnsitzstaat Deutschland

Deutschland hält sowohl für Lizenzeinkünfte, als auch für die Veräußerung der Rechte das uneingeschränkte Besteuerungsrecht. Die zulässige, in Rumänien erhobene Quellensteuer wird gemäß Art. 23 Abs. 2 Buchst. b auf die deutsche Einkommensteuer angerechnet. Nach § 21 EStG sind Lizenzen im Wohnsitzstaat steuerpflichtig, sofern sie nicht zu den Einkünften aus Gewerbebetrieb oder selbstständiger Arbeit zählen.

Für Einnahmen aus künstlerischer Tätigkeit- selbstständig, unselbstständig oder gewerbetreibend- hält Deutschland das Besteuerungsrecht. Die Doppelbesteuerung wird gemäß Art. 23 Abs. 2 Buchst. b des Abkommens durch Anrechnung der rumänischen Steuern vermieden. Die Ermittlung der Einkünfte erfolgt nach deutschem Recht.

5.23.4 Besonderheiten Doppelwohnsitz

Der Steuerinländer hat den Mittelpunkt seiner Lebensinteressen in Deutschland, verfügt jedoch über einen zweiten Wohnsitz in Rumänien. Nach den Vorschriften des Doppelbesteuerungsabkommens bleibt Deutschland der Ansässigkeitsstaat.

Im Falle von Lizenzeinkünften ändert die Tatsache des zweiten Wohnsitzes somit nichts an den unter Abschnitt 3 erläuterten Steuerfolgen. Rumänien hat nach wie vor nicht das Recht der Besteuerung.

Sollten Einkünfte aus künstlerischer Tätigkeit vorliegen, kann sich lediglich die Art der Besteuerung (abhängig von der Einkunftsart) in Rumänien durch den Zweitwohnsitz ändern. Die in Abschnitt 3 erläuterten Steuerfolgen bleiben davon allerdings unberührt.

5.24   DBA – Deutschland – Russland

Einkünfte aus Lizenzen oder künstlerischer Tätigkeit

Ansässige Verwertungsgesellschaft: Roupi
                                        www.roupi.ru

5.24.1 Besteuerungssystematik

Verfügt ein steuerpflichtiger Künstler neben seinem Hauptwohnsitz mit dem Lebensmittelpunkt in Deutschland auch über einen Wohnsitz in Russland, den er während seiner Arbeiten vor Ort nutzt, so kann diese Tatsache zu einer Steuerpflicht nach nationalem russischem Recht führen.

Das deutsch-russische Doppelbesteuerungsabkommen sieht in Art. 12 Abs. 1 vor, dass der Ansässigkeitsstaat des Empfängers von Lizenzen, hier Deutschland (Lebensmittelpunkt), das uneingeschränkte Besteuerungsrecht für Lizenzeinkünfte erhält. Dem Quellenstaat, hier Russland, steht demnach kein Besteuerungsrecht zu. Unter Umständen tatsächlich in Russland erhobene Quellensteuer kann auf Antrag erstattet werden.

Im Falle von Einkünften aus künstlerischer Tätigkeit sieht das Abkommen in Art. 17 vor, dass sowohl Russland als Tätigkeitsstaat, sowie Deutschland als Ansässigkeitsstaat ein unbeschränktes Besteuerungsrecht erhalten. Allerdings vermeidet Deutschland die Doppelbesteuerung durch Anrechnung der russischen Steuern (Art. 23 Abs. 2 Buchst. b).

5.24.2 Definition der Einkünfte

Zu den Lizenzgebühren zählen im Sinne des Art. 12 Abs. 2 Vergütungen für die Benutzung von Urheberrechten an künstlerischen Werken, einschließlich kinematografischer Filme, Patenten, Markenrechten und Warenzeichen.

Art. 17 des Abkommens beinhaltet Einkünfte, die ein Künstler aus seiner persönlich ausgeübten Tätigkeit erbringt. Auch wenn die künstlerischen Tätigkeiten nur gelegentlich ausgeübt werden, sind sie zu beachten. Die Dauer der Tätigkeit bzw. des Aufenthalts ist irrelevant.

Werkschaffende Künstler, wie beispielsweise Regisseure, fallen nicht in den Anwendungsbereich des Art. 17 des deutsch-russischen Doppelbesteuerungsabkommens. Unter Umständen sind die Entgelte unter Art. 12 zu erfassen.

5.24.3 Zuweisung des Besteuerungsrechts

5.24.3.1 Besteuerung im Quellen- bzw. Tätigkeitsstaat Russland

Für zugrunde liegende Lizenzen steht dem Quellenstaat in der Regel kein Besteuerungsrecht zu (Art. 12 Abs. 1). Sollten dennoch aufgrund nationaler Vorschriften Quellensteuern einbehalten werden, werden sie mithilfe eines Erstattungsantrages zurückgezahlt. Einnahmen aus der Veräußerung von Rechten können gemäß Art. 13 Abs. 4 ebenfalls nicht im Quellenstaat besteuert werden.

Für Einkünfte aus der Tätigkeit als Künstler steht Russland als Tätigkeitsstaat das unbeschränkte Besteuerungsrecht zu. Dies gilt auch, wenn der Künstler über einen Dritten bezahlt wird (Art. 17 Abs. 2). Sollte die Entlohnung überwiegend von einer deutschen öffentlichen Kasse erfolgen, so liegt das alleinige Besteuerungsrecht beim deutschen Fiskus (Art. 17 Abs. 3).

5.24.3.2 Besteuerung im Wohnsitzstaat Deutschland

Deutschland hält sowohl für Lizenzeinkünfte, als auch für die Veräußerung der Rechte das uneingeschränkte Besteuerungsrecht. Da in Russland nach Abkommensrecht keine Quellensteuer erhoben werden darf, erübrigt sich eine entsprechende Freistellung im Sinne des Art. 23 des Abkommens. Nach § 21 EStG sind Lizenzen im Wohnsitzstaat steuerpflichtig, sofern sie nicht zu den Einkünften aus Gewerbebetrieb oder selbstständiger Arbeit zählen.

Für Einnahmen aus künstlerischer Tätigkeit- selbstständig, unselbstständig oder gewerbetreibend- hält Deutschland das Besteuerungsrecht. Die Doppelbesteuerung wird gemäß Art. 23 Abs. 2 Buchst. b des Abkommens durch Anrechnung der russischen Steuern vermieden. Die Ermittlung der Einkünfte erfolgt nach deutschem Recht.

5.24.4 Besonderheiten Doppelwohnsitz

Der Steuerinländer hat den Mittelpunkt seiner Lebensinteressen in Deutschland, verfügt jedoch über einen zweiten Wohnsitz in Russland. Nach den Vorschriften des Doppelbesteuerungsabkommens bleibt Deutschland der Ansässigkeitsstaat.

Im Falle von Lizenzeinkünften ändert die Tatsache des zweiten Wohnsitzes somit nichts an den unter Abschnitt 3 erläuterten Steuerfolgen. Das Russland hat nach wie vor nicht das Recht der Besteuerung.

Sollten Einkünfte aus künstlerischer Tätigkeit vorliegen, kann sich lediglich die Art der Besteuerung (abhängig von der Einkunftsart) in Russland durch den Zweitwohnsitz ändern. Die in Abschnitt 3 erläuterten Steuerfolgen bleiben davon allerdings unberührt.

5.25   DBA – Deutschland – Schweden

Einkünfte aus Lizenzen oder künstlerischer Tätigkeit

Ansässige Verwertungsgesellschaft: SAMI
www.sami.se

5.25.1 Besteuerungssystematik

Verfügt ein steuerpflichtiger Künstler neben seinem Hauptwohnsitz mit dem Lebensmittelpunkt in Deutschland auch über einen Wohnsitz in Schweden, den er während seiner Arbeiten vor Ort nutzt, so kann diese Tatsache zu einer Steuerpflicht nach nationalem schwedischen Recht führen.

Das deutsch-schwedische Doppelbesteuerungsabkommen sieht in Art. 12 Abs. 1 vor, dass der Ansässigkeitsstaat des Empfängers von Lizenzen, hier Deutschland (Lebensmittelpunkt), das uneingeschränkte Besteuerungsrecht für Lizenzeinkünfte erhält. Dem Quellenstaat, hier Schweden, steht demnach kein Besteuerungsrecht zu. Unter Umständen tatsächlich in Schweden erhobene Quellensteuer kann auf Antrag erstattet werden.

Im Falle von Einkünften aus künstlerischer Tätigkeit sieht das Abkommen in Art. 17 vor, dass sowohl Schweden als Tätigkeitsstaat, sowie Deutschland als Ansässigkeitsstaat ein unbeschränktes Besteuerungsrecht erhalten. Allerdings vermeidet Deutschland die Doppelbesteuerung durch Anrechnung der schwedischen Steuern (Art. 23 Abs. 1 Buchst. b).

5.25.2 Definition der Einkünfte

Zu den Lizenzgebühren zählen im Sinne des Art. 12 Abs. 2 Vergütungen für die Benutzung von Urheberrechten an künstlerischen Werken, einschließlich kinematografischer Filme, Patenten, Markenrechten und Warenzeichen.

Art. 17 des Abkommens beinhaltet Einkünfte, die ein Künstler aus seiner persönlich ausgeübten Tätigkeit erbringt. Auch wenn die künstlerischen Tätigkeiten nur gelegentlich ausgeübt werden, sind sie zu beachten. Die Dauer der Tätigkeit bzw. des Aufenthalts ist irrelevant.

Werkschaffende Künstler, wie beispielsweise Regisseure, fallen nicht in den Anwendungsbereich des Art. 17 des deutsch-schwedischen Doppelbesteuerungsabkommens. Unter Umständen sind die Entgelte unter Art. 12 zu erfassen.

5.25.3 Zuweisung des Besteuerungsrechts

5.25.3.1 Besteuerung im Quellen- bzw. Tätigkeitsstaat Schweden

Für zugrunde liegende Lizenzen steht dem Quellenstaat in der Regel kein Besteuerungsrecht zu (Art. 12 Abs. 1). Sollten dennoch aufgrund nationaler Vorschriften

Quellensteuern einbehalten werden, werden sie mithilfe eines Erstattungsantrages zurückgezahlt. Einnahmen aus der Veräußerung von Rechten können gemäß Art. 13 Abs. 6 ebenfalls nicht im Quellenstaat besteuert werden.

Für Einkünfte aus der Tätigkeit als Künstler steht Schweden als Tätigkeitsstaat das unbeschränkte Besteuerungsrecht zu. Dies gilt auch, wenn der Künstler über einen Dritten bezahlt wird (Art. 17 Abs. 2). Sollte die Entlohnung überwiegend von einer deutschen öffentlichen Kasse erfolgen, so liegt das alleinige Besteuerungsrecht beim deutschen Fiskus (Art. 17 Abs. 3).

5.25.3.2 Besteuerung im Wohnsitzstaat Deutschland

Deutschland hält sowohl für Lizenzeinkünfte, als auch für die Veräußerung der Rechte das uneingeschränkte Besteuerungsrecht. Da in Schweden nach Abkommensrecht keine Quellensteuer erhoben werden darf, erübrigt sich eine entsprechende Freistellung im Sinne des Art. 23 des Abkommens. Nach § 21 EStG sind Lizenzen im Wohnsitzstaat steuerpflichtig, sofern sie nicht zu den Einkünften aus Gewerbebetrieb oder selbstständiger Arbeit zählen.

Für Einnahmen aus künstlerischer Tätigkeit- selbstständig, unselbstständig oder gewerbetreibend- hält Deutschland das Besteuerungsrecht. Die Doppelbesteuerung wird gemäß Art. 23 Abs. 1 Buchst. b des Abkommens durch Anrechnung der schwedischen Steuern vermieden. Die Ermittlung der Einkünfte erfolgt nach deutschem Recht.

5.25.4 Besonderheiten Doppelwohnsitz

Der Steuerinländer hat den Mittelpunkt seiner Lebensinteressen in Deutschland, verfügt jedoch über einen zweiten Wohnsitz in Schweden. Nach den Vorschriften des Doppelbesteuerungsabkommens bleibt Deutschland der Ansässigkeitsstaat.

Im Falle von Lizenzeinkünften ändert die Tatsache des zweiten Wohnsitzes somit nichts an den unter Abschnitt 3 erläuterten Steuerfolgen. Die Schweden hat nach wie vor nicht das Recht der Besteuerung.

Sollten Einkünfte aus künstlerischer Tätigkeit vorliegen, kann sich lediglich die Art der Besteuerung (abhängig von der Einkunftsart) in Schweden durch den Zweitwohnsitz ändern. Die in Abschnitt 3 erläuterten Steuerfolgen bleiben davon allerdings unberührt.

5.26   DBA – Deutschland – Schweiz

Einkünfte aus Lizenzen oder künstlerischer Tätigkeit

Ansässige Verwertungsgesellschaft: SwissPerform
                                        www.swissperform.ch

5.26.1 Besteuerungssystematik

Verfügt ein steuerpflichtiger Künstler neben seinem Hauptwohnsitz mit dem Lebens-mittelpunkt in Deutschland auch über einen Wohnsitz in Schweiz, den er während seiner Arbeiten vor Ort nutzt, so kann diese Tatsache zu einer Steuerpflicht nach nationalem schweizerischem Recht führen.

Das deutsch-schweizerische Doppelbesteuerungsabkommen sieht in Art. 12 Abs. 1 vor, dass der Ansässigkeitsstaat des Empfängers von Lizenzen, hier Deutschland (Lebensmittelpunkt), das uneingeschränkte Besteuerungsrecht für Lizenzeinkünfte erhält. Dem Quellenstaat, hier Schweiz, steht demnach kein Besteuerungsrecht zu. Unter Umständen tatsächlich in der Schweiz erhobene Quellensteuer kann auf Antrag erstattet werden.

Im Falle von Einkünften aus künstlerischer Tätigkeit sieht das Abkommen in Art. 17 vor, dass sowohl Schweiz als Tätigkeitsstaat, sowie Deutschland als Ansässigkeitsstaat ein unbeschränktes Besteuerungsrecht erhalten. Allerdings vermeidet Deutschland die Doppelbesteuerung durch Anrechnung der schweizerischen Steuern (Art. 24 Abs. 1 Nr. 2).

5.26.2 Definition der Einkünfte

Zu den Lizenzgebühren zählen im Sinne des Art. 12 Abs. 2 Vergütungen für die Benutzung von Urheberrechten an künstlerischen Werken, einschließlich kinemato-grafischer Filme, Patenten, Markenrechten und Warenzeichen.

Art. 17 des Abkommens beinhaltet Einkünfte, die ein Künstler aus seiner persönlich ausgeübten Tätigkeit erbringt. Auch wenn die künstlerischen Tätigkeiten nur gelegent-lich ausgeübt werden, sind sie zu beachten. Die Dauer der Tätigkeit bzw. des Aufenthalts ist irrelevant.

Werkschaffende Künstler, wie beispielsweise Regisseure, fallen nicht in den Anwendungsbereich des Art. 17 des deutsch-schweizerischen Doppelbesteuerungs-abkommens. Unter Umständen sind die Entgelte unter Art. 12 zu erfassen.

5.26.3 Zuweisung des Besteuerungsrechts

5.26.3.1 Besteuerung im Quellen- bzw. Tätigkeitsstaat Schweiz

Für zugrunde liegende Lizenzen steht dem Quellenstaat in der Regel kein Besteuerungs-recht zu (Art. 12 Abs. 1). Sollten dennoch aufgrund nationaler Vorschriften Quellen-steuern einbehalten werden, werden sie mithilfe eines Erstattungsantrages zurückgezahlt. Einnahmen aus der Veräußerung von Rechten können gemäß Art. 13 Abs. 3 ebenfalls nicht im Quellenstaat besteuert werden.

Für Einkünfte aus der Tätigkeit als Künstler steht der Schweiz als Tätigkeitsstaat das unbeschränkte Besteuerungsrecht zu. Dies gilt auch, wenn der Künstler über einen Dritten bezahlt wird. Sollte die Entlohnung überwiegend von einer deutschen öffentlichen Kasse erfolgen, so liegt das alleinige Besteuerungsrecht beim deutschen Fiskus (Art. 17 Abs. 2).

5.26.3.2 Besteuerung im Wohnsitzstaat Deutschland

Deutschland hält sowohl für Lizenzeinkünfte, als auch für die Veräußerung der Rechte das uneingeschränkte Besteuerungsrecht. Da in der Schweiz nach dem Abkommensrecht keine Quellensteuer erhoben werden darf, erübrigt sich eine entsprechende Freistellung im Sinne des Art. 24 des Abkommens. Nach § 21 EStG sind Lizenzen im Wohnsitzstaat steuerpflichtig, sofern sie nicht zu den Einkünften aus Gewerbebetrieb oder selbstständiger Arbeit zählen.

Für Einnahmen aus künstlerischer Tätigkeit- selbstständig, unselbstständig oder gewerbetreibend- hält Deutschland das Besteuerungsrecht. Die Doppelbesteuerung wird gemäß Art. 24 Abs. 1 Nr. 1 des Abkommens durch Anrechnung der schweizerischen Steuern vermieden. Die Ermittlung der Einkünfte erfolgt nach deutschem Recht.

5.26.4 Besonderheiten Doppelwohnsitz

Der Steuerinländer hat den Mittelpunkt seiner Lebensinteressen in Deutschland, verfügt jedoch über einen zweiten Wohnsitz in Schweiz. Nach den Vorschriften des Doppelbesteuerungsabkommens bleibt Deutschland der Ansässigkeitsstaat.

Im Falle von Lizenzeinkünften ändert die Tatsache des zweiten Wohnsitzes somit nichts an den unter Abschnitt 3 erläuterten Steuerfolgen. Die Schweiz hat nach wie vor nicht das Recht der Besteuerung.

Sollten Einkünfte aus künstlerischer Tätigkeit vorliegen, kann sich lediglich die Art der Besteuerung (abhängig von der Einkunftsart) in Schweiz durch den Zweitwohnsitz ändern. Die in Abschnitt 3 erläuterten Steuerfolgen bleiben davon allerdings unberührt.

5.27 DBA – Deutschland – Spanien

Einkünfte aus Lizenzen oder künstlerischer Tätigkeit

Ansässige Verwertungsgesellschaft: AIE

www.aie.es

5.27.1 Besteuerungssystematik

Verfügt ein steuerpflichtiger Künstler neben seinem Hauptwohnsitz mit dem Lebensmittelpunkt in Deutschland auch über einen Wohnsitz in Spanien, den er während seiner Arbeiten vor Ort nutzt, so kann diese Tatsache zu einer Steuerpflicht nach nationalem spanischem Recht führen.

Das deutsch-spanische Doppelbesteuerungsabkommen sieht in Art. 12 Abs. 1 vor, dass der Ansässigkeitsstaat des Empfängers von Lizenzen, hier Deutschland (Lebensmittelpunkt), das uneingeschränkte Besteuerungsrecht für Lizenzeinkünfte erhält. Dem Quellenstaat, hier Spanien, steht demnach kein Besteuerungsrecht zu. Unter Umständen tatsächlich in der Spanien erhobene Quellensteuer kann auf Antrag erstattet werden.

Im Falle von Einkünften aus künstlerischer Tätigkeit sieht das Abkommen in Art. 17 vor, dass sowohl Spanien als Tätigkeitsstaat, sowie Deutschland als Ansässigkeitsstaat ein unbeschränktes Besteuerungsrecht erhalten. Allerdings vermeidet Deutschland die Doppelbesteuerung durch Anrechnung der spanischen Steuern (Art. 22 Abs. 2 Buchst. b).

5.27.2 Definition der Einkünfte

Zu den Lizenzgebühren zählen im Sinne des Art. 12 Abs. 2 Vergütungen für die Benutzung von Urheberrechten an künstlerischen Werken, einschließlich kinematografischer Filme, Tonbänder, Patenten, Markenrechten und Warenzeichen. Lizenzgebühren umfassen auch die Vergütungen für die Benutzung eines Namens, Bildrechte oder sonstiger Persönlichkeitsrechte sowie sonstige Vergütungen für die Aufzeichnungen der Veranstaltungen von Künstlern durch Rundfunk und Fernsehanstalten.

Art. 17 des Abkommens beinhaltet Einkünfte, die ein Künstler aus seiner persönlich ausgeübten Tätigkeit erbringt. Auch wenn die künstlerischen Tätigkeiten nur gelegentlich ausgeübt werden, sind sie zu beachten. Die Dauer der Tätigkeit bzw. des Aufenthalts ist irrelevant.

Werkschaffende Künstler, wie beispielsweise Regisseure, fallen nicht in den Anwendungsbereich des Art. 17 des deutsch-spanischen Doppelbesteuerungsabkommens. Unter Umständen sind die Entgelte unter Art. 12 zu erfassen.

5.27.3 Zuweisung des Besteuerungsrechts

5.27.3.1 Besteuerung im Quellen- bzw. Tätigkeitsstaat Spanien

Für zugrunde liegende Lizenzen steht dem Quellenstaat in der Regel kein Besteuerungsrecht zu (Art. 12 Abs. 1). Sollten dennoch aufgrund nationaler Vorschriften Quellensteuern einbehalten werden, werden sie mithilfe eines Erstattungsantrages zurückgezahlt.

Einnahmen aus der Veräußerung von Rechten können gemäß Art. 13 Abs. 3 ebenfalls nicht im Quellenstaat besteuert werden.

Für Einkünfte aus der Tätigkeit als Künstler steht aus Spanien als Tätigkeitsstaat das unbeschränkte Besteuerungsrecht zu. Dies gilt auch, wenn der Künstler über einen Dritten bezahlt wird (Art. 17 Abs. 2). Sollte die Entlohnung überwiegend von einer deutschen öffentlichen Kasse erfolgen, so liegt das alleinige Besteuerungsrecht beim deutschen Fiskus (Art. 17 Abs. 3).

5.27.3.2 Besteuerung im Wohnsitzstaat Deutschland

Deutschland hält sowohl für Lizenzeinkünfte, als auch für die Veräußerung der Rechte das uneingeschränkte Besteuerungsrecht. Da in Spanien nach dem Abkommensrecht keine Quellensteuer erhoben werden darf, erübrigt sich eine entsprechende Freistellung im Sinne des Art. 22 des Abkommens. Nach § 21 EStG sind Lizenzen im Wohnsitzstaat steuerpflichtig, sofern sie nicht zu den Einkünften aus Gewerbebetrieb oder selbstständiger Arbeit zählen.

Für Einnahmen aus künstlerischer Tätigkeit- selbstständig, unselbstständig oder gewerbetreibend- hält Deutschland das Besteuerungsrecht. Die Doppelbesteuerung wird gemäß Art. 22 Abs. 2 Buchst. b des Abkommens durch Anrechnung der spanischen Steuern vermieden. Die Ermittlung der Einkünfte erfolgt nach deutschem Recht.

5.27.4 Besonderheiten Doppelwohnsitz

Der Steuerinländer hat den Mittelpunkt seiner Lebensinteressen in Deutschland, verfügt jedoch über einen zweiten Wohnsitz in Spanien. Nach den Vorschriften des Doppelbesteuerungsabkommens bleibt Deutschland der Ansässigkeitsstaat.

Im Falle von Lizenzeinkünften ändert die Tatsache des zweiten Wohnsitzes somit nichts an den unter Abschnitt 3 erläuterten Steuerfolgen. Die Spanien hat nach wie vor nicht das Recht der Besteuerung.

Sollten Einkünfte aus künstlerischer Tätigkeit vorliegen, kann sich lediglich die Art der Besteuerung (abhängig von der Einkunftsart) in Spanien durch den Zweitwohnsitz ändern. Die in Abschnitt 3 erläuterten Steuerfolgen bleiben davon allerdings unberührt.

5.28   DBA – Deutschland – Tschechien

Einkünfte aus Lizenzen oder künstlerischer Tätigkeit

Ansässige Verwertungsgesellschaft: Intergram
                                                              www.intergram.cz

5.28.1 Besteuerungssystematik

Verfügt ein steuerpflichtiger Künstler neben seinem Hauptwohnsitz mit dem Lebensmittelpunkt in Deutschland auch über einen Wohnsitz in Tschechien, den er während seiner Arbeiten vor Ort nutzt, so kann diese Tatsache zu einer Steuerpflicht nach nationalem
tschechischem Recht führen.

Das deutsch-tschechischen Doppelbesteuerungsabkommen sieht in Art. 12 Abs. 1 vor,
dass der Ansässigkeitsstaat des Empfängers von Lizenzen, hier Deutschland (Lebensmittelpunkt), das uneingeschränkte Besteuerungsrecht für Lizenzeinkünfte erhält. Der
Quellenstaat, hier Tschechien, kann eine Quellensteuer in Höhe von 5 % erheben. Die
womöglich in Tschechien erhobene Quellensteuer ist auf die deutsche Einkommensteuer
anzurechnen.

Im Falle von Einkünften aus künstlerischer Tätigkeit sieht das Abkommen in Art. 17
vor, dass sowohl Tschechien als Tätigkeitsstaat, sowie Deutschland als Ansässigkeitsstaat ein unbeschränktes Besteuerungsrecht erhalten. Allerdings vermeidet Deutschland
die Doppelbesteuerung durch Anrechnung der tschechischen Steuern (Art. 23 Abs. 1
Buchst. b).

5.28.2 Definition der Einkünfte

Zu den Lizenzgebühren zählen im Sinne des Art. 12 Abs. 3 Vergütungen für die
Benutzung von Urheberrechten an künstlerischen Werken, einschließlich kinematografischer Filme, Bandaufnahmen für Rundfunk oder Fernsehen, Patenten, Markenrechten, Warenzeichen sowie die bei der Nutzung von Ausrüstung entstehenden
Gebühren.

Art. 17 des Abkommens beinhaltet Einkünfte, die ein selbstständiger Künstler aus seiner persönlich ausgeübten Tätigkeit erbringt. Werden die künstlerischen Tätigkeiten nur
gelegentlich ausgeübt, sind sie nicht zu beachten. Die Dauer der Tätigkeit bzw. des Aufenthalts ist irrelevant.

Werkschaffende Künstler, wie beispielsweise Regisseure, fallen nicht in den
Anwendungsbereich des Art. 17 des deutsch-tschechischen Doppelbesteuerungsabkommens. Unter Umständen sind die Entgelte unter Art. 12 zu erfassen.

5.28.3 Zuweisung des Besteuerungsrechts

5.28.3.1 Besteuerung im Quellen- bzw. Tätigkeitsstaat Tschechien

Für zugrunde liegende Lizenzen steht Tschechien ein Quellensteuerrecht in Höhe von 5
% zu. Die darüber hinausgehende erhobene Quellensteuer wird mittels eines Erstattungsantrages zurückgezahlt. Einnahmen aus der Veräußerung von Rechten können allerdings
nicht in Tschechien besteuert werden (Art. 13 Abs. 4).

Für Einkünfte aus der Tätigkeit als Künstler steht Tschechien als Tätigkeitsstaat das unbeschränkte Besteuerungsrecht zu. Dies gilt auch, wenn der Künstler über einen Dritten bezahlt wird (Art. 17 Abs. 2). Sollte die Tätigkeit auf einem Kulturaustausch beruhen, so liegt das alleinige Besteuerungsrecht beim deutschen Fiskus (Art. 17 Abs. 3).

5.28.3.2 Besteuerung im Wohnsitzstaat Deutschland

Deutschland hält sowohl für Lizenzeinkünfte, als auch für die Veräußerung der Rechte das uneingeschränkte Besteuerungsrecht. Die zulässige, in Tschechien erhobene Quellensteuer wird gemäß Art. 23 Abs. 1 Buchst. b auf die deutsche Einkommensteuer angerechnet. Nach § 21 EStG sind Lizenzen im Wohnsitzstaat steuerpflichtig, sofern sie nicht zu den Einkünften aus Gewerbebetrieb oder selbstständiger Arbeit zählen.

Für Einnahmen aus künstlerischer Tätigkeit- selbstständig, unselbstständig oder gewerbetreibend- hält Deutschland das Besteuerungsrecht. Die Doppelbesteuerung wird gemäß Art. 23 Abs. 1 Buchst. b des Abkommens durch Anrechnung der tschechischen Steuern vermieden. Die Ermittlung der Einkünfte erfolgt nach deutschem Recht.

5.28.4 Besonderheiten Doppelwohnsitz

Der Steuerinländer hat den Mittelpunkt seiner Lebensinteressen in Deutschland, verfügt jedoch über einen zweiten Wohnsitz in Tschechien. Nach den Vorschriften des Doppelbesteuerungsabkommens bleibt Deutschland der Ansässigkeitsstaat.

Im Falle von Lizenzeinkünften ändert die Tatsache des zweiten Wohnsitzes somit nichts an den unter Abschnitt 3 erläuterten Steuerfolgen. Tschechien hat nach wie vor nicht das Recht der Besteuerung.

Sollten Einkünfte aus künstlerischer Tätigkeit vorliegen, kann sich lediglich die Art der Besteuerung (abhängig von der Einkunftsart) in Tschechien durch den Zweitwohnsitz ändern. Die in Abschnitt 3 erläuterten Steuerfolgen bleiben davon allerdings unberührt.

5.29   DBA – Deutschland – Ungarn

Einkünfte aus Lizenzen oder künstlerischer Tätigkeit

5.29.1 Besteuerungssystematik

Verfügt ein steuerpflichtiger Künstler neben seinem Hauptwohnsitz mit dem Lebensmittelpunkt in Deutschland auch über einen Wohnsitz in Ungarn, den er während seiner Arbeiten vor Ort nutzt, so kann diese Tatsache zu einer Steuerpflicht nach nationalem ungarischem Recht führen.

Das deutsch-ungarische Doppelbesteuerungsabkommen sieht in Art. 12 Abs. 1 vor, dass der Ansässigkeitsstaat des Empfängers von Lizenzen, hier Deutschland (Lebensmittelpunkt), das uneingeschränkte Besteuerungsrecht für Lizenzeinkünfte erhält. Dem Quellenstaat, hier Ungarn, steht demnach kein Besteuerungsrecht zu. Unter Umständen tatsächlich in der Ungarn erhobene Quellensteuer kann auf Antrag erstattet werden.

Im Falle von Einkünften aus künstlerischer Tätigkeit sieht das Abkommen in Art. 16 vor, dass sowohl Ungarn als Tätigkeitsstaat, sowie Deutschland als Ansässigkeitsstaat ein unbeschränktes Besteuerungsrecht erhalten. Allerdings vermeidet Deutschland die Doppelbesteuerung durch Anrechnung der ungarischen Steuern (Art. 23 Abs. 1 Buchst. b).

5.29.2 Definition der Einkünfte

Zu den Lizenzgebühren zählen im Sinne des Art. 12 Abs. 2 Vergütungen für die Benutzung von Urheberrechten an künstlerischen Werken, einschließlich kinematografischer Filme, Tonbänder, Patenten, Markenrechten und Warenzeichen. Lizenzgebühren umfassen auch die Vergütungen für die Benutzung eines Namens, Bildrechte oder sonstiger Persönlichkeitsrechte sowie sonstige Vergütungen für die Aufzeichnungen der Veranstaltungen von Künstlern durch Rundfunk und Fernsehanstalten.

Art. 16 des Abkommens beinhaltet Einkünfte, die ein Künstler aus seiner persönlich ausgeübten Tätigkeit erbringt. Auch wenn die künstlerischen Tätigkeiten nur gelegentlich ausgeübt werden, sind sie zu beachten. Die Dauer der Tätigkeit bzw. des Aufenthalts ist irrelevant.

Werkschaffende Künstler, wie beispielsweise Regisseure, fallen nicht in den Anwendungsbereich des Art. 16 des deutsch-ungarischen Doppelbesteuerungsabkommens. Unter Umständen sind die Entgelte unter Art. 12 zu erfassen.

5.29.3 Zuweisung des Besteuerungsrechts

5.29.3.1 Besteuerung im Quellen- bzw. Tätigkeitsstaat Ungarn

Für zugrunde liegende Lizenzen steht dem Quellenstaat in der Regel kein Besteuerungsrecht zu (Art. 12 Abs. 1). Sollten dennoch aufgrund nationaler Vorschriften Quellensteuern einbehalten werden, werden sie mithilfe eines Erstattungsantrages zurückgezahlt. Einnahmen aus der Veräußerung von Rechten können gemäß Art. 13 Abs. 3 ebenfalls nicht im Quellenstaat besteuert werden.

Für Einkünfte aus der Tätigkeit als Künstler steht aus Ungarn als Tätigkeitsstaat das unbeschränkte Besteuerungsrecht zu. Dies gilt auch, wenn der Künstler über einen Dritten bezahlt wird (Art. 16 Abs. 2). Sollte die Entlohnung überwiegend von einer deutschen öffentlichen Kasse erfolgen, so liegt das alleinige Besteuerungsrecht beim deutschen Fiskus (Art. 16 Abs. 3).

5.29.3.2 Besteuerung im Wohnsitzstaat Deutschland

Deutschland hält sowohl für Lizenzeinkünfte, als auch für die Veräußerung der Rechte das uneingeschränkte Besteuerungsrecht. Da in Ungarn nach dem Abkommensrecht keine Quellensteuer erhoben werden darf, erübrigt sich eine entsprechende Freistellung im Sinne des Art. 22 des Abkommens. Nach § 21 EStG sind Lizenzen im Wohnsitz-staat steuerpflichtig, sofern sie nicht zu den Einkünften aus Gewerbebetrieb oder selbst-ständiger Arbeit zählen.

Für Einnahmen aus künstlerischer Tätigkeit- selbstständig, unselbstständig oder gewerbetreibend- hält Deutschland das Besteuerungsrecht. Die Doppelbesteuerung wird gemäß Art. 22 Abs. 1 Buchst. b des Abkommens durch Anrechnung der ungarischen Steuern vermieden. Die Ermittlung der Einkünfte erfolgt nach deutschem Recht.

5.29.4 Besonderheiten Doppelwohnsitz

Der Steuerinländer hat den Mittelpunkt seiner Lebensinteressen in Deutschland, ver-fügt jedoch über einen zweiten Wohnsitz in Ungarn. Nach den Vorschriften des Doppel-besteuerungsabkommens bleibt Deutschland der Ansässigkeitsstaat.

Im Falle von Lizenzeinkünften ändert die Tatsache des zweiten Wohnsitzes somit nichts an den unter Abschnitt 3 erläuterten Steuerfolgen. Die Ungarn hat nach wie vor nicht das Recht der Besteuerung.

Sollten Einkünfte aus künstlerischer Tätigkeit vorliegen, kann sich lediglich die Art der Besteuerung (abhängig von der Einkunftsart) in Ungarn durch den Zweitwohnsitz ändern. Die in Abschnitt 3 erläuterten Steuerfolgen bleiben davon allerdings unberührt.

5.30   DBA – Deutschland – USA

Einkünfte aus Lizenzen oder künstlerischer Tätigkeit

5.30.1 Besteuerungssystematik

Verfügt ein steuerpflichtiger Künstler neben seinem Hauptwohnsitz mit dem Lebens-mittelpunkt in Deutschland auch über einen Wohnsitz in den USA, den er während sei-ner Arbeiten vor Ort nutzt, so kann diese Tatsache zu einer Steuerpflicht nach nationalem US-amerikanischem Recht führen.

Das deutsch-US-amerikanische Doppelbesteuerungsabkommen sieht in Art. 12 Abs. 1 vor, dass der Ansässigkeitsstaat des Empfängers von Lizenzen, hier Deutsch-land (Lebensmittelpunkt), das uneingeschränkte Besteuerungsrecht für Lizenzeinkünfte erhält. Dem Quellenstaat, hier USA, steht demnach kein Besteuerungsrecht zu. Unter Umständen tatsächlich in den USA erhobene Quellensteuer kann auf Antrag erstattet werden.

Im Falle von Einkünften aus künstlerischer Tätigkeit sieht das Abkommen in Art. 17 vor, dass sowohl USA als Tätigkeitsstaat, sowie Deutschland als Ansässigkeitsstaat ein unbeschränktes Besteuerungsrecht erhalten. Allerdings vermeidet Deutschland die Doppelbesteuerung durch Anrechnung der US-amerikanischen Steuern (Art. 23 Abs. 3 Buchst. b).

5.30.2 Definition der Einkünfte

Zu den Lizenzgebühren zählen im Sinne des Art. 12 Abs. 2 Vergütungen für die Benutzung von Urheberrechten an künstlerischen Werken (ausgenommen kinemato-grafische Filme und Werke auf Film, Tonband oder einem anderen Reproduktionsträger für Rundfunk- und Fernsehsendungen), Patenten, Markenrechten und Warenzeichen.

Art. 17 des Abkommens beinhaltet Einkünfte, die ein Künstler aus seiner persönlich ausgeübten Tätigkeit erbringt, sofern die Einnahmen und übernommenen Kosten 20.000 US$ übersteigen. Auch wenn die künstlerischen Tätigkeiten nur gelegentlich ausgeübt werden, sind sie zu beachten. Die Dauer der Tätigkeit bzw. des Aufenthalts ist irrelevant.

Werkschaffende Künstler, wie beispielsweise Regisseure, fallen nicht in den Anwendungsbereich des Art. 17 des deutsch-US-amerikanischen Doppelbesteuerungs-abkommens. Unter Umständen sind die Entgelte unter Art. 12 zu erfassen.

5.30.3 Zuweisung des Besteuerungsrechts

5.30.3.1 Besteuerung im Quellen- bzw. Tätigkeitsstaat USA

Für zugrunde liegende Lizenzen steht dem Quellenstaat in der Regel kein Besteuerungs-recht zu (Art. 12 Abs. 1). Sollten dennoch aufgrund nationaler Vorschriften Quellen-steuern einbehalten werden, werden sie mithilfe eines Erstattungsantrages zurückgezahlt.

Für Einkünfte aus der Tätigkeit als Künstler steht USA als Tätigkeitsstaat das unbeschränkte Besteuerungsrecht zu. Dies gilt auch, wenn der Künstler über einen Dritten bezahlt wird (Art. 17 Abs. 2). Sollte die Entlohnung überwiegend von einer deutschen öffentlichen Kasse erfolgen, so liegt das alleinige Besteuerungsrecht beim deutschen Fiskus (Art. 17 Abs. 3).

5.30.3.2 Besteuerung im Wohnsitzstaat Deutschland

Deutschland hält für Lizenzeinkünfte das uneingeschränkte Besteuerungsrecht. Da in den USA nach Abkommensrecht keine Quellensteuer erhoben werden darf, erübrigt sich eine entsprechende Freistellung im Sinne des Art. 23 des Abkommens. Nach § 21 EStG sind Lizenzen im Wohnsitzstaat steuerpflichtig, sofern sie nicht zu den Einkünften aus Gewerbebetrieb oder selbstständiger Arbeit zählen.

Für Einnahmen aus künstlerischer Tätigkeit- selbstständig, unselbstständig oder gewerbetreibend- hält Deutschland das Besteuerungsrecht. Die Doppelbesteuerung wird gemäß Art. 23 Abs. 3 Buchst. b des Abkommens durch Anrechnung der US-amerikanischen Steuern vermieden. Die Ermittlung der Einkünfte erfolgt nach deutschem Recht.

5.30.4 Besonderheiten Doppelwohnsitz

Der Steuerinländer hat den Mittelpunkt seiner Lebensinteressen in Deutschland, verfügt jedoch über einen zweiten Wohnsitz in den USA. Nach den Vorschriften des Doppelbesteuerungsabkommens bleibt Deutschland der Ansässigkeitsstaat.

Im Falle von Lizenzeinkünften ändert die Tatsache des zweiten Wohnsitzes somit nichts an den unter Abschnitt 3 erläuterten Steuerfolgen. Die USA hat nach wie vor nicht das Recht der Besteuerung.

Sollten Einkünfte aus künstlerischer Tätigkeit vorliegen, kann sich lediglich die Art der Besteuerung (abhängig von der Einkunftsart) in den USA durch den Zweitwohnsitz ändern. Die in Abschnitt 3 erläuterten Steuerfolgen bleiben davon allerdings unberührt.

Übersicht Altersvorsorge und Künstlerkatalog

© Springer Fachmedien Wiesbaden GmbH, ein Teil von Springer Nature 2019   241
R. Schaar et al., *Medienberufe und Steuern,* https://doi.org/10.1007/978-3-658-25308-0

Übersicht Vorsorge

	Gesetzliche Altersrente	Private Altersvorsorge			Betriebliche Altersvorsorge		
		Klassisch	Riesterrente	Basisrente/ Rüruprente	Direktversicherung, Pensionskasse, Pensionsfonds	Unterstützungskasse	Pensionszusage
Versteuerung der Beiträge	Steuerfrei	Versteuert	Steuerfrei	Steuerfrei steigend – derzeit 84 %	Steuerfrei	Steuerfrei	Steuerfrei
Versteuerung der Leistung (Rente oder Kapital)	Nachgelagerte Besteuerung	Gewinne sind zu versteuern – Halbeinkünfteverfahren	Nachgelagerte Besteuerung	Nachgelagerte Besteuerung	Nachgelagerte Besteuerung	Nachgelagerte Besteuerung	Nachgelagerte Besteuerung
Höchstbeitrag	18,6 % des Einkommens (bei Angestellten)	Unbegrenzt	2100,00 € p. a.	23.712 € p. a. (für Verheiratete das Doppelte)	4 % BBG GRV West (3120 € steuer u. sozialversicherungsfrei +3120 € p. a. nur steuerfrei)	Unbegrenzt (bei Entgeltumwandlung Steuerfreiheit begrenzt)	Unbegrenzt
Kapitalwahlrecht	Nein	Ja	30 %	Nein	Ja	Ja	Ja
Vererbbarkeit im Todesfall	Ehegatten und Kinder	Freie Vererbbarkeit	Ehegatten und Kinder	Ehegatten	Ehegatten, Lebensartner, Lebensgefährten, Kinder ansonsten Sterbegeled 8000 €	Ehegatten, Lebensartner, Lebensgefährten, Kinder ansonsten Sterbegeled 8000 €	Ehegatten, Lebensartner, Lebensgefährten, Kinder
Vorzeitige Kündigung	Nein	Ja	Nein	Nein	Nein	Nein	Nein
Mitnahme bei Ausscheiden aus dem Angestelltenverhältnis	Entfällt	Entfällt	Entfällt	Entfällt	Ja	Nein	Nein

Künstlerkatalog

Der nachfolgende Katalog soll eine Übersicht über einige künstlerische bzw. publizistische Tätigkeiten, die vom KSVG umfasst werden, geben. Er orientiert sich an Erfahrungen der Künstlersozialkasse und ist keinesfalls als abschließend oder statistisch zu betrachten.

A

Akrobat, Aktionskünstler, Alleinunterhalter, Arrangeur (Musikbearbeiter), Artdirektor, Artist, Ausbilder für künstlerische/publizistische Tätigkeit, Autor

B

Ballettlehrer, Ballett-Tänzer, Bildberichterstatter, Bildhauer, Bildjournalist, Bildregisseur, Bühnenbildner, Bühneneurythmist, Bühnenmaler, Büttenredner

C

Choreograph, Chorleiter, Clown, Colorist, Comiczeichner, Cutter

D

Designer, Dichter, Dirigent, Discjockey, Dompteur, Dramaturg, Drehbuchautor

E

Eiskunstläufer (Showbereich), Entertainer, Experimentteller Künstler

F

Fachmann f. Öffentlichkeitsarbeit und Werbung, Figurenspieler (Puppentheater), Filmbildner, Filmmacher, Film- und Videoeditor, Foto-Designer, Fotograf (künstlerisch)

© Springer Fachmedien Wiesbaden GmbH, ein Teil von Springer Nature 2019
R. Schaar et al., *Medienberufe und Steuern,* https://doi.org/10.1007/978-3-658-25308-0

G

Geräuschmacher, Grafik-Designer, Grafiker

I

Illustrator, Industrie-Designer, Instrumentalist

J

Journalist

K

Kabarettist, Kameramann, Kapellmeister, Karikaturist, Komiker, Komponist, Korrespondent, Kostümbildner, Kritiker

L

Layouter, Lehrer für künstl./publ. Tätigkeiten, Lektor, Librettist, Liedermacher

M

Maler, Marionettenspieler, Maskenbildner, Mode-Designer, Moderator, Multimedia-Designer, Musikbearbeiter, Musiker, Musiklehrer

O

Objektemacher

P

Pantomime, Performancekünstler, Plastiker, Pressefotograf, PF-Fachmann, Publizist, Puppenspieler

Q

Quizmaster

R

Redakteur, Regisseur, Reporter, Rezitator

S

Sänger, Schauspieler, Schriftsteller, Showmaster, Sprecher, Sprecherzieher, Standfotograf, Stylist, Synchronsprecher

T

Tänzer, Tanzpädagoge, Technischer Redakteur, Textdichter, Texter, Textildesigner, Theaterpädagoge, Tonmeister, Travestiedarsteller, Trickzeichner

U

Übersetzer, Unterhaltungskünstler

V

Videokünstler, Visagist

W

Web-Designer, Werbefotograf, Werbesprecher, Wissenschaftlicher Autor

Z

Zauberer, Zeichner

Stichwortverzeichnis

© Springer Fachmedien Wiesbaden GmbH, ein Teil von Springer Nature 2019   247
R. Schaar et al., *Medienberufe und Steuern*, https://doi.org/10.1007/978-3-658-25308-0

The manufacturer's authorised representative in the EU is Springer
Nature Customer Service Centre GmbH, Europaplatz 3, 69115 Heidelberg,
Germany. If you have any concerns regarding our products, please
contact ProductSafety@springernature.com

Printed and bound by CPI Group (UK) Ltd, Croydon, CR0 4YY
27/04/2026
02097658-0010